KİŞİSEL ÇIKAR ÖZGECİLİĞE KARŞI

"Toplum Kişisel Çıkardan Ortak Faydaya Nasıl Döndürülebilir"

Michael Laitman

ISBN: 978-1-77228-092-0

© Laitman Kabbalah Publishers

YAZAR: Michael LAITMAN

www.kabala.info.tr

KAPAK: Laitman Kabbalah Publishers

BASIM TARİHİ: 2023

İçindekiler

Editör'ün Notu	6
Önsöz	8
Giriş	11
Bölüm 1: İnsanın Eşsizliğinin İncelenmesi	18
Gizli Hâkim Birlik	21
Bölüm 2: Çekirdek Arzular	32
Yaratılış	35
Bölüm 3: İnsanlığın Ortak Kökeni	54
Arzular Nasıl Dünyalar Haline Gelir	58
Paralel İsimler	61
Âdem'in Doğuşu ve Düşüşü	65
Bölüm 4: Yeryüzündeki Evren ve Hayat	70
Büyük Patlama	70
Bölüm 5: Homo Genus	87
Egonun Başlangıcı	88
Bölüm 6: Karşıt Yönlerde	101
Piramit İçindeki Piramit	103
Bölüm 7: Büyük Karışma	117
Yahuda'nın Dağılışı	115
Gizlilik Çağı	122
Bölüm 8: Rönesans ve Ötesi	130
İnsan Ruhunun Büyük Uyanışı	132
Gizemin Perdesini Kaldırmak	135
Bağlantı ve İletişim Kurmak	140
Bölüm 9: Tek Dünya	145

Görünmez Bağlar	148
Bölüm 10: Özgür Seçim Dönemi	157
Özgür Seçim Zorunluluğu	160
Zohar'ın Ortaya Çıkışı	164
Bölüm 11: Yeni Bir Modus Operandi	173
İşbirliği ve Kendini-Gerçekleştirme	175
İki Yoldan Biri	178
Hayata Dair Değişimi Uygulamak	183
Kaynakça	194

Michael Laitman

Editör'ün Notu

Var oluşun evrimini açıklamayı amaçlayan Kişisel Çıkar Özgeciliğe Karşı'nın yazımı başlangıçta gerçek dışı bir hedef gibi görünmüştü. Kitabın ele alındığı açı Kabalistik olduğu kadar özellikle bilimin ışığını da yanına almış durumdadır. Ve keza dünya çapında pek çok cömert dostun yardımıyla bu işi başarıyla tamamladık.

Katkı sağlayan herkese teşekkür etmeyi bir borç bilirim ve eğer herhangi birini bilmeden atladıysam özür dilerim. Düşünceme göre bu kitap bir kaç mahir bireyin çalışmasından ziyade bir grubun eseridir ve fazileti de buradadır.

Aşağıda Kişisel Çıkar Özgeciliğe Karşı'nın tamamlanması için zamanlarını, çabalarını ve paralarını ortaya koymuş insanların bir listesi (alfabetik sırada) mevcuttur:

Araştırma ve düzeltme (genelde ikisi briden): Anastasia Cherniavski, Annabelle Fogerty, Asaf Ohayon, Asta Rafaeli, Avraham Cohen, Beth Shillington, Christiane Reinstrom, Crystlle Medansky, Daniel Lange, Eli Gabay, Geoffrey Best, James Torrance, Jonathan Libesman, Julie Schroeder, Kimberlene Ludwig, Loredana Losito, Markos Zografos, Marlene Bricker, Michael R. Kellogg, Michal Karpolov, Pete Matassa, Peter LaTona, Sandra Armstrong, Shari L. Kellogg, Veronica Mengana, Yehudith Sabal ve Zhanna Allen.

Editörler: Alicia Goldman, Brad Hall, Charles Bowman, Dan Berkovitch, Eric Belfer, Gilbert Marquez, James Torrance, Keren Applebaum, Noga Burnot, Rachel Branson, Riggan Shilstone ve Tom Dorben.

Yapım: Leah Goldberg

İdare: Avihu Sofer, Alex Rain (resimler).

Kitapta sunulan bilimsel, tarihi ve finansal bilginin gözden geçirilmesi noktasında da Prof. Valeria Khachaturian, Prof. Itzhak Orion, Dr. Yael Sanilevich, Dr. Eli Vinokur ve Ronen Avigdor Bey'e en derin şükranlarımı iletmek isterim.

Ve daha az olmamak kaydıyla, her zaman kurtarıcı Baruch Khovov'a, çalışmayı benim için kalitenin bir nişanesi haline getiren editor Claire Gerus'a ve elbette adanmışlığı ve hamaratlığı ile yayıncımız Uri Laitman'a ve onunla çalışan herkese şükranla...

Saygılarımla,
Chaim Ratz

Michael Laitman

Önsöz

Öyle sanıyorum ki bütün çocuklar "büyük" sorular sordukları bir döneme doğru yol alıyor. Aklımdaki şey şuydu: "Nereden geldim?" "Ne zamandan beri buradayım nereye gideceğim?" ve özellikle, "Hayatın amacı nedir?" Belki de bu durumun sebebi, hem anne-babamın cevapları doğal biçimde bilimde aramaya eğilimli olduğunu hissettiğim doktorlar olmasından ve hem bilimi araştırıyor olmamdan ve hem de bulduğum cevapların daha kapsayıcı olması ve genel tabiatındandı.

Seçtiğim disiplin sibernetikti —aslında medikal bio-sibernetik olacak. Bu benim araştırma aletim olacaktı. Zamanında sibernetik, bilim adamlarının karmaşık sistemleri keşfettiği ve onları kontrol eden mekanizmaları ortaya çıkarttığı yeni ve yenilikçi bir araştırma sahaydı. Ben bilhassa insan bedeni ve onu kontrol eden sistemler üzerine ilgiliydim. Sibernetik yoluyla insan bedeninin var oluşuna dair gizeminin kilidini açmaya gayret ettim: beden ve ruhun içinde (böyle inandığım) yaşadığı gizem.

Fakat umutlarım karaya oturmuştu. Evet, bilim bana hayat hakkında veya daha ziyade hayatın nasıl başladığı ve devam ettiği hakkında büyük bir bakış açısı kazandırdı. Oysaki araştırmamı motive eden daha temel anlamlı sorular hakkında bana hiç bir şey öğretemedi: Hayatın amacı nedir? Ve bütün bunlar ne için var?

Bulabildiğim her bilgi parçasını irdeleyerek hayatın anlamını çözme arzusu beni ayaklarımın üstünde tuttu. Bilimi, felsefeyi ve hatta hayatın anlamı ve bilgisine dair çokça bilgi edindiğim dinleri bile araştırmaya devam ettim. Ancak neticede benim sibernetikle olan içsel tecrübemle birlikte, bunların hiçbiri hayatın en derin sorularını ve amacını işaret eder gibi görünmedi.

Michael Laitman

Kişisel Çıkar Özgeciliğe Karşı

Ve o durumda bir gün aniden, sonrasında "Kabala" ismi verilen bir bilim olduğunu fark ettiğim bir yolla umulmadık biçimde karşılaştığımda uzun arayışımın sonuna ulaşmıştım. Geçmişteki araştırmalarımın hiçbiri gereksiz ve pişmanlık verici değildi. Onların hiçbirinde aslında gerçekten durmadığım bilim, felsefe ve din; bunların hepsi Kabala yoluna varmam için gerekli "duraklar"dı. Onların hiçbiri hayatın anlamını ve insanın var oluşunu anlamama katkı sunmadı ve şimdi hepsi Kabala'nın benim tesis etmeye çalıştığım (yapabildiğim kadar) sağlıklı dünya görüşünde, bütündeki kendi yerlerini almaktadır.

Dahası insan varlığının amacı ve bugün dünyanın yüzleştiği çoklu küresel krizler arasında bir bağlantı olduğunu fark ettim. Kabala yoluyla kaçınılmaz çözümlerin barış ve refahta ve onları nasıl çözeceğimize — dayanışma ve işbirliği, fakat çoğunlukla da birlik ve bağımlılığımızın farkına vararak— dair karara sahip olduğumuz özgür seçimde var olan bu krizlerin kaçınılmazlığını kabullendim. Her şeyden öte insan ilişkinlerindeki "kadim" Kabalistik kavramlar dostane ilişkileri yükselten yaşanabilir toplumları inşa etmekte bir platform sağlar.

Mevcut küresel tehditlerin önceden takdir edilmesi kavramı bana ait değil. Ne de krizlerin bizim en uç düşlerimizin bile ötesine geçen realite için sıçrama tahtası olduğu fikri. Her iki kanı da bin yıldan beri var. Fakat bugün yüzeye çıkmaya başladı çünkü bu gerekli, iki katlı bir koşulla karşılaşılan ilk zamandır: insanlar bir çözüm bulunduğuna ve bu çözümün yeterince net bir açıklamasının mevcut olduğuna dair yeterince umutsuz. Bu kavramların örtüsünü kaldırmakta benim rolüme gelince; bu bir sunucu ve kolaylaştırıcı olarak hizmet etmektir. Oysaki benim bu kavramların geçerliliğine inanmam, hiçbirinin mülkiyetinin bana ait olduğu anlamına gelmez. Bunlar benim yıllar içinde hocalarımdan öğrendiğim çözümler ve fikirlerdir.

Bnei Baruch Eğitim ve Araştırma Enstitüsü

Kişisel Çıkar Özgeciliğe Karşı

Michael Laitman

İleriki bölümlerde göstermeyi umduğum gibi bugün çağdaş bilim ve modern düşünce bunu bu koşullarla buluşturmamıza ve Kabala biliminde açıklanmış olan eski çağa ait paradigmanın örtüsünü kaldırmamıza imkân veriyor. Realitenin Newtoniyen paradigmasına meydan okuyan Kuantum fizikçilere teşekkürler -ki üzerinde düşünmeye değer "realitenin tekliği" gibi kavramları kıyaslayabiliyoruz. Ve özgür düşünce fikrini içtenlikle büyütmüş olan felsefeye teşekkürler -ki bugün bir başkasından fikirler öğrenip paylaşabiliyoruz.

Bu sayede tanıtmak üzere olduğum kavramlar tümüyle Kabalistik iken, çoğunun modern bilimle paralelliğini göstereceğim. Bunların pluralizm ruhuyla açık bir düşünce ve açık bir kalple buluşacaklarını umuyorum. Ve eğer burada sunulan görüntüler tek bir okuyucuda bile bir tefekkür açığa çıkartırsa tümüyle ödüllendirilmiş olurum.

Michael Laitman

Michael Laitman

Bnei Baruch Eğitim ve Araştırma Enstitüsü

Kişisel Çıkar Özgeciliğe Karşı

Giriş

Şu sözlerin yazıldığı anda bile, dünya İkinci Dünya Savaşı'ndan bu yana en büyük durgunluğun şaşkınlığı içindedir. Tüm dünyada on milyonlarca insan işlerini, tasarruflarını, evlerini, ama en önemlisi de gelecek için umutlarını kaybetti.

Sağlığımız, servetimizden daha önemli değil gibi görünür. Batı uygarlığının gururu ve iftiharı olan modern tıp, önceden nesli tükendiği düşünülen felaketlerin yeniden yüzeye çıkması nedeniyle endişeli. Küresel Sağlık Konseyi'nden yayınlanan bir rapora göre, "Vaktiyle kontrol altına alındığı düşünülen felaketler büyük küresel tehditler olarak yeniden ortaya çıktı. İlaçlara dayanımı olan bakteri, virüs ve diğer parazitlerin ortaya çıkışı bulaşıcı felaketlerin kontrolünde yeni mücadelelere sebep olacak gibi görünüyor. Çoklu hastalıklara sahip co-enfeksiyonlar tedavide ve önlemlerde zorluklar yaratıyor."[1]

Dünya dahi bize eskisi kadar misafirperver değil. James Lovelock'un Gaia'nın İntikamı[2], Ervin Laszlo'nun Kaos Noktası[3], ve Al Gore'un Zorlu Bir Gerçek gibi filmleri Dünya'nın kötüleşen iklimine dair uyarı veren raporların bir geçit törenine dair haklı örneklerdir.

Küresel ısınma kutuplardaki buzulları eritirken deniz seviyesi yükseliyor. Bu durum hali hazırda dramatik değişimlere ve trajik olaylara neden oldu. Scientific American'dan[4] Stephan Farris'a ait bir rapor mevcut durumda iklim değişimleri ile etkilenmiş bazı yerleri listeliyor. Darfur'da uzun on yıllara dayanan kuraklığa bağlı olarak ortaya çıkan göçebeler ile yerli kabileler arasındaki çatışmalar Sudan Devleti'nin umursamazlığı ile iyice kızışmış durumda. Sonuç olarak kriz Çad ve Orta Afrika Cumhuriyeti'ne doğru yayıldı.

Kişisel Çıkar Özgeciliğe Karşı

Michael Laitman

Ayrıca raporda, Pasifik ada ulusu Kiribati, adalarının oturulamaz hale geldiğini ilan etti ve halkın tahliyesi için yardım talep etti. Mart 2009'da Independent yazarı Peter Popham iklim açmazına dair bir başka bakış açısı sağladı: "Küresel ısınma Alp buzullarını erittiği için İtalya ve İsviçre yeni gerçekleri hesaba katarak ulusal sınırlarını yeniden çizmek zorunda olduklarına karar verdiler."[5]

İklim değişimlerine dair daha trajik bir sorun, bazı alanlarda genişlemiş kuraklıkla ve sürekli taşkınla bağlantılı açlıktır. Dünya gıda programına göre dünya çapında yaklaşık bir milyar (1.000.000.000) insan sürekli açlık çekiyor. Daha kötüsü dokuz (9.000.000) milyonu aşkın insan her yıl açlıktan ve ilgili sebeplerden ölüyor, bunların yarısından fazlası çocuk.[6] Bu, bugün insan türünün tarihindeki teknolojik anlamda en ileri çağında, her altı saniyede bir açlık ve su eksikliğine bağlı olarak bir çocuğun ölmesi demektir.

Evlerimizdeki, etrafımızdaki sorunlar dahi arttı. New York Times[7], Amerikan Toplum Anketi tarafından ilan edilen sayılara göre bugün boşanma oranlarının, Amerika'da nikâhsız çiftlerin nikâhlı olanlardan daha fazla olduğu bir noktaya doğru yükseldiğini bildirdi. Bu, bekâr ailelerin normal, evli ailelerin istisna haline geldiği tarihteki ilk zamandır.

Pek çok bilim adamı, politikacı, STK'lar, BM ve ilgili organizasyonlar insanlığın küresel ölçekte benzeri görülmemiş felaket riskleri ile yüzyüze olduğunu ifade ediyor. Mutasyona uğramış kuş gribinden nükleer savaşa, büyük depremlere kadar her şey milyonları yok edebilir ve milyarları yoksulluğun içine doğru sürebilir.

Krizler tarih boyunca süregelmekte. Bizim çağımız insanlığın risk altında olduğu ilk zaman değildir. 14'üncü yüzyılın Kara Ölüm salgını ve iki Dünya Savaşı bizim hali

12

hazırdaki vaziyetimizi ifade eden tehlikeyi vurgulamaktadır. Bununla beraber mevcut krizi öncekilerden ayırt eden şey insanlığın mevcut durumunu karekterize eden gerginliktir. Toplumumuz bir başkası ile çatışma içinde görünen iki yöndeki aşırılığa doğru gitti—küreselleşme ve dayanışma bir tarafta gerekli iken diğer yanda yabancılaşmayı, kişisel, sosyal ve politik narsizmi getiriyor. Ve bu durum, finans sektörü ve daha ötesinde dünyanın hiç görmediği böylesi bir felaket için bir reçetedir.

Bugün küreselleşme finansal dayanışmadan daha uzak durumdadır. Hayatın her noktasında küresel biçimde bağlantılı hale geldik: kendimizi eğlendirmek için kullandığımız bilgisayarlar ve TV'ler Çin, Taiwan ve Kore'den (önceleri bu kadar yaygın değildi) geldi. Sürdüğümüz araçlar (öncelikle) Japonya, Avrupa ve Amerika'da bir araya getirildi. Buzdolaplarımızdaki yiyecek tüm dünyadan gelirken giydiğimiz elbiseler Hindistan ve Çin'den geldi.

Dahası tüm dünya insanları Hollywood filmlerini izledi ve milyonlar İngilizce öğrendi. Aslında tüm dünya tahminen 1.4 milyar İngilizce konuşanın sadece 450 milyonunun ana dili İngilizce ve Çin'in tek başına her yıl yirmi milyon yeni İngilizce konuşan kişi yarattığı, 15 Eylül 2006 tarihli Asia Times'da, "'Yerli İngilizce' gücünü kaybediyor"[8] başlıklı makaleyle rapor ediliyor.

8 Mart 2009'da Wachovia Corp. ekonomisti Mark Vitner MSNBC'de kredi piyasalarının birbirine bağımlılığını tanımladığı zaman dünyanın küreselleşmiş durumunun oldukça kayda değer bir durumunu ortaya koydu: "Bu, kırılmış yumurtaları dizmeye çalışmak gibi. Bu kolayca yapılamaz. Tümüyle yapılabilseydi bile haberim olmazdı."[9]

Bnei Baruch Eğitim ve Araştırma Enstitüsü

Kişisel Çıkar Özgeciliğe Karşı

Michael Laitman

Fakat küreselleşme ile ilgili sorun bizi birbirimize bağlantılı yapması değil; bu bizi birbirimize bağlı yapsa bile, biz bu bağlantıyı işleri iyiye götürmek yerine sürekli bir savaşa dönüştürdük. Eğer dünya rüzgâr ve güneş enerjisine dönseydi petrol zengini ülkeler ne olurdu? Eğer Çin dolar satın almayı bıraksaydı Amerika'ya ne olurdu? Eğer Amerikalılar Asya üretimli malları satın alacak dolarlara sahip olmasaydı Çin, Japonya, Hindistan ve Kore'ye ne olurdu? Ve eğer Batı'nın turistleri seyahat yapmayı bıraksaydı, aileleri için çalışan ve Batılılığın hazcılığına teşekkür eden bütün dünyadaki yüz milyonlarca insan ne durumda olurdu?

Gazeteci Fareed Zakaria Newsweek'deki "Cüzdanları Atmak" isimli makalesinde, "Dünya Amerikalıların harcamasına ihtiyaç duyuyor: Eğer ekonominin tanrıları tarafından küresel ekonominin kaderine dair bir soruya cevap vermem gerekseydi... 'Amerikalı tüketici yeniden ne zaman harcamaya başlar?' diye sorduğum söylenirdi"[10] diyerek bu karmaşayı tarif etti. Gerçekten, var oluşu için birinin diğerine tümüyle bağlı olduğu küresel bir köye sahibiz.

Oysaki karşılıklı bağımlılık bugünün karmaşık resminin sadece bir parçası. Biz artan biçimde küreselliğe doğru büyürken yine artan biçimde ben-merkezli bir hale geldik veya psikologlar Jean M. Twenge ve Keith Campbell'in ifade ettiği gibi, "artan biçimde narsistleştik."[11] Narsizm Salgını: Hak Çağında Yaşamak, kitabında Twenge ve Campbell "Kültürümüzde narsizmin acımasız yükselişi"[12] kitabına atıfta bulunarak, bunun yarattığı sorunlar hakkında konuşur. Belirtiyorlar ki, "Amerika Birleşik Devletleri sürekli biçimde narsizm salgınından acı çekiyor. ...Narsistik kişilik rüzgârgülüne obesite kadar etki ediyor". En kötüsü bu değil, "narsizmdeki yükseliş son on yılda, 2000'lerdeki hızından daha hızlı arttıyor. 2006'dan itibaren her 4 lise öğrencisinden birinin narsistik özelliklerden

14

bazılarına sahip ve bugün şarkıcı Küçük Jackie'nin bunun içine dâhil edildiği gibi, çoğu insan 'Evet efendim, bütün dünya benim etrafımda dönmeli!' hissiyatında."[13] Webster Sözlüğü'nde, narsizm "egoizm" olarak tanımlamıyor ve bunu apaçık biçimde ifade etmek de çekilmez biçimde bencil hale geldiğimiz anlamına geliyor.

Böylece bizim sorunumuz çift taraflı: Bir tarafta biz birbirimize bağlıyız; diğer yanda inanılmaz biçimde narsistik ve yabancılaşmış bir hale geliyoruz. Kesinlikle bağlılığı ve bencilliği buluşturmayan çift taraflı bir yolu sürmeye çalışıyoruz. Belki de evdeki ailemize karşın çoğunlukla soğuk ve kalpsiz olan internetin sosyal ağlarında "sanal arkadaşlarımızla" harcadığımız sayısız saatlerin sebebi budur. Eğer biz basbayağı bağlı olsaydık birleşirdik, birbirimizi desteklerdik ve mutlu olurduk. Bunun yerine bencilsek kendimizi ayrırır ve kendimizle yaşardık. Fakat eğer hem bağımlı ve hem bencil isek, asla yürümez!

Ve bu özünde krizlerin kökenidir. Bizim karşılıklı bağlılığımız bizim birlikte çalışmamız için gereklidir. Fakat kendi bencilliğimiz bizi almaya ve bir başkasını kullanmaya yönlendirir. Sonuç olarak krizlere yol vermeye devam ederek, çok sıkı gayret gösterdiğimiz işbirliği sistemlerini çökertirler.

Bundan ötürü bu kitabın amacı iki yönlüdür: 1) bir tarafta karşılıklı bağımlılığımızın sonucundaki ışığı ve diğer yanda kendi benmerkezciliğimizi ifşa etmek ve 2) bizim faydamız noktasında çatışır gibi görünen hususları birleştirmek için muhtemel çalışma biçimlerinin (modus operandi) özet biçimde altını çizmek. Bu ilk hedefe ulaşmak için Doğa'nın yapısı ve bilhassa insan doğası hakkında Kabala'dan ne öğrendiğimi açıklayacağım. İkinci hedefe ulaşmak için ise diğer büyük Kabalist'lerin olduğu kadar, 20'nci yüzyılın büyük Kabalist'i Yehuda Aşlag'ın fikirlerini çağdaşı bilim adamları ve diğer disiplinlerden bilginlerle birleştireceğim.

Kabala bilgeliğinde mevcut küresel sorunlara dair tutarlı bir çözümün var olduğuna inandığımı fark ettim ve bunu sunmam için bir fırsat verilmiş olmasıyla memnuniyet duyuyorum. Bu benim umudum ve Kabala'nın bize sunduğu kavramlarla bu Büyük Mavi Gökkubbede yaşadığımız sürece kendimizi idame edebileceğimiz kanaatimi ifade etmeliyim.

Bölüm 1: İnsanın Eşsizliğinin İncelenmesi

Bnei Baruch Eğitim ve Araştırma Enstitüsü

Kişisel Çıkar Özgeciliğe Karşı

Michael Laitman

Büyük Buhran'dan beri en kötü ekonomik krizler baş gösterdiği zaman, anahtar konumdaki çoğu politikacı ve iktisatçı birlik ve işbirliğinin gerekli olduğunu vurguladı. Akıllara hükmeden Wall Street'in egomerkezli yapısını sınırlama zorunluluğunu seslendirerek ayrıştırıcı ve korumacı bir eğilim kaygısını ifade ettiler. The Economic Times'da "Dünya Liderleri Ekonomik Krizle Savaşmak İçin Uyum Arayışında"[14], gibi ekonomik belirsizlikle yüzleşmekte uyum ve işbirliğine dair ortak bir iradeyi işaret eden manşetler bütün dünyadaki gazetelerde göründü.

İlk bakışta bu ruh isimlendirilmese bile anlaşılabilir. Ne de olsa dünyanın iktisatçıları kurumların birbirine çok sıkıca bağlı olduğunu, biri başarısız olursa diğerlerinin onu takip edeceğini ve politikacıların, eğer onlar ülkelerindeki bankaları kurtarmaz iseler tüm küresel ekonomileri alaşağı eden bir domino etkisini hızlandırarak kendi ekonomilerinin de çökeceğine dair uyarıldıklarını biliyorlardı.

Oysaki krizin tabiatında birleşmeye karşı hareket etmek doğaldır: kendini kapat ve senin olanı koru. Özellikle yabancılar suçlu veya en azından bu kötü vaziyeti yaratanlarla ilişkili gibi göründüklerinde, bu durum yabancı güçlerle birleşmekten daha güvenli bir yol gibi görünür.

Böylece Amerika —ülke genelde çöküşün ve ekonomik krizin hızlı salınımının birincil suçlusu olarak düşünülür— tecritten acı çekmiyor. Çünkü küresel ekonomi ile karşılıklı bağları Çin gibi ekonomileri dolarları satın almaya ve böylece Amerikan ekonomisinin yaşamasını sağlamaya zorluyor.

Politikacılar için 19'uncu yüzyılın İngiliz Mısır Kanunları vergilerinde ve Başkan Hoover'ın 1933'de "Amerika'yı Satın Al" hareketinde olduğu gibi bunu kendi ülkelerinde ilk kez dillendirmek doğal görünüyordu. Ne var ki, işbirliği ve kişisel çıkarın nazik dengesi ileri geri

18

sendeleyerek yürürken finansal krizlerle dövülmüş yıkımı araştırır ve çoğunluğun sesinin uyumu savunduğunu, korumacılığı ve ayrılığı suçladığını fark ederiz. Bu neden böyledir?

Eğer bu soruyu sadece ekonomik veya psikolojik manzara içinde düşünürsek nihai bir cevaba ulaşamayız. Oysaki bunu Kabala ilminin perspektifinden görürsek, uluslararası ilişkilere ve herhangi bir ilişkiye dahil olmuş olan güçlerin kendini tecrit etmenin değil gerçekte bütünlüğün güçleri olduğunu görürüz. Onlar sıradan rasyonel veya irrasyonel karar verme süreçlerinden çok daha güçlüler ve hareketlerimize "perdenin arkasından" karar veriyorlar.

Uluslararası düzeyde bu güçler küresel ticareti, politikaları, anlaşmaları, ihtilafları ve ekolojiyi belirler. Ulusal seviyede, eğitimdeki trendleri, sağlık politkasını, medya ve yerel ekonomiyi belirlerler. Kişisel seviyede ise mevcudiyetimizin en derin seviyesinde ailelerimiz ile olan ilişkilerimizi belirler, evrime karar verirler –bizim ve doğaki her bir elementin.

Bu güçleri anladığımız zaman Napolyon'nun neden, örneğin Rusya'yı almaya kalktığı zaman yutabileceğinden fazlasını ısırdığını, Hitler'in aynı şeyi neden yaptığını (ve aynı ülkede, daha azı değil) ve Bernard Madoff'un o durdurulana kadar neden durmadığını anlayacağız. "Çok uzaktaki köprü" sendromu dünyanın en büyük liderlerinin ve lider olabilecek olanlarının direnç gösteremediği çok tipik bir insan tuzağıdır. Gerçekte bizim yapabildiğimiz kadar hareket etmemize neden olan güçler, bizim, onların bizi ele geçirmemelerine izin vermememiz gereken bir risk olduğunu tanımlayamadığımız dünyamızın böylesi bir parçasıdır.

Realiteyi oluşturan ve bunu harekete geçiren güçleri ve elementleri anlamak için önce onların köklerini ve nihai rotalarını bilmeye gelmeliyiz. Aksi takdirde gerçeği anlamaya çalışmak bir arabanın içsel mekanizmasını anlamaya çalışmak –motoru, motorun vitesle bağlantısını, gücün tekerlere aktarılma şeklini vb.– gibidir. Arabanın insanları güvenli, konforlu ve çabuk biçimde bir A yerinden B yerine götürmek için imal edilmiş bir makina olduğunu açıklamaksızın, arabanın amacını açıklamaksızın, bu yapının herhangi bir tartışmasını yapmak doğru bir şey olur mu?

Bilim gibi, Kabala realitenin içsel çalışmalarını araştırır. Fakat bilimin fenomenleri gözlemleyen ve nihai amaçlarına dair teoriler sunan haline karşın Kabala öncelikle amacı araştırır ve oradan yapının kendisini açıklar. Kabala tarafından açıklanan bu amaç dünyadaki tekliği, hayatın tamamına hükmeden ve yaratan temel güçleri keşfedecek her bir kişi içindir. Diğer bir deyişle Kabala'nın amacı yaşamın yaratıcı gücünü keşfedecek, bunu edinecek ve bu keşfin ifade ettiği tüm faydaların semeresini alacak her bir kişi içindir.

Baal HaSulam (Merdivenin Sahibi) olarak bilenen 20'nci yüzyıl Kabalisti Yehuda Aşlag Zohar Kitabı'nın tefsiri olan Merdiven için Kabala'yı ve hayatın amacını şu şekilde tarif etti: "Bu bilgelik, 'O'nun tanrısallığının, O'nun yaratılanlarına bu dünyada ifşası' olarak tanımlanan tek ve yüce bir amaç için, değişmeyen ve önceden belirlenmiş kurallarla örülmüş, sebep-sonuç ilişkilerine dayanarak aşağıya uzanan bir kökler serisinden daha fazlası veya daha azı değildir."[15] Hayatlarımız bu amaca yönlenmiş araç gibidir. Bu yüzden Kabalistler dünyamızın fiziksel, tarihi ve sosyal fenomenlerini nihai bir hedefe yönlenmiş aşamalar olarak görürler ve bu, bu kitabın insanlığın tarihi ve mevcut durumunu tartışacağı perpektiftir.

Gizli Hâkim Birlik

Kabala kesinlikle sadece Yaratılış'ın sahne arkasında dünyamızı işleten saklı güçlerini araştıracak bir bilim değildir. The Encyclopedia Britannica'ya göre "Newton'un klasik mekanik olarak bilinen mekanik teorisi tam bir kesinlikle zamanındaki tüm şartlar altındaki güçlerin etkilerini temsil ediyordu. ...teori o zamandan beri geliştirildi ve kuantum mekaniği ve izafiyet teorisi olarak genişledi."[16] Diğer bir deyişle 20'nci yüzyılda tüm bir genelleştirme yapmak için Newton'un teorisi bilim için daha fazla kâfi gelmedi. Çünkü Doğa'nın gözlenen fenomenini açıklamak için yetersizdi.

20'nci yüzyılın ikinci yarısında bilim adamları yeni teorilerin de Doğa fenomenini açıklamak için çok kısıtlı olduğunu fark ettiler. Bu durum Büyük Birleşik Teori (BBT veya Grand Unified Theory, GUT) için bir araştırmayı harekete geçirdi. "Teorisyenlerin hayali [fizikte]," The Encyclopedia Britannica'ya göre tümüyle bütünleşik bir teoriyi bulmaktır —her şeyin teorisi veya HT (Theory of Everything, TOE)."[17]

TOE'nin arayışına dair bir paralellik gibi görünen şeyde pek çok şöhretli teorik fizikçi en temel düzeyde bizim —ve realitenin tüm parçalarının— aslında bir bütün olduğumuzu öne sürmeye başladılar. Öncü konumdaki teorik fizikçilerden Werner Heisenberg, "Bütünün parçalarını birbirinden ayırmanın, parçalara bölünmemesi gerekeni parçalara ayırmanın hata olduğunu ifade ederek, uyum ve bütünlüğün realiteyi teşkil ettiğini"[18] söyledi.

Heisenberg'in çağdaşı ve arkadaşı kuantum fizik kuramcılarından Erwin Schrödinger "Mistik Bakış" isimli çalışmasında, "Hissettiğimiz çeşitliliğin sadece bir görüntü olduğunu; gerçek olmadığını"[19] ifade etti. Meşhur Albert Einstein dahi 1950 tarihli bir mektubunda "İnsan varlığının

21

bizim tarafımızdan evren olarak adlandırılan bir bütünün parçası olduğunu. ... Bizim, bilinçliliğin bir çeşit optik yanılsaması halinde, bir hareketsizlik halinden ayrı biçimde kendimizi, düşüncelerimizi ve hislerimizi tecrübe ettiğimizi" belirtti.[20]

Realitenin tüm parçaları tek bir bütünün veya realitenin tüm parçalarına uygulanan, TOE'yi ifade eden kanıtları ise, hayatın tüm seviyelerinde çalışan bir paradigmaya ihtiyaç olurdu —fiziki, ruhi ve düşünsel. Ve burası fizikçilerin kapsamları dışındadır. En keskin sınırları olan teorik fizikçiler bile Doğa'nın gözlemlenen fenomeninin tümünü açıklayamaz.

Bilhassa "bilinçlilik" adı verilen fenomenin tüm açıklaması bütün disiplinlere ait bilim adamlarının gözünden kaçar. Oysaki bilinçlilik sadece mevcut değil aynı zamanda sabit biçimde bilimsel deneylerin sonuçlarına da etki eder. Bu bağlamda Ulusal Çocuk Sağlığı ve İnsan Gelişimi Enstitüsü eski müdürü Dr. Johnston Laurance "Objektif Bilim: Bir İçsel Çelişki": "Her bilimsel gözlem —en temel düzeyde bile— gözlemcinin bilinçliliğinden etkilenir. Bu bağlamda 'buna inandığım zaman anlayacağım' ifadesi genelde ifade edildiğinin tersine daha uygundur. Pek çok çalışma bilinçliliğin bakteriyel gelişmeden kalp hastalarının sonuçlarına kadar değişen çoğu farklı noktalarda belirgin bir etkiye sahip olduğunu göstermektedir."[21]

Dr. Laurance değerlendirmesinde 19'uncu yüzyıl nöroloğu, modern nörolojinin kurucusu olarak düşünülen Jean Martin Charcot gibi bu görüşü paylaşan çeşitli bilim adamlarını ve düşünürleri örnek verir: "Son durumda görmek için hazır olduğumuz, görmemiz için düşünülmüş şeyi görüyoruz. Ön yargılarımızın parçası olmayan her şeyi eliyor ve göz ardı ediyoruz."

Dolayısıyla eğer bilim adamının gözlemi gözlenmiş olan fenomeni etkiler, bozar veya tamamen elerse bilim %100 bir hassaslıkla değerlendirilebilir mi? Dahası eğer etkenin —bilinçliliğin— en az bir anahtar faktörü çalışmanın veya gözlemin konusu değil ise herhangi bir fenomen tümüyle anlaşılabilir mi?

Felsefenin bilimi tamamlamak için adım attığı ve belirsizliğin boşluklarını doldurduğu yer budur. Pek çok düşünür "realitenin tekliği" kavramını ortaya koyarak bunu yaptı. İ.S 4'üncü yüzyılın büyük Yunan filozofu Sitiumlu Zeno "her şeyin Doğa denilen tek bir sistemin parçası olduğunu ifade etti."[22]

Benzer biçimde Alman filozof ve matematikçi W.G.Leibniz The Philosophical Writings of Leibnitz'de şu şekilde ifade etti: "Her şey birbirine bağlı olduğundan, realite Tek bir kaynak haricinde bulunamaz."[23]

Tekliğin, uyumun ve her şey arasındaki bağın bu mükemmel resmine inanmak kesinlikle çok güzel olurdu. Fakat filozofların iyi birer hatip olması bir tarafa gerçeğin samimi bir arayışcısı bile bu durum kulağa güzel veya gerçek "geldiğinden" dolayı bu fikri bütünüyle ancak zar zor kabul ederdi. Günün sonunda bir teori için tek gerçek deney veya kavram bireyin kişisel tecrübesidir.

Bütün bunlardan sonra biri için geçerli ve gerçek gibi görünen şey bir başkası için tümüyle yanlış olabilir. Eğer ışığı bir prizmaya doğru tutarsak ışığı gökkuşağının farklı renklerine ayıracaktır. Fakat kişinin size bunu göstermesi bir monokromat (tümüyle renk körü) olmaktır. Onun gördüğü grinin bu tonlarına dair size tanımlar vermesi fark etmez. Benzer biçimde fizikçilerin ve filozofların realitenin bölünmezliği ve tekliği konusunda haklı olmaları kadar bu tekliği bir gerçek olarak kabul etmek, bunu kendileri için tecrübe etmeyi gerektirir.

Michael Laitman

Realitenin tekliğini tecrübe etmek pek çok kişiye mistik gelebilirken bu görüntünün çoğu bileşenlerinin bazı Nobel almış bilim adamlarını bile tersine çevirmiş olduğu gerçektir. Aslında realitenin daha bütün ve uyumlu bir resmi için gereksinim kuantum fiziğinin keşfi veya Einstein ile ortaya çıkmadı. Daha eskide, 1879'da İngiliz kimyacı ve fizikçi William Crookes, "Bizim gerçekten, madde ve kuvvetin sanki bir başka dünyanın içine doğru birleşiyormuş gibi göründüğü bir sınıra dokunduğumuzu" ifade etti: "Geleceğin en büyük bilim problemlerinin çözümünün, bu sınırda ve bana burada zarif, zor erişilen, güzel ve son derece yalan görünen realitelerin ötesinde bulacağımı düşünmeye cüret ediyorum." (24)

Gerçekte bilimdeki araştırmam boyunca genelde ve bilhassa Kabala'da Crookes'un sezgisinin kusursuz olduğunu fark ettim. Çünkü yukarıda izah ettiğim gibi Kabala nihai amacı dikkate alır ve oradan yapıyı açıklar. Çünkü realite bu amaca erişmeye yönelik araçtır. Kabala tabiatı gereği Büyük Bütünleşik Bir Teori'dir. Bizim hem tüm kapsamı anlamamıza ve hem gerçekten onun eşsizliğini deneyimlememize izin veren Her şeyin Teorisi'dir.

Michael Laitman

Bnei Baruch Eğitim ve Araştırma Enstitüsü

Kişisel Çıkar Özgeciliğe Karşı

Babil'den Haberci

Bu, Kabala denilen Büyük (ve aslında) Bütünleşik Teori'nin temellerini kazmadan önce öncelikle bunun nereden kaynaklandığını ve "atasının" kim olduğunu bilerek ne derece değer verilmeli, anlamalıyız. Biz bir an için geçmişe medeniyetin beşiği antik Mezapotamya'ya doğru seyahat edelim. Yaklaşık dört bin yıl önce bugünkü Irak'ta Dicle ve Fırat nehirleri arasında geniş ve verimli topraklarda yerleşik haldeki Babil isimli bir şehir-devlet medeniyeti gelişimde başrolü oynadı. Hareketli hayatı ve canlılığı ile tüm antik dünyanın ticaret merkeziydi.

Şimdi "antik Babilon" dediğimiz hareketli medeniyetin kalbi olan Babil bir eriyik potaydı ve çok sayıda inanç sistemi, öğreti için ideal bir yerleşimdi. İnsanlarının çok çeşitli türde puta taptığı çoğu saygın insan arasında Babil'de putlara ibadette otorite ve babasının ismi Terah olan İbrahim isimli bir rahip vardı.

Keza İbrahim çok önemli bir özelliğe sahipti: büyük bilim adamları gibi sıradışı bir kavrayışa ve gerçeğin arayışının hevesine sahipti. 12'nci yüzyılın büyük bilgini Maimonides (RAMBAM olarak da bilinir) İbrahim'in hayatın gerçeğini keşfetmek için ortaya koyduğu çabasını ve kararlılığını The Mighty Hand (Kudretli El) isimli kitabında ifade etti: "Sütten kesildiği andan itibaren merak etmeye başladı. ....günler ve gecelerce kafa yordu ve bu döngünün bir sürücüsüz gitmesinin nasıl mümkün olabileceğini merak etti. Kendisinin döndüremeyeceği bu şeyi kim döndürüyordu? Ve ne bir öğretmene sahipti ve ne bir öğreticiye. Bunun yerine Keldaniler'in Ur şehrinde annesi, babası, cahil putperestler ve yıldızlara tapan o tüm insanların arasında sıkışıp kalmıştı."[25]

İbrahim araştırmasında Crookes'un yüzyıllar sonra belirttiği o sınırın ötesinde yaşayan şeyi öğrendi.

Heisenberg, Schrödinger, Einstein, Leibniz ve diğerlerinin sezgisel biçimde hissettiği realitenin tekliğini ve bütünlüğünü keşfetti. Maimonides'in sözleriyle, "O [İbrahim] gerçeğin yoluna erişti ve kendi doğru bilgeliğiyle yargının çizgisini anladı. Ve orada yöneten tek bir Tanrı olduğunu biliyordu...., ve onun her şeyi yarattığını ve başka Tanrı değil, sadece O'nun olduğunu."[26]

Bu konuşmaları doğru biçimde yorumlamak için, Kabalistlerin Tanrı ile konuştuğu söylendiği zaman bununla sofuca bir hissiyatın kastedilmediğini vurgulamak önemlidir. İbadet ettiğiniz, memnuniyet duyduğunuz, yatıştığınız yüce bir güç dindar inançlıları sağlık, zenginlik, uzun hayat veya bunların hepsi ile dönüşte ödüllendirir. Ancak bunun yerine Kabalistler Tanrı'yı Doğa ile tanımlar, Doğa'nın bütünü ile. "Tanrı" teriminin anlamı için net ifadeler, Tanrı'nın Doğa ile eşanlamlı olduğunu belirten yazılar Baal HaSulam tarafından kaleme alındı.

Örneğin "Barış" makalesinde şöyle yazar: "Şu andan itibaren iki şeyin –Doğa ve Amir– dilini kullanmaktan kaçınmalı. Belirttiğim şeyler arasında fark yok... bizim için en iyisi Kabalistlerin HaTeva'nın (Doğa), Elokim (Tanrı) ile aynı olduğu sözlerini kabul etmek. O durumda Tanrı'nın düsturları, 'Yaratılış'ın emirlerini' seslendirebileceğim ve tersine, onlar bir ve aynı olduğundan bunu daha fazla konuşmamız gerekmez." [27]

Maimonides, her şeyi yaratan Yaratılış'ın yegâne kanununu, yani "kendini yaratanı İbrahim 'kırklı yaşlarında' bildi" diye yazar. Fakat İbrahim bunu kendine saklamadı: "Keldaniler'in Ur'unun halkına cevaplar sağlamaya ve onlarla konuşmaya ve yürüdükleri yolun gerçeğin yolu olmadığını söylemeye başladı."[28] O'ndan sonra Galile ve tarihin pek çok büyük öncüsünde olduğu gibi, İbrahim zamanının Babil kralı Nimrod (Nemrut) vakasındaki gibi egemen güç tarafından kısıtlandı.

İ.S. 5'nci yüzyılda İbrani bilgeleri tarafından yazılmış antik bir metin olan Midrash Rabbah İbrahim'in azminin renkli bir gözden geçirilişi olduğu kadar İbrahim'in Nimrod'la karşılaşmasının berrak bir tanımını da sunar. "[İbrahim'in babası] Terah [yaşadıkları evde put yapan ve onları aile dükkânlarında satan] bir put yapımcısıydı. Bir zamanlar belli bir yere gitti ve İbrahim'e onun içinde oturmasını söyledi. Bir adam içeriye yürüdü ve bir put almak istedi. O [İbrahim] ona sordu, 'Kaç yaşındasın?' Ve adam cevap verdi, 'elli veya altmış.' İbrahim ona dedi ki: 'Acı, altmışında olan ve eski bir puta tapması gerekene doğrudur.' Adam utandı ve ayrıldı.

Bir başka zaman bir kadın bir irmik kâsesi ile içeri geldi. Ona dedi ki, 'İşte, bunları putlar için kurban et.' İbrahim kalktı ve bir çekiç aldı, putların hepsini kırdı ve en büyüklerinden birinin yerine çekici yerleştirdi. Babası geldiği zaman ona sordu 'Bunu onlara kim yaptı?' O [İbrahim] cevap verdi, 'Bir kadın geldi ve onları bir irmik kâsesine satın aldı ve bana bunları onlar için kurban etmemi söyledi. Kurban ettim ve bir tanesi dedi ki, 'İlk ben yiyeceğim' ve diğeri de dedi ki, 'İlk ben yiyeceğim.' En büyük bir tanesi kalktı çekici aldı ve onları kırdı.' Babası dedi ki, 'Benimle dalga mı geçiyorsun? Onlar ne bilir ki?' Ve İbrahim karşılık verdi, 'Ağzının söylediğini kulakların duyuyor mu?'" (29)

O noktada Terah küstah oğlunu daha fazla disiplin altında tutamayacağını hissetti. "O [Terah] onu [İbrahim'i] aldı ve onu Nimrod'a [yalnızca Babil'in kralı değil, yöresel görenek ve inanışlarda da mahir] teslim etti. O [Nimrod] ona dedi ki, 'Ateşe tap.' İbrahim cevap verdi, "Ateşi söndüren suya tapmalı mıyım?' Nimrod cevap verdi, 'Suya tap!' O ona dedi ki, 'O zaman suyu taşıyan buluta tapmalı mıyım?' O ona dedi ki, 'Buluta tap!'

"O [İbrahim] ona dedi ki: 'O durumda bulutları dağıtan rüzgâra tapmalı mıyım?' O ona dedi ki, 'Rüzgâra tap!' O

[İbrahim] ona dedi ki, 'Ve rüzgâra acı veren insana tapmalı mıyız?' O [Nimrod] ona dedi ki: 'Çok konuşuyorsun; Ben sadece ateşe taparım. Seni de bunun içine fırlatacağım ve senin taptığın Tanrı gelsin ve seni bundan kurtarsın!' "Haran [İbrahim'in erkek kardeşi] orada durdu. Dedi ki, 'O durumda eğer İbrahim kazanırsa İbrahim'le hemfikir olduğumu söyleyeceğim ve eğer Nimrod kazanırsa, Nimrod'la hemfikir olduğumu söyleyeceğim.' İbrahim ateşe düştüğünde ve kurtulduğunda ona [Haran'a] dediler ki, 'Sen kiminlesin?' o onlara dedi ki: 'Ben İbrahim'leyim.' Onlar onu aldılar ve ateşe fırlattılar ve o, babasının önünde can verdi. Böylece dendi ki, 'Ve Haran babası Terah'ın önünde can verdi.'"(30)

Böylece İbrahim başarılı biçimde Nimrod'a direndi, fakat Babil'den atıldı ve Charan'ın toprağından ayrıldı (bu kelime Terah'ın oğlu Haran'dan ayırmak için Charan olarak telafuz edilir). Fakat Babil'in habercisi İbrahim Babil'den sürüldü diye keşfini yaymayı bırakmadı. Maimonides'in özenli tarifleri bize "O'nun tüm dünyaya çağrı yapmaya başladığını, onları sadece tek bir Tanrı olduğuna uyandırmaya başladığını... Kenan bölgesine ulaşana kadar şehirden şehire krallıktan krallığa dolaşarak çağrıda bulunduğunu" söyler.

"Onları gerçeğin yoluna geri getirene kadar... Onlar [onun gezindiği yerlerdeki insanlar] onun etrafında toplandı ve ona sözleri hakkında sorular sordular ve o herkese öğretti... Sonunda etrafında on bin kişi toplandı, ki onlar İbrahim'in evinin insanlarıdır. Bu öğreti onların kalplerinde yeşerdi, hakkında kitaplar yazıldı ve bunu oğlu İshak'a öğretti. Ve İshak oturdu, öğretti ve haber verdi ve Yakub'u bilgilendirdi ve onu oturup öğretmesi için öğretmen olarak atadı... Ve Ata Yakup bütün oğullarına öğretti ve Levi'yi ayırdı ve onu lider olarak işaret etti ve ona oturmasını ve Tanrı'nın yolunu öğretmesini söyledi..." (31)

Bilgi unutulabileceğinden dolayı gerçeğin ileriki nesillere taşınmasını garantilemek için İbrahim "oğullarına, Levi'yi oğulları arasından atadıktan sonra atama sürecini bırakmamayı emir verdi. Bu, Yakub'un çocukları ve onlara eşlik edenlerle devam etti ve genişledi." [32]

İbrahim'in çabalarının hayret verici sonucu hayatın en derin kanunlarını, Her şeyin Asıl Teorisi'ni (HT) bilen bir ulusun doğumuydu: "Ve dünyada Yaradan'ı bilen bir ulus teşkil edildi." [33]

Gerçekten İsrail yalnızca bir halkın ismi değildir. İbranice'de İsrail kelimesi iki kelimeden ibarettir: Yaşar (direk) ve El (Tanrı). İsrail hayatın kanunu olan Yaradan'ı keşfetme istediğinin düşünsel bir kavramını işaret eder. İsrail genetik bir tanımlama veya nitelik değildir; bu daha çok İbrahim'i keşifler yapmaya iten arzunun yönü veya ismidir. Genetik olarak ilk İsrailliler İbrahim'in grubuna katılan diğer ulusların üyeleri olduğu kadar genelde Babillilerdi. Bu durum antik İsrail için aşikârdır. Maimonides'in yazdığı gibi, onlar onların, Levililerin öğretmeniydi ve hayatın temel kanunlarını takip etmeyi öğrettiler.

Bugün İsrail'in hayatın temel kuralı olduğu, yani Yaradan'ı bilmeye dair bir arzuyu işaret ettiği ve bunun genetik bir ırk olmadığı gerçeğinden her nasılsa habersiz durumdayız. Gerçeğin gizliliğinden, yaklaşık 2000 yıl öncesinden bu yana, İkinci Tapınağın yıkılışından beri Maimonides tarafından belirtildiği gibi, Kabala'nın – Yaratılış'ın (Tanrı'nın) birliğini öğreten bilim– dünyadaki tüm insanlar için olduğu, nitekim İbrahim'in Babil'deki tüm insanlar için buna niyetlendiği ve sonra "Bunu tüm dünyaya yaymaya başladığı gerçeği" pratikte aşındırıldı.

Yıllar boyunca sadece Kabalistler bu gerçeği canlı tuttu. Lizhensk'li Elimelech, [34] Şloma Efraim Luntschitz, [35] Haim İbni Attar, [36] Baruh Aşlag [37] ve daha pek çokları

Kişisel Çıkar Özgeciliğe Karşı

Michael Laitman

gibi büyük Kabalistler bunu açıkça ifade ettiler: İsrail, Yaşar El (İsrail Yaradan'a doğru demektir) anlamına gelir.

Keza, takip eden bölümlerde tanımlanan bu gücü keşfetme gerekliliği bugünlerle hiç olmadığı kadar ilgilidir. İbrahim'in zamanından bu yana Yaratılış'ta ve birliğin kuralında hiçbir şey değişmedi ve o teklik hâlâ yaratan, hükmeden ve hayatları devam ettiren yegâne güçtür.

İbrahim'in zamanında insanlık ayrımlanmaya gidecek pek çok yola ve yaşam için geniş kara parçalarına sahip olduğundan aslında bunu bugün bilmek zorunda olmamızla çok daha ilgiliyiz. Oysaki bugün küresel bir aileyiz ve her kriz küresel bir ölçekte. Yaptığımız hatalar tüm dünyada çanları çaldırıyor. İbrahim'in keşfi bize hayatın güçlerini hesaplarımızın ve planlarımızın içine daha doğru ve bir hayat kurtarma bilgisi şeklinde sokmamıza yardım ediyor.

İbrahim'in keşfettiği ve öğrencilerine tanımladığı güç Napolyon'nun hükmettiğinden bile fazlasını fethetmesini sağlayacak ve Çin'i izole biçimde yaşamaktansa küresel olmaya iten güçten bile daha büyük bir güçtür. Henüz bu güç, korumacılığı ve ayrımı seslendiren seslerin ardındadır. Küresel bir dünyada, korumacılık medeni dünyanın sonunu heceler. Bizim tek umudumuz birleşmektir. Çünkü birlik, hayatın tamamını yöneten gücün yönüdür. Bu sebeple çabamız nasıl birlik olacağımızı öğrenmektir. Bu mümkün ve akla yatkındır. Ancak kriz zamanlarında hayatın gücünü tanımlamak ve işbirliği ve ortaklık sağlayacak karşılıklı bir çabayı üretmek, bu kuralın dikteleri ile yaşamak gerekir.

Bölüm 2: Çekirdek Arzular

Bnei Baruch Eğitim ve Araştırma Enstitüsü
Kişisel Çıkar Özgeciliğe Karşı

Michael Laitman

İbrahim'in keşfinin önemi, bu keşiflerin kendi zamanı için kesinlikle çok radikal olmalarına rağmen bilimsel veya kavramsal yeniliklerinden dolayı değildir. Bundan ziyade, keşifinin esas değeri işin sosyal tarafında yatmaktadır.

Gerçekten İbrahim'in, onu keşfini gerçekleştirmeye iten soruları sormak için gerekli motivasyonu entelektüel olduğu kadar toplumsaldı da. Halkının giderek yabancılaştığını fark etti. Uzun zamandan beri Babilliler çeşitli inanç sistemlerine ve uyum içinde yaşamaya dair öğretilere izin veren müreffeh bir toplum yaratmışlardı. Fakat İbrahim'in zamanında insanlar tahammülsüzlüğe, kibre ve birbirine yabancılaşmaya sürükleniyordu. İbrahim bunun nedenini merak etti.

Doğa hakkındaki gözlemleri ve soruları boyunca, duyularımıza görünür olan bu dünyanın, aslında güçlerin sadece kompleks ve harukulade bir etkileşimini örten yüzeysel bir örtü olduğunu anladı. Bu güçler belli bir yönde birleştiği zaman doğum, ölüm, savaş, barış ve arasındaki her şeyi görünür hale getirecek belli bir tip fiziksel ve duygusal gerçekliğe sebep oluyordu. Bu etkileşim sadece ülkelerarası gibi geniş kapsamda değil, atom altından yıldızlara, tek bir bireyden uluslararasına kadar hayatın her elementinde mevcuttu. Bu kitabın son kısmında İbrahim'in keşiflerinin sosyal etkilerini araştıracağım fakat yapılması gereken şey, kendi kendimize keşiflerin doğasını daha da anlamamız gerektiğidir.

İbrahim'in bu güçleri keşfindeki düşünme süreci, Neil Postman'ın bunu The End of Education'ında "insan varoluşuna dair temel entelektüel araçların mevcudiyeti"nde ortaya koyduğu gibi, onun sorularına birer dair kanıttır. [38] Maimonides'in yazılarında İbrahim, "Bu tekerleğin [realitenin] sürücüsüz biçimde kendi kendine dönmesi mümkün mü?[39] diye sordu. Sonra, Nimrod ona, buna veya

bu unsura hizmet etmeye devam etmesini emrettiğinde ve İbrahim ona bu unsurların kendi esas güçlerinin dışındaki yüksek bir şeyin filizleri olduğunu gösterdiğinde algıları Nimrod'u tartışmada mağlup etmesine yardım etti.

Böylece devamlı tartma ve gözlemle İbrahim bütün harikule gerçekler gibi dünyayı etrafında döndüren gerçek gücü idrak etmeye başladı, bu basitçe şöyledir: arzular, iki arzu biri verme diğeri alma arzusu. Bu arzular arasındaki bağlantı dünyanın dönmesini sağlayan şeydir; bu her şeyi taşıyan teker ve bütün fenomenleri yaratan güçtür. Kabalistik terminolojide verme arzusu "O'nun [Yaradan'ın] yaratılanlara iyilik yapma arzusu"(40) ve alma arzusu ise "keyif ve haz almaya dair arzu ve özlem"(41) olarak ifade edilir. Kabalistler bunu kısaca "ihsan etme arzusu" ve "alma arzusu" olarak belirtir.

Bu basit gerçeklik İbrahim'in yoldaşı olan Babillilere iletmeye çalıştığı şeydi. Fakat Nimrod onu öldürmeye çalışarak engellemeye gayret etti. Ve bunu yapmakta başarısız kaldığı zaman ise onu uzaklaştırdı.

İbrahim'i kapı dışarı etmek tabii ki Babil'in dostluk ve birlik ruhunu geri getirmedi. Sonunda, "Lord [Doğa anlamında] tüm dünyanın dilini karıştırdı; ve onları tüm dünyanın üstüne dağıttı" (Gen, 11:9).

Bu, Babillilere olmadı çünkü "Lord" ismi verilen kindar ve güçlü yaşlı adam onlara karşı kin besliyordu. Bu onlara (İbrahim'i takip edenlere) oldu çünkü İbrahim'in keşfettiği arzular evriminin belli bir yönüne hükmediyordu. Burada rastlantısal bir etkişelim yok, katı bir sebep sonuç ilişkisiyle izah edilen kurallar bütünü var.

İbrahim bu kuralları keşfettiği zaman yerel halkın onları nihai yıkıma götürecek yanlış bir yönde olduğunu fark etti, böylece onları en etkili biçimde uyarmaya çalıştı. Bu arzular sürekli, rijit ve sanki yerçekimi gibi veya bir mıknatısın pozitif ve negatif uçları gibidir. Fakat bir mıknatısın uçları gibi, yerçekimi gibi iki kuvvet faydamıza çalışmak üzere de kullanılabilir.

Babil toplumu ile insanlığın mevcut durumu arasındaki benzerliği ve dolayısıyla İbrahim'in keşfinin mevcut küresel krizlere dair ilişkisini anlayabilmek için iki arzunun da dahil olduğu doğrultuyu anlamaya ihtiyacımız var. Ve bunun için her şeye en başından başlamalıyız.

Michael Laitman

Bnei Baruch Eğitim ve Araştırma Enstitüsü

Kişisel Çıkar Özgeciliğe Karşı

Yaratılış

16'ıncı yüzyılın büyük Kabalisti, günümüz hâkim Kabala ekolünün, Lurianik Kabala'nın kurucusu Isaac Luria (Ari) Hayat Ağacı isimli kitabında;

Görün ki, bütün oluşacaklar oluşmadan ve yaratılanlar yaratılmadan önce

Üst Işık tüm varoluşu doldurmuştu.

Ve boş bir atmosfer, çukur, ya da kuyu gibi hiçbir bir boşluk yoktu,

Ancak hepsi basit ve sınırsız bir ışıkla doldurulmuştu.

Baş ya da kuyruk gibi bir kısım yoktu,

Ancak her şey, basit, yumuşak ışıktı,

Pürüzsüz ve eşit bir şekilde dengeli,

Ve onun adı Sonsuz Işık'tı... (42)

Zohar Kitabı'nın tüm bir tefsirinde taktim edildiği gibi sadece bir Kabalist bu derin ifadelerin geniş kapsamlı bir izahını yapmayı göze aldı: Kabalist Rav Yehuda Aşlag, Baal HaSulam. Ari'nin yazılarına dair Talmud Eser Sefirot (On Sefirot'un Çalışması) olarak bilinen altı ciltlik tefsirinde Baal HaSulam, Ari'nin "Dünyadaki tüm hoş duyumlar ve mefhumlar"(43) olduğunu işaret ettiği "Işığı" açıklar. "Işığı", "kapların özü [arzuyu alacak] olarak"(44) tanımlar.

Diğer bir deyişle başlangıçta sadece iki "varoluş" vardı: Aşlag'ın "ışık", "Yaradan" veya "haz" olarak tanımladığı ihsan etme, verme arzusu ve "kap"; "yaratılan" veya "yaratılmış varlık" olarak isimlendirdiği alma, zevk alma arzusu. Realitenin tamamının sadece bu iki arzudan nasıl ortaya çıktığını anlamak için onların nasıl etkileşim kurduklarına dair derin bir bakışa ihtiyacımız var.

Yaratılış'ın Özü ve Dört Aşama

Elektrik, yerçekimi ve Doğa'nın diğer tüm güçleri zamandan bağımsız fenomenlerdir. Diğer bir deyişle Doğa'nın güçleri belli olaylar olmadığından onların yaratıldığı zamandaki spesifik bir noktayı işaret edemezsiniz; onlar tüm uzay-zamanı kaplayan potansiyel ya da alanlardır. Belli şartlar altında ve doğru enstrümanlarla onların mevcudiyetlerini saptayabiliriz.

Elektriğin varlığını kanıtlamak için bir lamba veya bir akımölçer gibi bir dirence ihtiyacınız var. Elektriğin akışına direnç gösteren bir şey olmaksızın elektriğin bunun içinden aktığını asla bilemeyiz ve varlığını keşfedemeyiz. Benzer olarak yerçekiminin varlığını ispat etmek için bunun fiziksel kütleler üstündeki etkisini gözlemlememiz gerekir ve ışığı keşfetmek için de ışığı kesen anlamında, ışığın aydınlattığı ve bunu gözlerimize doğru geri yansıttığı bir objeye ihtiyacımız var.

Aynı yolla Kabalistler bu arzunun karşıt direnci —kendi alma arzuları— vasıtasıyla verme arzusunu keşfetti. Dirençlerini —alma arzularını— arındırdıkları ve düzenledikleri zaman arzuları üstünde işleyen gücü tespit edebildiler. Bu, İbrahim'in bu işleyen arzuları ve realitenin alma arzusu olduğu o gücü keşfettiği şeydir. Bu, İbrahim'in oğullarına ve öğrencilerine aktardığı bilgi ve Kabalistlerin öğretmenden öğrencilere, tüm dünyaya aktardığı şeydir.

Bir not olarak, bir Kabalist ile bir başkası arasındaki fark sadece birinin diğerine aktardığı bilgi değil bunu aktarmakta kullanılan dil ve tarzdır. Benim Aşlag'ın yazılarına dayanmamın sebebi onun Ari'nin söylediğinden daha yoğun bir bilgiye sahip olması değil. Onun yazılarını kullanıyorum çünkü son dönemin Kabalistiydi ve en çağdaş biçimde yazdı. Bu sayede az veya Kabala'da alt yapısı hiç olmayan 21'inci yüzyıl okuru için onu anlamak kolaydır.

Zamanda ne kadar geriye gidersek Kabalistik metinlerin tüm anlamını kavramak o kadar zorlaşır.

Mevcut konuya geri dönersek, On Sefirot'un Çalışmasında Aşlag bize vermeye dair talebin gerekli bir sonucu olarak, bu verme arzusunun alma arzusunu yarattığını söyler.[45] Diğer bir deyişle, çünkü arzu verme arzusudur, almayı dileyen bir şey bunu yarattı. Nitekim geceyi anlamaksızın gündüzü veya "sağ taraf" kavramını anlamaksızın "sol taraf" kavramını anlamak, açıklamak mümkün değildir. Verme arzusunu idrak etmeksizin alma arzusunu kavramak mümkün değildir.

Sağdaki hususları ortaya koymak için Kabalistler Yaradan'dan bahsettiklerinde verme arzusunu ve Yaratılış'tan bahsettiklerinde Yaradan'ın verdiklerini almaya dair alma arzusunu kastederler. Yaradan ve yaratılanlar arasındaki bir diyoloğu ifade ettiklerinde gerçekte bulutların üstündeki bir ses ile bir protein kümesi arasındaki duyusal bir değiş-tokuşu değil, verme ve alma arzusu arasındaki özel bir etkileşimi ortaya koyarlar.

Bu ilişkide On Sefirot'un Çalışması'na dair giriş bölümünün son kısmında (Madde 156) Aşlag bize önemli bir uyarı yapar: "Ne var ki, bu bilgeliğin ifşası süresince önemli bir şart var —konuları hayali ve bedeni unsurlarla maddeleştirmemek. Bunun sebebi onların, 'Put ve benzeri bir şey yapmayacaksın.'...kuralını ihlal etmeleridir. Okuyucuları herhangi bir maddeleştirmeden kurtarmak için Ari'yle, On Sefirot'un açıklamalarına dair bütün temel hususlarla, yapabildiğim kadar basit anlaşılır bir dille, Ari'nin kitaplarından derlediklerimle On Sefirot'un Çalışması kitabını yazdım."[46]

Bu yüzden, varoluşun temelinde yatan madde değil, Yaradan'la —haz verme arzusu— olan etkileşimin meydana getirdiği haz alma arzusu formlarıdır.

Michael Laitman

Bu yaklaşımı daha benzer bir alana bağlamak adına şimşek çakmasını düşünün. Antik Yunanlılara kadar şimşek Zeus'un bilindik silahıydı. Bizim için aynı şimşek, eğer Encyclopedia Britannica'ya[47] danışırsak sadece, "Bir bulut alanı havanın direncini düşürmek için yeterli aşırı elektrik yüküne sahip olduğunda meydana gelen görünür elektrik boşalımı"dır.

Benzer biçimde İbrahim'in hikâyesinin gerçek anlamını izah etmek özünde, rasyonel biçimde, tercihen Aşlag gibi bir Kabalisti ifade eden, derin bir kavrayış ve yeterli öğretici niteliklere, bunu açıklayacak yeterli bilgiye sahip biri tarafından yapılacak bir açıklamayı gerektirir.

Yaratılış'ın Düşüncesinin Peşinden Gitmek

"Kabala Bilgeliğinin Önsözü"nde[48] Baal Hasulam Yaratılış'ın hamlesini 5 aşama ve bir kısıtlama içine doğru ayırır. Fakat onları üç grup içine toplayabiliriz. İlk iki grubun bir araba ve onun motoru için yakıt olduğunu düşünün, üçüncü grubun ise sürücü olduğunu hayal edin.

İlk grup sadece Aşama Sıfır, Kök'ü içerir. Bu, "Yaratılış" adı verilen arabayı (bu çok eski bir model; artık böyle üretilmiyorlar) yaratan ve hayatta tutan enerji, verme arzusudur.

İkinci grup –Aşama Bir ve İki– değişim için bir "platform" inşa eder. Bu arabanın kendisidir. Bu aşamaların sahip olduğu platform, hayatın başlangıcına dair parçaları içeren derin seviyeleri; Richard Dawkins'in "İlksel Çorba"[49] olarak Bencil Gen'de ifade ettiği şekildeki benzetimleri imal etmiştir.

Üçüncü grup –Aşama Üç ve Dört– "sürücüdür." Rolü değişimin motorunu çalıştırmaktır–arzular arasındaki etkileşim. Aşağıda ve ileriki bölümde açıkladığımız gibi kısıtlama ise Yaratılış'ın amaca doğru sürülen tekerleğidir: Yaratılış'ın Düşüncesi'ni edinmek.

Aşama Sıfır ve Bir

Öncelikle dört aşama hakkında genel bir yorum: Kabala son yıllarda popülerlik kazandığından dolayı terimlerin bazıları çeşitli bağlantılarda yüzeye çıktı. Sefirot terimi sıklıkla Yaratılış'ın kökenine dair bağlantıda bahsedilir. Aşamaların yerine Sefirotların isimlerini kullanarak yaratılış sürecini tanımlamak mümkündür. Fakat bu durum konuları gereksiz biçimde karıştırabilir. Sefirot ve dört aşamanın aynı süreçle nasıl ilişkili olduğunu görmek "Kabala Bilgeliğine Önsöz"de konu edilmiştir.[50] Kabalistik terimlerde alma arzusu olmaksızın verme arzusunun varlığına "Kök Aşaması" veya "Aşama Sıfır" denir. Hemen ardından, "Kök Aşaması"nın zorunlu getirisi –"Aşama Bir"– verme arzusu yani Kök tarafından buna doğru verilen bollukla içeriye nüfuz eden alma arzusudur.

Sonuç olarak atom altı parçacıklardan evrendeki en geniş galaksilere kadar varoluştaki hiçbir unsur verme-alma "çift taraflılığı"dan kaçamaz. Bu sıcak-soğuk, kuru-nemli, küçük-büyük, merkezcil-merkezkaç, enerji-madde vb. formlarda görünür. Fakat hepsi ezeli zıtlıklardan baş verir: vermek ve almak. Bu etkileşimi resmetmek için verme arzusunu ifade eden aşağı yönlü bir ok ve alma arzusunu ifade eden bir yay veya bir kutu (genelde "kap" olarak isimlendirilen) kullanırım (Çizim no. 1).

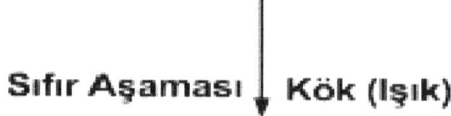

Kök Aşaması, hemen arkasından gelen ve zorunlu yan ürünü olan "Aşama Bir" —ihsan etme arzusunun bolluğu ile taşan alma arzusu— tarafından takip edilir. Kök "ışık" ve alma arzusu da "kap" olarak bilinir.

Aşama İki

Aşama Bir'deki iki arzunun arasındaki buluşmanın sonucu Aşama İki'dir. Burası artık arzular arasındaki etkileşimin başladığı yerdir. Aşama Bir ve Aşama İki arasında olan değişimi anlamak için bir çocuğun ebeveynlerine karşı olan hayranlığını düşünün. Çünkü çocuklar özellikle çocukluklarının erken dönemlerinde ebeveynlerini birer idol haline getirir, onları taklit etmeye gayret eder. Anne-babalarının her hareketini (erkekler için babalarını gözleme, kızlar için annelerini gözleme eğilimiyle) yakından gözlemler, ebeveynlerinin tavırlarını "tetkik eder" ve yaptıklarını yapmaya çabalarlar.

Günümüz çalışmaları çocukların ebeveynlerinin rehberliğine dair ne kadar dikkatli olduklarını gösteriyor. Cambridge Üniversitesi'nden Dr. Andrew Meltzoff ve Prof. Wolfgang Prinz Taklit Üstüne Perspektifler: Nörobilimden Sosyal Bilime'de, "Ebeveynlerin gence sözlü öğreti yerine belli bir kültürün üyesi olarak nasıl rol oynayacaklarına dair bir çıraklık eğitimi sağladığını" yazar. Geniş bir davranış yelpazesi —küçük şeylerin kullanımından sosyal adetlere kadar— bir nesilden diğerine taklitçi öğrenim yoluyla aktarılır.[51]

Çocuk yetiştirmek üzerine Dr. Benjamin Spock'un Bebek ve Çocuk Bakımı isimli çoksatanı bunu burada tümüyle ifade etmeye zorlandığımı hissettiğim bu sürecin tüm bir tarifini sağlamaktadır: "Kimlik sadece oyun oynamaktan çok daha önemlidir. Bu, karekterinin nasıl inşa edileceği konusudur. Bu, çocukların çoğunlukla ebeveynlerinden aldıklarına bağlıdır ve ebeveynlerinin onlara kelimeler öğretmeye çabalamalarından daha fazla biçimde onları kendilerine model alırlar. Bu durum çocukların temel anlayışlarının ve durumlarının nasıl oluştuğunun ifadesidir —işe, insanlara ve kendilerine karşı ... Bu, onların yirmi yıl sonra ne tür bir ebeveyne dönüşeceklerini öğrendikleri şeydir, oyuncak bebeklerine şefkatli veya azarlayıcı ilgi gösterme şekillerinden de anlaşılacağı gibi..

"Cinsiyetin farkındalığı." Bu bir kızın kadın olmaya doğru daha fazla farkındalık kazandığı dönemdir. Bu yüzden özel bir ilgi ile annesini izler ve kendini annesinin haline benzetmeye eğilim gösterir: annesinin kocası ve erkek cinsi hakkında, genelde, kadınlar hakkında, kızlar ve oğlanlar hakkında, işe ve ev işlerine karşı nasıl hissettiği hakkında. Küçük kız annesinin kesin bir kopyası olmayacak ancak şüphesiz ki pek çok hususta ondan etkilenecek.

"Bu dönemdeki bir erkek çocuk bir erkek olma yolunda olduğunu anlar ve bu sayede babasının peşinden gitmeye kendini yönlendirmeye çabalar: babası eşine ve genel olarak kadın cinsine karşı, diğer erkeklere, oğlan ve kız çocuklarına karşı, işe ve ev işlerine karşı nasıl hissediyor, bunu öğrenir."[52]

Ve bir çocuk ebeveyni gibi olmak için büyümeyi dilediği zaman arzunun gelişimindeki Aşama İki, ebeveyni gibi olmak için alma arzusuna (Aşama Bir) dair dileğin bir ifadesidir —verme arzusu (Kök). Bu alma arzusu —verme arzusunun "ürünü, oğulu" olduğundan dolayı olur— Aşama Bir, Kök'ün üstünlüğünü idrak eder ve atası gibi olmayı diler. Ve çünkü Aşama Bir'in Kök'ten aldığı tek ders Aşama İki'deki vermedir, alma arzusunun vermeyi istemeye başlamasıdır.

Daha önce varoluşun temelinin, onları yaratan etkileşimler —verme arzusu— tarafından oluşturulmuş alma

arzusunun formları olduğunu söyledik. Böylece vermeye dair doğal, "otomatik" reaksiyonlar yoluyla iki karşıt arzu birleşir: alma (Aşama Bir) ve verme (Aşama İki). Dünyamızda biz dahil –bedenlerimiz, düşüncelerimiz ve faaliyetlerimiz– var olan her nesnenin, olayın, değişimin özünü bu iki arzunun çeşitli kombinasyonları şekillendirir.

Bir çocuğun onun rol-model ebeveyni gibi olmayı dilemesi gibi Aşama İki'deki verme arzusunun temelinde de atalarının sahip olduğu üstün statü, güç ve bilgiyi alma arzusu yatar. Diğer bir deyişle, Aşama İki, verme niteliği ve hali olan alma arzusudur. Bu sebeple Aşama İki'yi vermeyi dileyen bir kap (alma arzusu) veya "ihsan etmenin kabı" olarak resmetmek doğrudur. Dolayısıyla bu arzuyu ifade eden ok dışarı doğru, Yaradan'a doğru yönelir (Çizim no. 2).

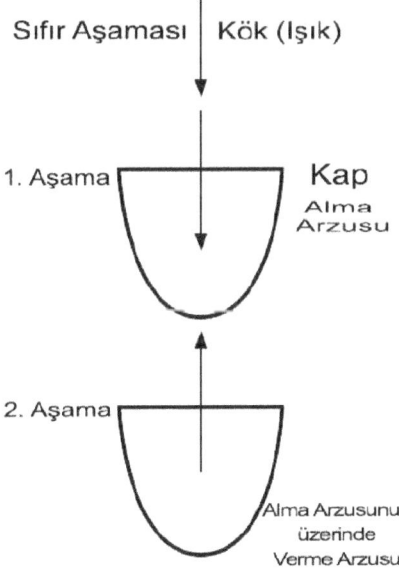

Kişisel Çıkar Özgeciliğe Karşı

Aşama İki'deki verme arzusunun kökünde alma arzusu yatar. Bu sebeple Aşama İki'yi vermeyi dileyen bir kap (alma arzusu) veya "ihsan etmenin kabı" olarak resmetmek doğrudur.

Fakat Aşama İki yeni bir arzudan fazlasıdır. Aşama İki varoluşun bu tümüyle yeni aşamasına doğru yönelmektir. Çünkü almayı daha fazla istemez, vermeyi arzu eder, vermeyi arzu eden bir hale dönüşmelidir. Böylece Aşama İki, diğerlerine karşı pozitif ve hoşnutlukla davranma hali, yani yaratan gibi –ihsan eden– olma hali olmalıdır.

Bu sebeple hâlâ alma arzumuzun etkisi altında olmamıza rağmen bizi vermeye zorlayan güç, Aşama İki, hayatı sürüdürülebilir kılan güçtür. Bu olmaksızın ebebeynler çocuklara (ihsan edebilecekleri) sahip olamazdı veya doğduktan sonra nesillerinin devamı için gerekli bakım, hayat mümkün olmazdı.

Gerçekten Aşama İki için en iyi örnek bir annenin çoçuğuna olan sevgisidir. Eğer annelerin bebeklerini büyütmek için ortaya koyduğu sonsuz sevgiyi, merhameti ve çabayı düşünürsek böylesi bir adanmışlık, bağlılık ve huşunun mümkün olduğunu anlarız. Bir annenin çocuğunu emzirirken, bezini değiştirirken veya banyo yaptırırken yüzüne baktığınızda onun çoğunlukla şevkle parıldadığını görürsünüz. Bu neden böyledir? Annelerin böylesi bir zorluğa sadece dayanabilmesini değil, bunu dilemesini ve bundan hoşlanmasını sağlayan şey nedir?

Cevabı basittir ve bunu içgüdüsel olarak bilirler: Bebeklerine vermekle muazzam bir keyif deneyimlerler. Dünyaya yeni bir şey getirme kararının arkasında anneliğin (veya ana-babalığın) keyfi, alma arzusu vardır. Bu olmaksızın insanlar kazara olanlar hariç bebek sahibi olmazlardı ve bu çocuklar için çok talihsiz bir durum olurdu.

Şimdi Doğa'nın zorlayıcı kuvvetlerinin neden almak değil de vermek olduğunu anlayabiliriz. Özetle, bu kavramın özünü ifade etmek aslında Baal HaSulam'ın özgeciliğe dair Kabalistik tanımıdır. 1940'da "Ulus" isimli bir gazetede yayımlandı. Yazılarında bunun için şöyle yazar, "Özgecil güç [verme arzusu] tek merkezli dalgalar gibidir –dışa doğru yönlenmiş bir güç... içeriden dışarıya doğru akan."[53]

Aşama Üç

Aşlag'ın ifade ettiği gibi sebep ve sonuç etkisi ile gelişen arzuların evrimi tayin edilmiş kurallara, iyileşmeye yol veren bir zorunluluktur. Bir sonraki zorunlu aşama, yapmayı istediği şey bu olduğundan dolayı aşama iki için vermeye başlamaktır. Fakat Aşama İki'de yeni oluşturulmuş verme arzusu çözülmesi gereken bir soruna sahiptir: Vermeyi diler ama verebileceği tek şey sadece kendi dışında var olan (iki aşamalı alma arzusu) ve onu yaratan verme arzusudur. Böylece Aşama İki'nin yaratana verebileceği tek şey almaya gönüllü olmasıdır. Diğer bir deyişle sadece Aşama Bir'de alacak fakat köke –Yaradan'a– verme niyeti ile. Bu eylemin vermek niyeti ile almak olduğu "tersine" çalışma şekli tümüyle yeni bir kavramdır ve böylece yeni bir ismi –"Aşama Üç"– hak eder

(Çizim no. 3).

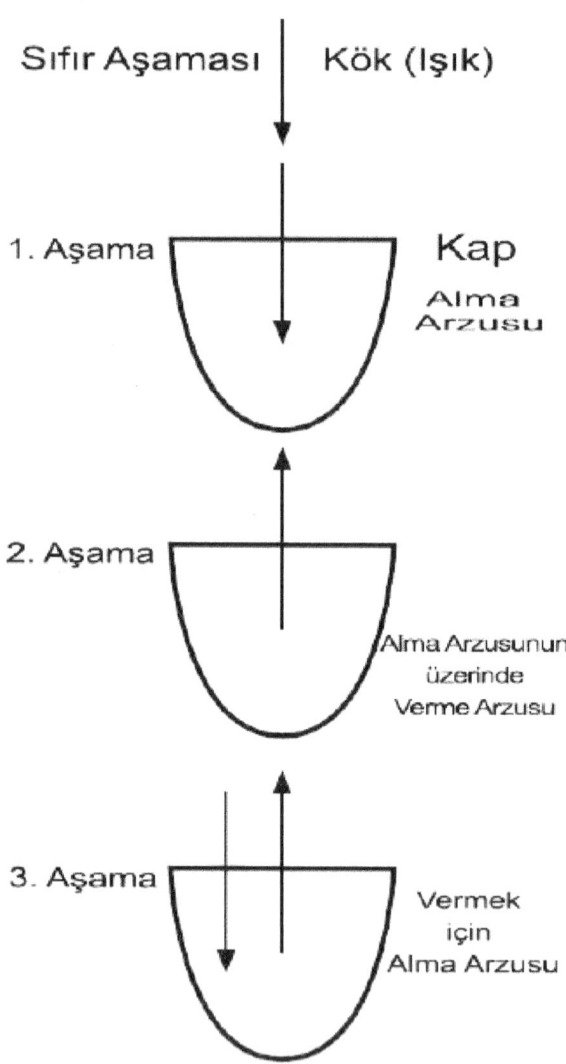

Bu bazılarına biçimsiz gibi görünebilir fakat bu hareket tarzını rutin biçimde kendi ilişkilerimizde uyguluyoruz. Uzun zamandan beri annesini görmemiş olan genç bir adamın onu ziyaret etmeye geldiğini düşünün. Annenin sevgili oğlunun yemeyi isteyeceği şeyleri hazrlamayı istemesi oldukça muhtemeldir. Fakat ya oğlu çok aç değilse? Yemeyecek mi? Çoğu durumda yiyecek ve yemekteki lezzeti ifade edecektir, çünkü bu annesini memnun eder.

Çizim no. 3: Aşama Üç'te alma arzusu bundan hoşlandığından değil ama verme arzusu olan Kök'e memnuniyet verdiği için almayı seçer.

Bu durumda oğul kendi arzusuna değil onun yemesini gözlemleyen annesinin arzusuna odaklanmıştır. "Kabala Bilgeliğinin Önsözü"nde[54] Baal HaSulam bu çalışma şeklini, alanın almayı kabulü ile verende oluşan sevinç hali devam ederken alma arzusunun kısmi kullanımı, yani hazzın kabulü için gerekli minimum olarak tanımlıyor. Yemek örneğimizde oğul biraz iştaha sahip veya tümüyle yiyebilecek durumda değil. Keza iştahı kendi niyetini (ya da dikkatini) annesine memnuniyet vermekten kendine memnuniyet vermeye değiştirmek için çok büyük olmamalı.

Aşama Dört

Oğlunun iştahı annesine memnuniyet verme arzusuna tabi kılınacak kadar mülayim olduğunda, iştahı midesinden ziyade memnuniyet verme niyetine odaklanabilir. Fakat diyelim ki çok aç olsaydı ve bütün gün hiçbir şey yememiş olsaydı? Bütün gün guruldayan midesini görmezden gelebilir, sadece annesinin memnuniyetine odaklanabilir ve sadece ona memnuniyet vermek için yiyebilir miydi? Aşama Üç almaya başladığı zaman, çünkü Kök'e memnuniyet vermeyi diler, ne kadar alırsa bunu yapana, Kök'e o kadar memnuniyet verir.

Michael Laitman

Neticesinde daha çok daha çok ve daha çok almayı istemeye başlar. Sonuçta alma arzusunun tamamını uyandırarak her şeyi almayı diler. Alma arzusunun kendiliğinden uyandırılmış hali "Dördüncü Aşama"dır. Aşama Bir ve Aşama Dört arasında temel bir fark var: verenle bağlantı. Aşama Bir verenle değil onun sadece zenginliği ile bağlantılıdır. Bunu "anladığı" kadar bunu yapana verme arzusu mevcuttur. Veren gibi olmayı diler ve bu durum Aşama İki'yi başlatır. Yaratılışı başlatan verme arzusu olduğundan dolayı, Aşama Dört sadece verenin varlığını değil cömertliğini ve üstünlüğünü de idrak etmektir. Ve tüm bir alma arzusunun varoluşu için Aşama Dört, sadece Aşama Bir'in verdiği bereketi değil Kök'ün o üstün haline ulaşmak için de almayı diler.

Michael Laitman

Bnei Baruch Eğitim ve Araştırma Enstitüsü

Kişisel Çıkar Özgeciliğe Karşı

Verme Arzusu

Sıfır Aşaması | Kök (Işık)

1. Aşama — Kap

2. Aşama — Alma Arzusunun üzerinde Verme Arzusu

3. Aşama — Vermek için Alma Arzusu

4. Aşama — Alma Arzusu (her şeyi)

(Çizim no. 4)

Çizim no. 4: Ve tüm bir alma arzusunun varoluşu için Aşama Dört, sadece Aşama Bir'in verdiği bereketi değil Kök'ün o üstün haline ulaşmak için de almayı diler.

Oysaki Aşama Dört Yaradan gibi olma gerekliliği halidir, sadece almak değil. Bu her şeyi bilinçli biçimde alma arzusudur –kudretli, her şeyi bilen Yaradan'ın doğasını bile. Hiç bir şey onu tanımlamaya kâfi gelmeyeceğinden dolayı Aşlag "Kabala Bilgeliğine Önsöz"de[55] Aşama Dört'ü, Yaratılış'ın Düşüncesini edinmeyi dilemek olarak yazar. (Çizim no. 5)

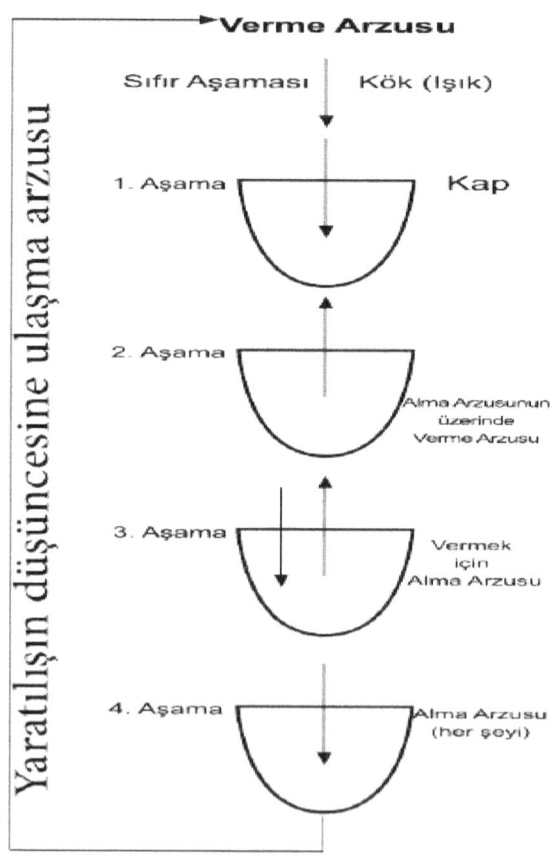

Çizim no. 5: Aşama Dört Yaratılış'ın Düşüncesini edinmeyi diler.

"Tora'yı [Işığı] Vermek" isimli bir başka yazıda Aşlag Yaratılış'ın başlangıcında ortaya çıkan Yaradan-yaratılan ilişkisinin doğasına güzel bir açıklama sunar: "bu durum pazardan bir insan alıp onu her gün altın, gümüş ve bütün arzu edilebilir şeylerle donatan zengin bir adamın hali gibidir. Ve ona her gün bir öncekinden daha fazla şey verdi. Sonunda zengin adam sordu, 'Söyle bana senin bütün dileklerin tatmin edildi mi?' O [adam] cevap verdi, 'Bütün dileklerim tatmin olmadı, bana gelen bütün bu değerli eşyalar ve mallar, senin aksine bana kendi çabamla gelmediği için. Eğer öyle olsaydı senin elinin yardımını almıyor olurdum.' O zaman zengin adam dedi ki, senin dileklerini yerine getirebilecek bir kişi henüz doğmadı.'"[56]

Bahşedilmeye dair bu içerleme hali Michigan State Üniversitesi'nden Amani El-Alayli ve Lawrence A. Messe tarafından yapılan araştırmalarda etkin biçimde gözlenmiştir. Deneysel Sosyal Psikoloji Dergisi'nde yayımlanan bulgularına göre beklenmedik iyiliklere maruz kaldıkları zaman insanlar iki zıt duyguyu deneyimleyebilir: araştırmacıların iyiliğe karşılık vermek olarak tanımladıkları, "zorunluluk" veya "psikolojik içerleme" olarak tanımladıkları kızgınlık hali.[57]

Ayrıca, yazdıklarına gore, "insanların kendilerine yardım eden kişiler hakkındaki değerlendirmelerinden çıkarılan sonuca ilişkin, insanlar kendilerine yapılan iyilikler, beklentileri veya normları ihlal eden [aşan] bir derecede olduğu zaman, bu iyiliği kendilerine yapan kişiler [yardımsever] hakkında karışık izlenimlere sahip olurlar."[58] Bu araştırma, olağandışı bir cömertlikle ele alındığı zaman bunun utanca ve hicap duymaya dair doğal bir insani özellik olduğunu açık biçimde gösteriyor. Kabala'nın izah ettiği bu duygular, kişinin bir veren olma fırsatı da olmaksızın sınırsızca vermekle karşılaştığında direkt olarak Aşama Dört'ün açıkladığı utançdan kaynaklanır.

Böylece Aşama Dört idrak edildiği zaman Kök'ün üstünlüğünü elde edemez, her şeyi alamayacağını fark eder ve doğası gereği Yaradan'a nazaran aşağı seviyededir. Bu hal Aşama Dört'teki herhangi bir zevk algısını bastırır ve onun en büyük dileği bahşedilmemiş —kendi çabası olmaksızın— olmak olduğundan, Kök'ün verdiği sonsuz zenginlik algısına rağmen Aşama Dört bir hiçlik algısıyla kalır. Kabala'da Aşama Dört'ün arzusu bütün zevkleri gölgelemeyi isteyen gibi olmak iken buna "sınırlama" denir. Çünkü Yaradan gibi olma arzusu diğer bütün arzulardan çok daha büyüktür. Bu durum pratikte deneyimlenen şeyden zevk almayı engeller.

Böylece evrim tek bir amacın altını çizer: Kök'ün vermeyi dilediği ve sadece ihsan etmek niyeti ile alınabilecek iyiliğe yeniden sahip olmak.

Bölüm 3: İnsanlığın Ortak Kökeni

Kişisel Çıkar Özgeciliğe Karşı

Michael Laitman

Bir önceki bölümde Kök'te varolan ilksel verme arzusunun bir ürünü olarak Aşama Bir'deki alma arzusunun ve Aşama İki'deki verme arzunun ortaya çıkışı hakkında konuştuk. Ayrıca verme arsuzundan dolayı alma arzusunun Aşama Üç'te yeniden aktif hale geldiğini ve Aşama Dört'te ise maksimum seviyede olduğunu gösterdik. Gerçekte atası –Kök Aşaması– gibi olmayı istediğinden ve Kök Aşaması'nın üstünlüğünün özüne sahip de olsa, alma arzusunu maksimize etmek onun haz almamayı – bütünüyle– istemesine sebep oldu. Bunun (henüz) olası olmadığı müteakip algı, bir kısıtlamayı –haz (ışık) duymaya dair bir indirgenme– başlatan Aşama Dört'teki içsel bir bayalığın algısına sebep oldu.

Çünkü Aşama Dört'ün gerçek arzusu Kök'ün üstünlüğü olduğundan, Aşama Bir'de alınmış olan sınırlandırılmamış hazla yetinmez. Bunun yerine Kök'ün doğasını edinmeyi diler, Yaratılış'ın Düşüncesi'ni, dolayısıyla Kök'ün üstünlüğünü.

Böylece Aşama Dört'teki hazzın indirgenmesi ne alma kabiliyetinin ve ne de Kök'ün verme kabiliyetinin azalmasının bir sonucudur. Kök devamlı vermek ister ancak alma arzusu, cömertlik (Aşlag tarafından "Tora'yı Vermekte" 59 tanımlandığı gibi) halinde indirgenmiş bir şeyi almayı istemez. Bu sebeple Aşama Dört verenin düşüncesini edinmeyi, Yaradan gibi olmayı diler ve ihsan etmeye dair sahip olunan niyete karşın kısıtlama, almamaya dair kararının bir ürünüdür.

Bunu başarmak için, herhangi bir anda ışığı alıp almamaya karar vermek ve alırsa da ne kadarının ihsan etmeye olacağını belirlemek için Aşama Dört, üç parçalı Partzuf (Yüz) denilen bir mekanizma inşa eder.

Michael Laitman

(Çizim no. 6).

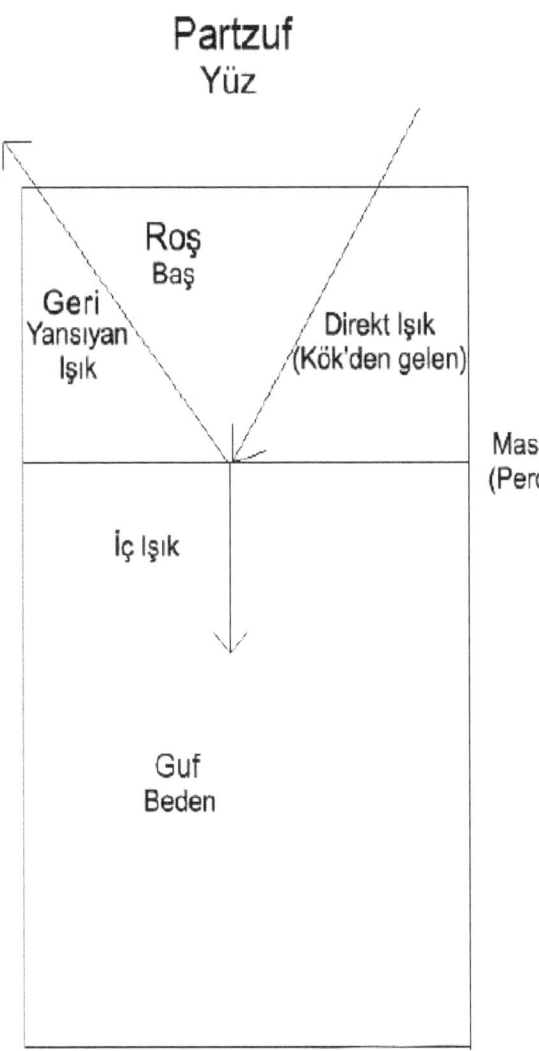

Partzuf'un üst kısmına Roş (Baş) denir. Görevi gelen ışığın (zenginliğin) ne kadarının alma arzusu tarafından alınacağına karar vermektir. Alma arzusunun kendisi Partzuf'un Guf (Beden) olarak isimlendirilen alt kısmını inşa eder.

Roş (Baş) ve Guf (Beden) arasında Masah (Perde) durur. Adeta sadece belli moleküllerin içinden geçmesine izin veren seçici geçirgen bir membran gibi Masah, ışığı Guf'a, Roş'un bunu sadece ihsan etme niyeti ile alabildiği kadar geçmesine izin vererek kalanı ise reddederek perdeler. Adeta bu yolla Masah, kısıtlama öncesinde hızlı biçimde hassas bir oranlama yapan bir muhafız işlevi görür.

Çizim no. 6: Partzuf (yüz) denilen mekanizma: Roş (baş) ışığın (zenginliğin) ne kadarının alınacağına karar verir. Guf (beden) alma arzusudur ve Roş ve Guf arasında ihsan etme niyeti ile alabileceği kadar ışığın Gufun içine girmesine izin veren Masah durur.

Bir bakıma Partzuf, İnsan Kaynakları (İK) bölümünün Masah olduğu büyük bir şirketle kıyaslanabilir. Eğer yönetim Roş (baş) üretimi artırmayı isterse (bu sayede veren'e ihsan eder) bu durum daha fazla insanı gerektirir ki böylece daha fazla ışık/haz alır. Yeni insanlar alındıktan sonra şirkete (Guf, beden) kabul edilecekler ve işe yerleştirileceklerdir: ihsan etmek için haz almak.

Roş kararını verdiği zaman Masah —İK Bölümü— başvurulara (arzulara) perde çeker ve sadece uygun olanları seçer. Yeni bir işçi (arzu), bu durum Yaradan'a haz vermeyeceğinden dolayı çok düşük (çok küçük) nitelikli olmamalıdır (çünkü bunun için çok küçük bir arzuya sahip olduğunuz zaman büyük bir hazzı deneyimleyemezsiniz). Fakat bu durum yoğun bir alma arzusunu uyandıracağından ve yaratılanın düşüşüne neden olacağından aşırı nitelikli de

Michael Laitman

(ihsan etme amacı ile kullanılabilecek çok yoğun arzular da) olmamalıdır.

Henüz bizim "Yaratılış" olarak isimlendirdiğimiz hem Partzuf'da ve onun iş muadili dünyevi şirketinde çözülmemiş bir sorun ortada durmaktadır: Peki ya işe (Guf ve Partzuf'un içinde ihsan etmek için işe) alınmamış insanlar (arzular) ne olacak? Ebedi bir işsizliğe mi (ret) mahkûmlar? Bu durum Yaradan'ın tarafsız olmayı dilediği ışıkların (hazlar) her zaman olduğu, ama bunu bizim alamayacağımız anlamına gelir. Bu Yaratılış'ın amacına karşılık gelir: alıcılar (yani yaratılan, biz) için sınırsız zevki, gücü, irfanı ve Yaradan'ın yüceliğini üstümüze çekmek.

Gerçekten er ya da geç bütün arzular "işe alınmış" ve işe konulmuş olacak ve bütün ışıklar elde edilecektir. Oysaki sistemi aşırı yüklemeden ve bütün bir çöküşe dair riske etmekten kaçınmak için bazı arzular geçici olarak beklemeye alınmalıdır. Bu arzulara etki eden ışıklar bu yüzden geri yansıtılır ve bunlar "saran ışıklar" olarak kalırlar.

(Çizim no. 7).

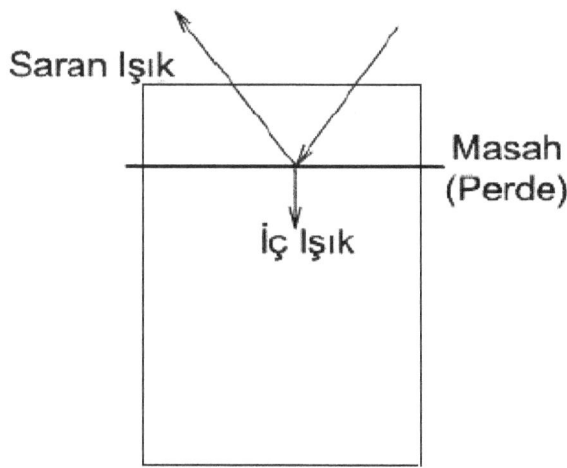

Şimdilik işe alınmayan arzular ve ışıklar Partzuf'un üstünde eğer Yaradan'ın vermeyi dilediği her şey Yaradan'dan temin edilecek ise halen daha alınacak haz olduğunu hatırlatan sürekli bir basınç oluşturur. Bizim dünyevi örneğimizde satış bölümü "saran ışık"tır – devamlı olarak şirketin genişleyebileceği ve büyük kârlar sağlayabileceği yeni potansiyel pazarları rapor eder.

Çizim no. 7: Partzuf bütün ışığı alma yeteneğine sahip değilken, yansıtılan ışık Partzuf'un dışında kalmalı. Buna "saran ışık" denir.

Arzular Nasıl Dünyalar Haline Gelir

Partzuf/şirket alegorisine devam edersek; şirket, "Yaratılan", "işsizlikle" yani onun bekleme listesindeki arzularla hizaya getirilmeye başlanır, en zayıfla yer değiştirmek, listenin en tepesindeki arzuları elde etmek en kolay ve en alttaki ise en yoğun en zor olandır. Yaratılış bu arzuları arzuların evrimindeki aşamalara benzer biçimde dört kategoriye ayırır. Her bir kategori İbranice bir kelime olan Haalama'dan (gizlilik) gelen bir dünyayı (Olam) işaret eder. Onlar doğru biçimde –ihsan etme amacıyla– kullanılabilene kadar bu arzular ayrı tutulmalı ve ışıklardan gizlenmelidir. Böylece Aşama Bir'e benzer vasıflara sahip arzular "Atzilut dünyası", Aşama İki'ye benzer olanlar "Beria dünyası", Aşama Üç'le benzer olanlar "Yetzira dünyası" ve Aşama Dört'le benzer olanlar "Asiya dünyası" olarak isimlendirilir. (Çizim no. 8). Özetle "ABYA" olarak adlandırılırlar.

Michael Laitman

Bnei Baruch Eğitim ve Araştırma Enstitüsü

Kişisel Çıkar Özgeciliğe Karşı

Dört dünyanın dört aşaması

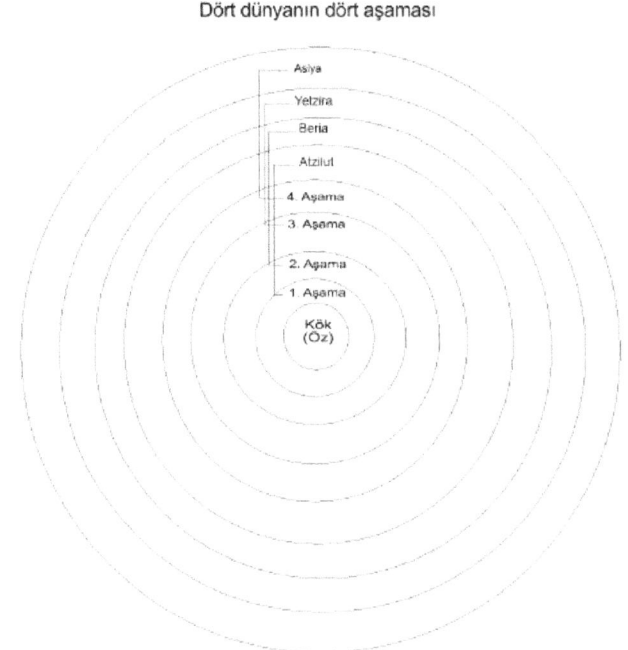

Çizim no. 8: Yaratılış arzuları arzuların evrimine parelel olan dört kategoriye ayırır. Her bir kategori İbranicede Haalama (gizlilik) kelimesinden gelen Olam (dünya) kelimesiyle adlandırılır.

Kabalistler manevi gerçekliği tanımladıkları zaman – arzuların ihsan etme amacıyla işlediği yeri– genelde bunu dünyalara böler ve onlarda ne olduğunu (arzuların gerçekte nasıl temin edildiği) tarif ederler. Ve sıklıkla ABYA dünyalarının öncesinde vuku bulan her şeyi de bir kelime ile adlandırırlar, buna "AK dünyası" (Adam Kadmon–ilk insan) derler. Bir biçimde arzuların evriminde AK dünyası kök aşamasına veya Aşama Sıfır'a paraleldir. Manevi

59

dünyalar arasında bizim dünyamızdan bahsedilmediğini not etmeliyiz. Çünkü bizim dünyamız egoizme dayanır. Ve Kabala'da dünyalar ihsan etmenin seviyelerini ifade eder, bizim dünyamız manevi sistemin (ihsan etmek amacıyla) parçası olarak düşünülmez.

Manevi sistem kesintisiz biçimde bunun —manevi dünyalar— güçleri arasındaki etkileşim boyunca gelişiyor, kademeli biçimde daha fazla halde ihsan etmek amacıyla almanın kapasitesini artırıyor, önceki aşamalarında vuku bulan aksiyonlar ve sonuçlar üstünde her aşamayı inşa ediyor. Benzer biçimde bir bebeğin büyümesi gibi fiziksel ve idrak yetenekleri bir önceki seviyede elde edilmiş kabiliyetler ve gözlemler üstünde inşa edilerek gelişir. Gelişimin bu önceki aşamaları olmaksızın bebekler yetişkin olamazdı. Elbette bilincimizde hayatın bu erken dönem müşahadelerini devam ettirmememiz gerekir. Biz günlük bir rutin üstünde giderken onlar otomatikleştiklerinden; henüz, bunları – yeteneklerimizi– adeta yetişkinler gibi hayatlarımızda devamlı biçimde kullanamıyoruz.

Çocuklar söz konusu olduğunda, biz onların yeni yetenekler ve bilgiler kazanması için yardım ederiz ve onların zamansız şeyler yapmaya teşebbüs etmemelerinden emin olmak için onları gözleriz. Benzer biçimde yaratılanın Yaradan gibiye olgunlaşması sürecini tamamlamak; bu durum bayalık ve utanç duygusunu uyandıracağından arzularının ne olduğundan bunların nasıl çalıştığına kadar işleyişini (ihsan etmek için almak) öğrenmeyi gerektirir.

Bundan ötürü yaratılan, her bir dünyada verme arzusunun vermeyi –ihsan etmek için– dilediği ışığı (hazzı) sorgular. Atzilut, Aşama Bir'in arzusuna –tüm ışığı kendi alma arzusunun kapsamında olmaksızın "otomatik olarak almak"– karşılık geldiğinden dolayı yaratılan Atzilutta iken tüm ışığı alır. Bu sebeple, arzu halen pasif olduğundan

dolayı, Atziluttaki arzu-haz kombinasyonuna "hareketsiz" veya "cansız" denir.

Beria'da yaratılan daha az ışık alır çünkü Beria alma arzusunun daha gelişmiş bir hali –Yaradan gibi verme arzusu– olan Aşama İki'ye karşılık gelir. Çünkü Beria ışığa tepki veren ilk arzuya karşılık geldiğinden buna yaşamın ilk aşaması adı verilir: yani "bitkisel."

Yetzira'da yaratılan Beria'dan bile daha az ışık alır çünkü Yetzira, alma arzusunun ışığın sadece küçük bir miktarını almaya başladığı (Bölüm 2'ye bakınız, "Dört Aşama ve Yaratılış'ın Kökü" bölümü) Aşama Üç'e karşılık gelir. Bu, alma arzusunun gelişiminde otonominin –kendi kendini yönetme– belli bir ölçüsünü gösteren daha gelişmiş bir seviyedir. Bu sebeple mensuplarının en az seviyede otonomi gösterdiği evrimsel boyuttaki adı: "hayvansal"dır.

Asiya'da, Yaratılan, haz olarak hissedilmeyen sadece çok küçük bir ışık kalır. Asiya arzuların evriminde Aşama Dör'de karşılık gelir ve Aşama Dört kısıtlamayı deneyimlediği gibi Asiya Dünya'sı da ışığı deneyimlemekte sınırlıdır. Fakat bu durum; en son, en gelişmiş ve arzunun en kompleks seviyesi olduğundan bunun dünyevi adı "insan" veya "konuşan"dır.

Paralel İsimler

"Kabala Bilgeliğine Giriş"te Baal Hasulam ABYA dünyalarının bir başkasına çok benzer olduğunu belirtir. "Kabalistler Atzilut, Beria, Yetzira, Asiya isimli dört dünyanın halinin ilkinden başlayarak Atzilut denilen en yüksek seviyeye kadar ve Asiya denilen bu maddi ve hissedilen dünyada tümüyle aynı olduğunu buldular... Bu durum ilk dünyada gerçekleşen ve olan her şeyin değişmeden bir sonraki dünyada, bunun altında da değişmeden bulunduğu anlamına gelir. Bu durum, bu hissedilen dünyanın aşağısında bunu takip eden tüm dünyalardan aşağıda hissedilen bu dünyaya kadar bu şekildedir.

"Her bir dünyadaki realitenin unsurlarının özünde idrak edilen bir seviye haricinde onlar arasında bir fark yoktur. En üst dünya olan birincisinde realitenin unsurlarının özü bunun altında olanlardan [daha fazla halde vermek]tir. İkinci dünyadaki realitenin unsurlarının özü ilk dünyadakinden daha bayağı [daha alıcı] ama bir altındaki seviyeden ise daha saftır."

"Bu durum benzer biçimde, realitedeki unsurlarının özü kendinden önce gelen tüm dünyalardan daha bayağı ve karanlık olan aşağıdaki bu bizim dünyamıza [en alıcı, en egoistik] kadar devam eder. Oysaki realitenin unsurları ve biçimleri ve onların tüm oluşumları hem nitelik ve hem nicelik olarak değişmeden ve her dünyada eşit biçimde var olur."[60]

Bu yüzden kabala arzulardan bahseder, fiziksel objelerden değil. Çünkü tüm dünyalar uygulamada özdeştir. Kabalistler sıklıkla nesnelerin isimlerini veya fiziksel dünyada süreçleri, manevi durumları veya arzu seviyelerinde vuku bulan işleyişi tarif etmek için kullanır. Fiziksel örnekler daha açık ve daha anlaşılabilirdir. Yukarıda belirttiğimiz Partzuf (yüz) ifadesi böyle bir durumdur. Işığı reddeden tüm süreci tanımlamak ve sadece ihsan etmek için alınabilecek kadar ışığı almak (çiftleşmek) için bir kod olan Zivug de Hakaa (üst üste binerek çitfleşme) için "Mecazi" bir örnek olarak verilebilir.

Dolayısıyla "Zohar Kitabı'na Giriş"te Aşlag, "cansız" adının Atzilut dünyasına verildiğini açıklıyor çünkü bu, Aşama Bir'deki tümüyle pasif olan alma arzularından ibarettir.[61]

Atzilut dünyasının maddi karşılığı minerallerdir. Bütün mineraller şekillerini korumaya çalışır (diler).

Oldukları şeyden başka bir şey olmaya arzuları yoktur; eğer onları başka bir şeyin içine değiştirmeye kalkarsanız bir güç uygulamak ve şekillerini bozmak zorundasınızdır, çünkü değişime karşı koyacaklardır.

Aşlag'ın kelimeleri ile, "cansız olarak isimlendirilen almaya dair niyetin birinci fazı alma niyetinin bu maddesel dünyadaki içsel işaretleridir... Fakat bunun belirli öğelerinde görünen bir hareket yoktur. ... Ve sadece küçük bir alma niyeti var olduğundan dolayı... belirli öğeleri [mineraller] üstündeki gücü fark edilemez."[62]

Bağımsız bir arzunun başlangıcı olduğundan Beria "bitkisel" adını aldı. Tahmin edileceği gibi bu arzusunun maddi işareti bitkilerdir. Mineralleri oluşturan moleküllerin adeta kümelenmiş haline karşın bitkiler büyür, çiçek açar, kurur ve her bitki farklı bir öğedir. Oysaki bitkiler hareketlerinde seçim özgürlüğüne sahip değilldir. Bir türün bitkileri birbirlerine çok yakın bir yerde büyüdükleri zaman kesinlikle aynı şekilde davranacaklardır. Örneğin ayçiçeği bitkisinin başı daima güneşe doğru döner (Resim no. 1) ve bütün buğday başakları hasat zamanı yaklaştığında sarıya döner.

Resim no. 1: Ayçiçeği bitkisinin başı daima güneşe doğru döner.

Yetzira "hayvansal" adını alır ve alma arzusunda Aşama Üç'e karşılık gelir. Bununla ilgili olarak giriş kısmında Aşlag, Yetzira'da yaratılan "özgürlük ve bireysellikten önemli bir ölçüde faydalandığını... her bir unsur için eşsiz bir hayat" yazar. Kişinin, henüz Yetzira'da arzunun halen diğerlerine dahil olmak için bir çaba olmayan anlamına gelen, "diğerleri algısından eksik halde, ya acı içinde veyahut keyif içinde olduğunu ifade eder."[63]

Asiya'ya "konuşan" veya "insan" denir alma arzusunun bütün ve çok kompleks bir formunu ifade eder. İnsan seviyesinde iken Aşlag bunun konuşan ve hayvansal seviye arasındaki fark olduğunu açıklar. Alma niyeti diğerlerinin hissiyatını kapsar64: "Diğerleri algısının eksik kaldığı hayvansal seviyedeki alma niyeti, sadece onun tek başına varlığın üstünde etki ettiği sınıra kadar olan arzuları ve gereksinimleri üretir. Fakat diğerlerini de hisseden insan diğerlerinin sahip olduğu her şeye gereksinim duyabilir ve diğerlerinin sahip olduğu her şeyi kıskançlıkla istemekle dolu olacaktır. Bu sebeple biri yüze sahip olduğunda iki yüzü diler ve böylece ihtiyaçları daima katlanarak gitmeye ihtiyacı duyar, ta ki tüm dünyada var olanın hepsini yutmayı isteyene kadar."[65]

Arzuların insan seviyesi ve diğer seviyeleri arasındaki farkı doğru biçimde anlamak için şu deneyi düşünülem: Bir köpeğe en favori maması yerine dokunmatik ekranlı bir akıllı telefon verelim ve onlardan hangisini seçtiğine bakalım. Sonrasında köpek mamasını insan yemeği ile değiştirelim ve akıllı telefonu bırakalım. O durumda aynı deneyi bir insan ile deneyelim.

Âdem'in Doğuşu ve Düşüşü

Yaratılış'ın kökenini tartışmamızın daha da ötesinde, Yaratılanın ihsan etmekten nasıl haz aldığını ve Yaradan'la benzer olana kadar kendi kendini nasıl inşa ettiğini ifade ettik. Oysaki bütün dünyalar ve bütün alınabilecek ışıklar Partzuf'ta (şirkette) tesis edilmiş olsa bile ihsan etmek Partzuf'ta elde edilir. Ancak Partzuf'ta halen çabayla elde edilemeyecek bir arzu kalır –Yaradan gibi olma arzusu. Bu Aşlag'ın alegorisinde (Bölüm 2) de söylediği misafire karşılık gelir. "Bu durumda isteklerini yerine getiren bir insan asla doğmadı."[66] Bu, Aşama Dört'teki arzunun özü olan en yoğun arzudur ve aynı zamanda tümüyle erişilmezdir.

Tüm arzular bir kere maksimum derecede işletildiğinden Yaratılanın (şirket) pazarlama bölümü (saran ışık) şirket yönetimine –Yaratılanın Roş'u (baş)– halen alınacak çok ışık olduğunu hatırlattı. Şimdi eğer bu arzuyu ihsan etme niyetiyle alabilseydi bu yeni arzuyu sorgulamak ve tanımlamak Roş'un göreviydi.

Bu sebeple Roş bu son arzunun yazgısı için özel bir kurul toplantısı gerçekleştirdi. Bu toplantıda, elde edilmek için çok güçlü olduğundan bunun kullanılmaması kararı çıktı. Gerçekten de bir kişi anne-babası gibi olma arzusunu elde edebilir mi? Eğer Partzuf gerçekten bu arzudaki dilediği şeyi büyümesi için gerekli bilgi ve tecrübeye sahip olmaksızın alsaydı bir yetişkin olmak yerine adeta bir çocuk gibi kalırdı. Açıkçası bu çok karışık ve elde edilmesi de çok tehlikeli bir arzudur.

"Öte yandan," "eğer biz bu arzunun doğasını düşünürsek bunda bir tehlike olmadığını göreceğiz," yöneticilerle (şirketi) tartıştık. Nitekim "bunun güvensiz olduğunu" belirttiler."

"Nasıl böyle olabilir?" muhalifler merak etti. "Alma arzusunun doğasından dolayı güvensiz –Yaradan gibi olmak, yani vermek. Vermek nasıl tehlikeli olabilir?"

Avukatlar muhalifleri ikna etti ve Yaradan'ın en büyük arzuyu saklaması için karar verildi –Yaradan gibi olma dileği. Bunu yapmak için Yaradan Adam HaRişon (İlk İnsan) denilen ayrı bir Partzuf inşa etti ve bunu bütün arzuların en büyüğü ve sonucusu olanı işletme ve yönetmenin konusu olarak belirledi.

Oysaki bütün arzuların son ve en büyüğünü almaya çalışma kararı ölümcül bir hata olmaya doğru döndü. Yaratılanın bilmediği şey bunun en büyük arzudan gelen, kendisine bir hediyenin tutturulmuş olduğu en büyük ışık olduğuydu. Yaradan gibi olduğunuz zaman sadece verme arzusunda değil verme kabiliyetinizde de –yaratmak– kelimenin tam anlamıyla Yaradan gibi her şeye gücü yeten ve her şeyi bilen olursunuz. Bu Yaratılanın ihsan etme niyeti ile alamadığı bir yaratma hazzıydı.

Özellikle Partzuf tasarımlı Âdem, ışığı almaya başladığı kadar ışığa iliştirilmiş hediyeleri de fark etti ve tümüyle verme niyetini unuttuğunu, böylece perdelenmiş halde ayartıldığını keşfetti.

Ve Âdem bu yolda düşünmeye başladı, bunun üzerinde hareket etmeye, Yaradan gibi olmaya çalıştı. Oysaki yaratmak size bir verme arzusunu gerektirir ve Âdem buna sahip değildi. Aşama Dört'teki iç Masah tarafından kapatılmış olan bir bayalığı ve utancı yeniden uyandırdı ve bununla kısıtlanma boyunca olduğu gibi ışık kayboldu.

Fakat Âdem'in arzusu uzun süre geri çevrilmedi; hazların, Yaradan gibi olmayı bekleyenleri beklediğini gördü ve bunu unutamadı. Ve bu sebeple Âdem ihsan etmek için çabalamayı bırakamadı, eğer sadece Yaradan gibi olunacak bir yol bulabilseydi o evrenin, tüm bir realitenin yegâne hükümdarı olurdu. Böylece Âdem Yaradan gibi olmayı dileyen her bir parçasına, öze doğru bencilleşmeye başladı. Ve sonuçta her biri Yaradan gibi olma arzusuna sahip küçük egoist parçalar halinde parçalara ayrıldı.

Âdem'in Partzuf'unun parçalara ayrılması "Âdem'in ruhunun kırılması" veya "ruhun kırılması" olarak bilinir. Âdem'in kırılmasıyla realitede arzusu Yaradan yerine kendi üstüne ihsan etmek ve tüm bir özgeciliktense, azami dileği her şeye gücü yeten ve her şeyi bilmek olan yeni varlık — egoistik bir varlık— ortaya çıktı.

Kabala'da Baal Hasulam, "Kabala Bilgeliğine Önsöz"de maneviyat ve maddiyat arasındaki farkı; maddi gerçeklikte Masah olmaksızın sadece alma arzusu varken, manevi gerçeklikte ise Masah olmaksızın alma arzusunun olmayacağı olarak ifade eder.[67] Böylece evrenimiz mevcudiyetteki maddi bir gerçekliktir ve evrenimizde bütün bu olan varoluş Âdem'in ruhunun kırılmasının ürünüdür.

Evrenimizi bir dünya kabul etmemizin sebebi manevi dünyalara atfettiğimiz aynı terimin "dünyanın" ışığın belli bir ölçüsünü ifade etmesindendir. Tek fark maddi evrenimiz ve manevi dünya arasındaki fark; ışığın tamamen olmadığı durumda bile orada —manevi dünyada— Yaradan'ın özgeciliğine dair vasfın farkındalığının olması ve buna sahip olma arzusudur. Bizim evrenimizde taleplerimize karşılık olarak merhametli bir cevap için bekleyen, "Yaradan" kelimesinin anlamından ve mevcudiyetinden dahi haberdar olmadığımız böylesi tüm bir gizlilik vardır.

İbranicede insanlar Bney Âdem (Âdem'in çocukları) olarak adlandırılır. Gerçekte bizler Âdem'in hatasının ürünleriyiz ve bu yüzden onun hatasını tamir edebilecek olan bizleriz. Hayattaki yönünü seçebilen yegâne cinsler olarak insanlar, yeryüzündeki tüm hayatların yazgısını – daha iyisi veya daha kötüsü için– tanımlayabilen yegâne varlıklardır.

Takip eden bölümlerde göreceğiniz gibi Doğa'nın tamamı insanları korumak için, manevi dünyaların kuralları ile düzenlenen bir kurala uyar. Öte yandan biz kendimiz kurala uymayı öğrenmek zorundayız. Vermekle gelen bir hediyeden (bilen ve gücü yeten) daha fazlasını verme niyetine sahip olmayı istemekle Âdem'in hatasını telafi edebiliriz. Bu hal, verme niyetini seçmekle hediyenin buna iliştirilmesi ve bizim her şeye gücü yeten ve her şeyi bilmeyi almamız durumudur. Oysaki biz verme niyetine sahip olduğumuzdan, bunu yapmakla bize vermeyi isteyen Yaradan'a haz verdiğimizi bildiğimizden Yaradan gibi olma ödülünü alacağız. Sonuç olarak ilk kez olduğundaki gibi ama bu kez —benmerkezciliğe düşerek— kırılmaksızın bir hediyeden memnun olacağız. Bu durum Yaradan'ın Yaratılış'ın düşüncesinde niyet ettiği gibi tüm insanlığın ıslah edilmesi ve Yaratılış'ın amacını edinmesi ile sonlanacak.

Bir sonraki bölümde Âdem'in kırılmasından sonra hayatın, Yaratılış'ın parçalarının hali hazırda ıslah olmuş ve halen de ıslahımızı bekleyen maddi (fiziki) dünyanın içinde nasıl evrimlendiğini inceleyeceğiz: almaktansa vermeyi seçmek.

Bölüm 4: Yeryüzündeki Evren ve Hayat

Kişisel Çıkar Özgeciliğe Karşı

Michael Laitman

Bir önceki bölümün sonunda Âdem'in kırılmış olan ruhunun ortak kökümüz olduğunu söyledik. Bir Partzuf olarak Âdem'in yapısı (ıslah edilmiş) Partzuf'un mükemmel bir kopyasıydı. Kırılmada Âdem manevi dünyalardan (ihsanın dünyalarında) en alt noktaya uzandı —azami düzeyde alma.

Sonuçta manevi dünyalarda var olan her şey bizim dünyamızda da var olur. Bu sebeple evrimlenmiş arzu aşamalarıyla, manevi dünyaların dört-aşamasının evrimiyle takip edilenler, aynı dört aşama bizim fiziksel dünyamızda da vuku bulur. Bizim dünyamızın nasıl evrimlendiğini keşfettiğimizde buna yön veren ve uyandıran arzuları da aklımızda tutmalıyız.

Büyük Patlama

Bildiğimiz kadarıyla zaman yaklaşık ondört milyar yıl önce başladı. Kabalistik açıdan manevi perspektifte "büyük patlama" Âdem'in ruhunun kırılmasıydı. Bunu maddesel bir olay olarak görmemizin sebebi dünyayı fiziksel (ben merkezli) gözlerimizle algılamamız. Eğer bunu, bu kitlesel patlamaya sebep olan gücün açısından görebilseydik Âdem'in bir önceki bölümde ifade edildiği gibi son, en büyük arzuyu kullanarak alma teşebbüsünün sonucu olarak gördüğümüz şeye "büyük patlama" derdik.

Maddenin Dört Aşaması

İlk arzular dört aşamada evrimlendiğinden onların dünyevi paralelleri ortaya çıktı ve en kolaydan en zora doğru birer birer düzenlendi. Şimdi her arzu evrende kendini açıkça gösterdiğinden Bölüm 1'de bahsedilen Yaradan'la eşanlamlı olan Doğa, evrenin sürekliliği ve iyiliğine dahil olduğundan kendi işleyişini "öğretmelidir".

Bunu başarabilmek için Doğa Darwin'in doğal seleksiyon prensibine çok benzer bir yaklaşım uygular. Aslında şimdilerde çoğu önemli bilim insanı yeryüzündeki hayatın ortaya çıkmasından öncesindeki süreçte doğal seleksiyon sürecinin varlığını kabul ediyor. Kimyada Nobel Ödüllü Professor Ada Yonath Darwin'in Türlerin Kökeni'nin basımının 150'nci yıldönümü kutlanan uluslararası bir toplantıda şu cümleyi sarf etti: "Doğal seleksiyon ve en güçlünün ayakta kalması, bu vasıflar öncelikle türlerin evrimi ile alakalı olsa bile pre-biotik dünyada önemli bir rol oynadı."[68]

Darwin'in doğal seleksiyon prensibindeki gibi Doğa'daki her yeni gelişimin değeri bunun, faydayı alanın —istifade edenin— devamlılığına dair katkısıyla değerlendirilir. Darwinsel prensiple Kabalistik olan arasındaki fark, istifade edendir: Darwin'in klasik teorisinde istifade eden türlerdir; Kabala'da ise istifade eden Yaradan anlamına gelen Doğa'dır, Doğa'nın tamamı.

Eğer bu kavram cezbedici olmaktan uzak görünüyorsa ekosistemin parçası olan bir türü düşünün. Çağdaş biyolojide bir türü bu durumu göz ardı etmektense çevresi ile ilişikilendirmek yaygındır. Ve bütün ekosistemlerin birbirleriyle bağlantılı olduğunu bildiğimizden beri bir sistemdeki bozukluğun gezegendeki sistemlerin rahatını olumsuz biçimde etkileyebileceğini anlamak da kolaydır.

Belki de bugüne kadar duyduğum, Doğa'nın, unsurlarını çevresinden almaktansa çevresine vermeye nasıl döndürdüğünü açıklayan en iyi tanımlama evrim biyoloğu Dr. Elisabet Sahtouris'den geldi. Kasım 2005'te Tokyo'da verdiği bir sunumda Dr. Sahtouris, "Bedenimizde her molekül, her hücre, her organ ve bütün vücut kendi katkısına sahiptir. Her seviye... kendi katkısını ortaya koyar, bu durum seviyeler arasında anlamayı mecbur kılar.

Bu Doğa'nın gizemidir. Bedenimizde her an vuku bulan bu karşılıklı anlayış sistemimizi bir uyum içinde işletir."

Açıkçası bütün sistemin mutluluğu insan bedeninin hayatta kalması için zorunludur. Sonuç olarak uyum, bedenin tamamının ayakta kalması için bir zorunluluktur. Bugün birbirlerinden ayrı unsurların bir toplamı olmaktan ziyade tüm bir sistem olan doğa görüntüsü önde gelen araştırmacılar arasında yer edinmiş durumda. Bu durum ekoloji, sibernetik, bilgi teorisi ve kompleksite gibi bilim alanlarının ortaya çıkmasına yol açtı.

Gördüğümüz gibi Kabala daima tek bir birim olarak tüm Doğa ile ilişkilidir. Bu bütünlük sadece yeryüzüne, hayata değil tüm bir evren —manevi olduğu kadar maddesel olan tarafı— için geçerlidir.

Keza manevi dünyaya uygulanacak bazı kurallar —özgecilik dünyası— bizim maddi dünyamıza da —egoizmin dünyası— uygulanır. Bizler Âdem'in kırılışının torunlarıyken bizim dünyamız ile manevi dünya arasındaki fark, özgecilik adına her şey demek olan manevi arzulardır. Bizler tabiatımız gereği ben merkezliyken, bu gerçeğe karşı genelde ilgisiziz.

Ve çünkü öylesine kendi içimize çekilmişiz ki en derin seviyelerde olandan, Doğa'nın özgecil kurallarla yönetilişinden habersiziz. Kabala'nın rolü bu kuralların örtüsünü kaldırmak ve bunları anlayabileceği şekilde dünyamıza tanıtmak ve bunu farkındalığın belli seviyelerinde yönetmektir. Bu sebepten evrenin yapısından insani ilişkileri tamir etmeye kadar bundan sonra tartışacağımız her şey şu ana kadar açıkladığım arzuların evrimi kavramına dayanır ve ondan türer.

Cansız

Âdem'in kırılışını takiben alma arzusundaki her parça kendisini bundan soğuyarak, adeta çevreden bağımsızmış, ayrıymış gibi hissetmeye başlar. Bu özümseme arzusu, çeken güç veya çekim —alma arzusuna paralel fizik— evrendeki ilk galaksilerin özünü oluşturan, evrene şekil verecek ilk oluşumlara sebep oldu.

Uzay ve çekim sahaları soğuyarak daha fazla planlı formları (alma arzusu anlamında) yarattı, parçacıklar ortaya çıktı. Soğurma süreci devam etti ve yıldızlar onların bir kısmını kuşatan gezegenlerle ortaya çıktı. Böylece Doğa'daki en zayıf güç olan çekim, adeta Aşama Bir'deki gibi, tüm evrenin alt yapısını ve beraberinde manevi dünyalar oluşturdu.

Aşama Bir'deki gibi materyal cansızdaki alma arzusu öncelikle kendi varlığını güvenceye alma, kendi varlığını sürdürme dileğini barındırır. Sadece diğerleri ile olan bağ herhangi bir kırılma, çözülme teşebbüsüne direnç koyar aksi takdirde değişmez. Cansız seviyenin kendi varlığını sürdürme emelinin bir sonucu olarak bazı parçalar diğerleri ile işbirliği yoluyla geleceklerini en iyi biçimde güvenceye alabileceklerini "keşfetti".

Darwin'in evrim teorisinin tersine Kabala rastlantı olmadığını iddia eder. Parçalar gerçekten "keşfetmez" veya işbirliği yapmaz ve beraberinde böyle yapmaktan fayda sağlamaz. Bu durum Doğa'nın sürecin sonunda onceden hesaplanmış hedefi olmayan amaçsızlığını, tesadüfliğini ifade eder. Buna karşın Baal Hasulam bu durumu ("Kabala Bilgeliğine Giriş"[69], On Sefirot'un Çalışması'nda[70] ve diğer bazı çalışmalarda) dünyada hali hazırda görünen arzuları, onlar bunların ürünü olduklarından dolayı önceki hallerinin izlerini (bilinçli olarak değilse de) içeren bir sebep-sonuç süreci olmalarıyla açıklar. Bundan ötürü bu dünyadaki alma arzusu Partzuf ve tüm manevi dünyalar Dört Aşama'nın izlerine sahiptir. Sonuç olarak hazırlık, işbirliğindeki faydaları keşfetme hali bu dünyadaki bütün arzu seviyelerinde önceden mevcuttur. Bu durum Sahtouris'in ortaya koyduğu gibi, onların "mucizevi biçimde" "düzenle uyumun" faydalarını keşfetmesine izin veren şeydir.

Çoğu fizikçi işbirliğinin faydalarını keşfetmek için parçaların zamana çok da ihtiyaç duymadığında hemfikir. MIT'deki bir araştırma merkezi olan Haystack Gözlemevi'nin bir yayını belirtmektedir ki, "Evren 3 dakika içinde protonlar ve nötronların çekirdek içinde birleşmesi için yeterince soğumuştu."[71] Oysaki ileri doğru gelişmek için elektron formunda beliren ilave işbirliklerine yol almalıydı. Bunlar çekirdeğin pozitif şarjını dengeledi. Bu ilk atomların ortaya çıkış halidir.

Bu parçacılar için, atomun bir parçası olmak —ve böylece atomun çıkarları için kendi çıkarlarından ödün vermek— onlar için gerekli olan tüm düzeltmeydi. Kendi faydaları yerine sistemin iyiliği için var oldular, ben-merkezli olmayı bıraktılar ve sistem-merkezli oldular. Şimdi kendi çevrelerinin ve buna yapabildikleri katkının "farkındalardı." Kendi varlıklarında süregelen bencillikten bile olsa böyle olmakla "özgeciliği" uyandırdılar.

Çevrelerine vermekte üstün bir noktaya erişen parçalar için "ödül" duraylı atomlar anlamına gelen güçlü bir çevrenin yaratılmasıdır. Bu geleceğe dair varlıklarını garantiler.

Oysaki atomlar kendilerini devam ettirmek için bütün parçacıklara ihtiyaç duyduğundan sahip oldukları parçacıkları korurlar. Böylece atomların lehine olacak biçimde parçacıklar bu atomların varlığında tüm bir sisteme yarar sağlarlar. National Radio Astronomy Observatory'ın bir yayınında da ifade edildiği gibi Virginia

Üniversitesi'nden Robert Hood, "Big Bang'dan sonraki anlarda proton ve nötronların ve diğer temel elementlerin helyum-3'ü şekillendirmek için birleşmeye başladığını" söylemektedir.[72] Böylece ilk mineraller ortaya çıktı.

İnsan bedeni, ev sahibi sistemin yararı sistemin korunması haline dönmeden önce kendi faydasına çalışmanın yöntemi (modus operandi) hakkında belki de en canlı örnektir. İnsan bedeninde her bir organizma, her hücre özel bir role sahiptir. Organizmanın devamı için her hücre elinden gelenin en iyisini sergiler ve kendi hayatını ev sahibi organizmanın devamlılığı hedefiyle düzenler, yer değiştirir. Eğer bir hücre bu prensibe aykırı hareket ederse kendine dönük faydaları bedeninkilerle çarpışacak ve bedenin savunma mekanizması bunu yok edecektir. Aksi takdirde bedenin kaynaklarını kendi faydasına tüketmeye çalışan bu asi hücrelerin bir tümör oluşturması çok muhtemeldir. Böyle bir süreç ortaya çıktığında buna "kanser" tanısı konur.

Eğer kanser kazanırsa beden ölür ve tümör de onunla birlikte ölür. Eğer beden kazanırsa kanser ölür beden ayakta kalır, habis, ben-merkezli olmayan organın hücreleri ile etkisizleşir. Bu, Doğa'nın ben-merkezli sistemlerin var olmayacağından emin olmak için kendini tamir mekanizmasıdır. Burada da mucizevi bir şey yoktur; bu basitçe ben-merkezli mekanizmaların istisnasız biçimde soylarını tüketmeye doğru kendilerini tüketecekleri bir durumdur. Çünkü adeta kendi yiyecek stoklarını tüketerek sona yaklaşıyorlar.

Böylece tümörün bertaraf edilmesi bedendeki bütün hücrelerin faydasınadır. Bir sistemdeki unsurların hayatta kalmasını garantilemek için o sistemdeki unsurlar (hücreler) sadece kendi varlıklarını beslemeden önce, tüm bir sistemin var oluşuna dair tedariği sağlamalıdır. Böylece tüm sistem onların da hayatta kalmaları için gerekli tedariği yapar.

Kişisel Çıkar Özgeciliğe Karşı

Michael Laitman

Şu anda açıklanan prensip sadece parçacıklar için değil atomlar ve organizmalar, tüm bir hayat için de geçerlidir. Bunu uygulayarak Doğa'daki bütün elementler ben-merkezli yapılarını kendi iyiliklerinden önce kolektif bir iyiliği düşünen özgecil bir doğaya çevirmeyi öğrenir.

Böylece erken evreni gözleme konumuza geri dönersek, bir zamanlar parçacıklar atomları oluşturmak için birleşti, keza ilk molekülleri oluşturmak için atomlar birleşmeye başladı. Aynı kuralla ayakta kalan moleküller atomların ev sahibi sistemlerin —moleküllerin— faydası noktasında kendi ben-merkezli faydalarını görmezden gelen atomlar gibi sıkı biçimde bağlı olanlardı.

Tüm bu süreçte özgür seçim yoktur. Sistemi tesis eden unsurlar kendi faydalarını korumak için en iyi yolun bu düzeni kurmak olduğunu anlamış olduklarından dolayı bir atom veya bir molekül oluşmuş olmamayı seçemez. Molekülleri oluşturarak atomlar, kendilerini ve onları oluşturan parçacıkları korumaktan çok daha anlamlı bir şeyi başarmış oldular. Böyle yaparak parçacıklar gibi kendilerine yarar sağlamaktan önce bir sistem inşa ettiler, atomlar ben-merkezli olmaktan özgecil anlamına gelen sistem-merkezli olmaya dönüştü.

Bu yolla alma arzusunun cansız seviyesinin bir başka kademesi ıslah edildi. Ve bu ıslahta özgür seçim olmasa da bu özgecil modus operandi minerallerin ıslah edilmesi için düşünebilecek gerekli şeydir. Aşama Bir'deki gibi evriminde herhangi bir özgür seçim yoktu. Cansız, evrimde özgür seçime sahip değildir; yapabildiği kadar varlığını sürdürmek için gayret sarf eder.

İlginç biçimde doğal seleksiyon prensibinde Darwin'in teorisi hemen hemen aynı yapıyı yansıtır. Kabala ve Darwinizm arasındaki fark Darwinizm'in duraylı molekülleri duraysızlara karşı tanımladığı şey, Kabala'nın

dengeli molekülleri dengesiz moleküllere karşı tanımladığı şeydir. Dengeli moleküller içerdikleri atomları ayakta tutar ve atomlar da aynı şekilde kendi moleküllerini destekler.

Bencil Gen'de Richard Dawkins —Darwin'in çağımızdaki en şöhretli yandaşlarından biri— moleküler evrim sürecini şöyle tanımlıyor: "Doğal seleksiyonun en erken formu sadece duraylı ve duraysız formların bir ayıklanışıydı. Bunun hakkında bir gizem yok. Açıktır ki bu böyle olmalıydı."[73]

Dawkins'in gözlemleri Kabala'nınkiler ile uyumludur. Kabalistik terminolojide duraylı bir molekül, atomların bir molekülün lehine olacak biçimde kendilerine yarar sağladıkları şeydir. Keza Dawkins "duraylı formları" Kabala'nın atomlarının "özgecil" olduğu "ıslah edilmiş moleküller"i ile eş anlamlıdır. Tersine, duraysız (ıslah olmamış) moleküllerde atomların bir veya daha fazlası kendi faydasına odaklanmış halde kalmıştır.

Aynı prosedürü takiben parçacıklar ve atomlar gibi, moleküller de birleşmeye başladılar ve biyologların "moleküler etkileşim" veya "bağlar" dedikleri şeyi oluşturdular. Moleküllerde olduğu gibi, molleküllerin kendilerini bağın gücüne ve faydasına adadığı etkileşimler olumlu bir şekilde gelişirken bağa sadece kısmen destek olan molekülleri içeren etkileşimler yok olurlar.

Moleküler etkileşimin çoğu formu belirgin bir etkileşimin dünyada (ve belki evrende) bitkisel ve cansız aşama arasındaki değişimi işaret ettiği dört milyar yıl öncesinden daha az olmamak üzere doğada mevcuttur. Moleküllerin bu özel kümelenmesine "Deoksiribonükleik asit" denir ve DNA olarak bilinir (Resim no. 2).

Resim no. 2: DNA olarak bilenen Deoksiribonükleik asit

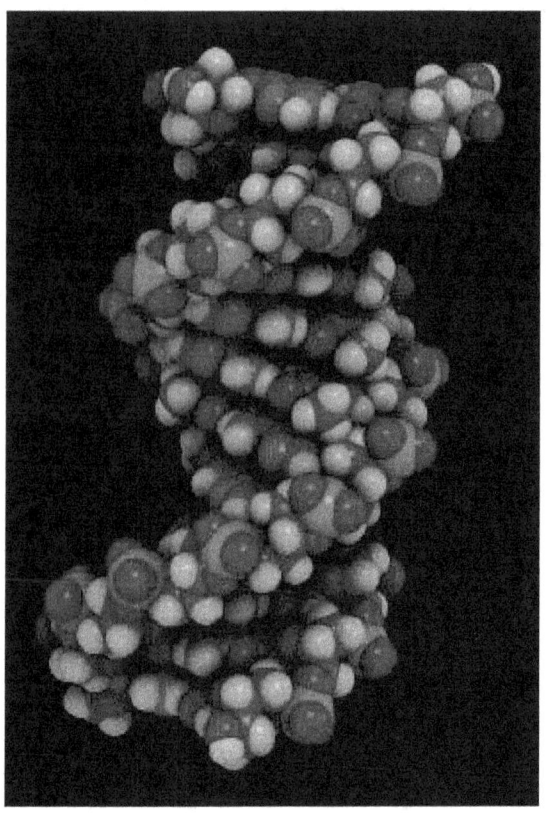

Atomlardaki parçacıklar farklı roller üstlenir: örneğin bazıları çekirdeği şekillendirir ve bazıları kabuğu. Benzer biçimde moleküllerdeki atomlar da farklı roller üstlenir birbirleriyle bağların katı fomlarına doğru bütünleşirler. Ve nihayetinde her molekül, molekül etkileşiminde farklı bir rol oynar.

Fakat DNA'nın ortaya çıkışıyla işler değişmeye başlar. DNA yapıyı şekillendiren farklı moleküllerden yapılmış bir başka yapı değil henüz. Her yapının bir fonksiyona atandığı diğer yapılarla etkileşebilen bir yapıdır. Bunlar yapının iyiliğine hizmet eder. Biyolojide bu yapılar "hücreler" veya "tek hücreli organizmalar" olarak isimlendirilir ve hayatın en primitif formunu tesis ederler.

Temelde bu organizmaların atomlar gibi, moleküller veya önceden bahsedilen moleküller gibi bir fonksiyon gösterdiğini düşünebilirsiniz. Fakat DNA etrafında oluşan eşsiz yapı, oluşmaları için şimdiye kadar var olmayan fonksiyonlara izin verir: 1) DNA doğada bunu destekleyen moleküler yapılar olduğu bilinmesine karşın kendini kopyalayabildiği bilinen öncelikli yapıdır. 2) Hücreler çevreleri ile sistematik biçimde etkileşimde bulunan birincil yapılardır. Çevrelerindeki besinleri absorbe eder, onları hayatta kalmak için ihtiyaçları olan enerjiyi elde etmek için süreçten geçirirler ve o durumda atık salgılarlar. Üstelik hücreler kendi çevrelerini değiştirebilecekleri bu süreci hatasız biçimde çok kez tekrar eder.

Hayatın pek çok tanımı var. Güvenli tarafta olmak için Encyclopedia Britannica'nın sunduğu tanımı kullanacağım: "Sorumluluk, büyüme, metabolizma, enerji dönüşümü ve tekrar üretimi içeren belli nitelikleri gösteren madde."[74] "Prokaryotlar" denilen ilk hücreler bu niteliklerin hepsini seçtiler ve moleküler etkileşimin direkt bir evrimiydiler. Keza bildiğimiz gibi hayatın başlangıcı bütün sistemleri denge ve sürdürülebilirliğe getiren aynı kuralla motive edilmişti— ev sahibi sistemin çıkarları için sistemin onlara bakması karşılığında kendi çıkarlarından feragat eden yapı taşları oluşturdu.

Bitkisel

Daha önce dediğimiz gibi ilk yaşayan organizmalar "prokaryotlar" olarak bilinen ilkel hücrelerdi. Cansız fazdaki mineraller gibi prokaryotlar da daha kompleks bir hale geldi.

Hayatın evriminde bitkisel faz Aşama İki'ye karşılık gelir. Aşama Bir ve Aşama İki arasındaki fark Aşama İki buna karşılık verirken, geri vermeyi dilerken Aşama Bir'in pasif —Doğa'nın verdiğini alan— olmasıdır. Benzer biçimde bitkiler kendi çevrelerine tepki verir ve bununla etkileşim içindedir. Ürünleri olan oksijen floranın dünyamıza bir hediyesidir ve böylece bu olmaksızın var olmayacağını bildiğimiz yaşamın hayati bir unsurudur.

"Zohar Kitabı'na Giriş"te[75] Aşlag alma arzusunun bitkisel seviyesinin daha yoğun bir alma arzusu sergilediğini ifade eder. Bu durum bunu oluşturan yapıların neden daha kompleks ve etrafta daha fark edilebilir bir etkiye sahip olduklarının sebebidir.

Minerallerin aksine bitkiler kendi tekrarlı üretimlerine, beslenme ve hatta göç mekanizmalarına sahip bireysel türlerdir. Mineraller gibi bütün bitkiler benzer biçimde davranır —Yaradan tarafından yüklenmiş kesin bir programa sadık kalan bir tarzda. Sabah aynı saatte taç yapraklarını açarlar (eğer sahiplerse) akşam aynı saatte kapatırlar ve diğer türlerin yaptığı gibi hemen hemen aynı prosedürü kesin biçimde takip ederler.

Böylece, bir önceki bölümde tanımlanmış olan kendi çıkarından feragat etme kanununa uygun olarak, hücreler artarak büyüyen kompleks yapılar üreterek evrimlenmeye başladılar. Başlangıçtaki tekil hücreler büyük koloniler halinde birleştiler. O durumda kademeli biçimde farklı hücre gruplarına farklı roller yüklemekle idrak etmeye başladılar. Bazı hücreler tüm koloni için yiyecek sağlayan "avcı", diğerleri muhafız ve diğerleri temizlikçi oldu ve her grup en iyi katkıyı sağladı.

Parçacıkların işbirliği hakkında daha önce söylediğimiz gibi farklılaşmış organların işbirliği rastlantısal değildir. Bu durum maneviyatta, özgecil gerçeklikte olan benzer yapılara dayanır. Bölüm 2 ve 3'te sunduğumuz manevi (özgecil) dünyaların tanımı onların çok temel bir tasviridir. "On Sefirot'un Çalışması"nda[76] Baal HaSulam önceden incelediğimiz Partzuf'un iç yapısının detaylı bir yapısını sunar ve sindirim sistemi, üreme sistemi, eller, bacaklar vb. gibi sistemlerden bahseder.

Lakin Baal HaSulam bunları alma arzusu ve ihsan etme arzusu arasındaki etkileşimler olarak tarifler. Onlar dünyamızdaki benzer sistemlerin halinin bir prototipi olarak hizmetkârlar gibi davranmalarına rağmen hiçbir şekilde fiziksel nesneler değildir. Kabala'da prototip "kök" ismini alır ve bunun bütün ürünlerine "dallar" denir.

Kolonilerin tekil hücrelere göre sahip oldukları boyutun aşikâr olan avantajlarının ötesinde evrim konusuna dönersek, kolonilerdeki hücreler tekil hücreler üstünde bir başka avantaja sahiptir: tek bir konuya odaklanabilirler ve böylece koloniye olan katkılarını artırarak performanslarını mükemmelleştirir ve diğer ihtiyaçlarını sağlamak için kolonideki yoldaş hücrelere güvenirler.

Öte yandan tekil hücreler, hayatta kalabilmek için gerekli olan şeyleri kendi başlarına yapmak zorunda kaldılar. Bu yükseltilmiş etkinlik kolonilerin aynı miktar yiyecek, ısı, korunma ve diğer gereksinimler için üretilmesi gereken daha az enerji harcadıkları anlamına gelir. Böylece hücreler kendi çıkarlarından ödün vererek farklılaşmaya başlarlar.

Hücresel bir farklılaşma evrimlendiğinden daha büyük, güçlü ve daha muhtelif bitkiler ortaya çıktı. Bazı hücrelerin yalnızca yerden gelen suyu emmeye ve diğerlerinin ise fotosenteze odaklanmasıyla bitkiler kolonide belli iş bölümlerini yüklenmeye başladılar. Bu durum kök, gövde,

81

dallar, yapraklar gibi organların ortaya çıkmasına yol açtı ve daha yüksek bitkilere doğru evrimlenmesine izin verdi. Eskisi gibi yeni evrimsel aşamada da başarı veya başarızlığı tanımlayan faktör, şu durumda bir bitki halindeki tüm bir sistemin yararına kendi yararlarını pasifleştiren hücrelerin ve organların ev sahibi sistem içinde "müşterekliği" haliydi.

Hayvansal

Yaklaşık 2 milyar yıldan beri bitkiler Dünya gezegenindeki hükümdarlardır. Fakat Âdem'in Partzuf'unu kıran alma arzusu, ıslahı gerektiren, ev sahibi sistemin faydası için kendi faydasını pasifleştiren bir sistem olarak nasıl çalışacağının düşünülmesi gereken pek çok boyuta sahipti. Arzular ortaya çıkmaya devam ettiğinden dört aşamanın Üçüncü Aşama'sıyla bağlantı kuranlar daha kompleks hayat formlarını oluşturarak belirmeye başladılar.

Alma arzusunun yükseltilmiş seviyelerinden dolayı Aşlag, "Zohar Kitabı'na Giriş"te Aşama Üç'e ait olan her türün yüksek bir farkındalık hissine ve daha büyük bir kendini idare arzusuna sahip olduğunu ifade eder. Böylece türler kendilerini bir türün parçası olarak idrak etmeye devam ederken bireysel kimliklerini de geliştirmeye başladılar.[77]

Örneğin yaklaşık 500 milyon yıl önce evrimlenmeye başlamış olan mercanlar ortaya çıkan ilk hayvan türleri arasındaydı. Bunların bazıları hareket etmek için kaslar (ilkel bir formuyla) geliştirdi ve böylece nispeten özgür biçimde hareket etme kabiliyetine sahiptiler. Dahası kendi beslenme ihtiyaçlarını fotosentez kullanarak sağlayan bitkilerden farklı olarak mercanlar çoğu kez, ışığı kendi karbonhidrat (şeker) tedarikleri için fotosentezleyecek alg hücrelerini

Michael Laitman

Bnei Baruch Eğitim ve Araştırma Enstitüsü

Kişisel Çıkar Özgeciliğe Karşı

içeren diğer organizmalara karşı üstün gelmeliydi. (Resim no. 3)

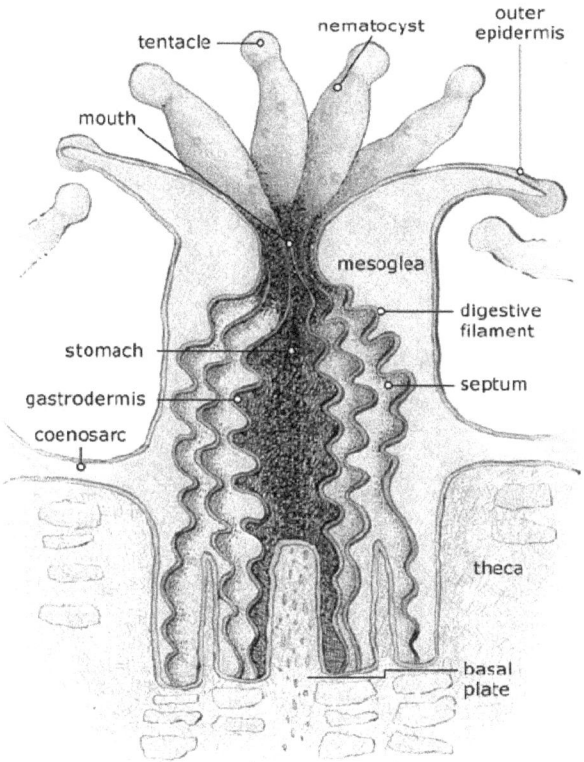

Resim no. 3: Besinlerini fotosentezleyen bitkilerden farklı olarak mercanlar diğer organizmaları yakalayarak beslenir.

Fakat mercanlar, hayvanların karekteristik bir başka dokusuna sahiptir: sinirler. Bir sinir sisteminin varlığı, özellikle Merkezi Sinir Sistemi (MSS) organizmanın fonksiyonları boyunca gelişmiş bir kontrole izin vermiş ve bugün var olan birçok faunanın evrimine olanak sağlamıştır.

Aşağıda yeryüzündeki hayatın arzuların evrimiyle nasıl belirginleştiğini gösteren yaklaşık 3,8 milyar yıllık zaman periyodu mevcuttur:

Cansız—Aşama Bir
- Basit hücrelerin ortaya çıkışdan bu yana 3,8 milyar yıl (prokaryotlar)

Bitkisel — Aşama İki
- Fotosentezin ortaya çıkışından bu yana 3 milyar yıl;
- Kompleks hücrelerin (ökaryotlar) ortaya çıkışından bu yana 2 milyar yıl;
- Çok hücreli hayatın ortaya çıkışından bu yana 1 milyar yıl;

Hayvansal—Aşama Üç
- Bazı hayvanların ortaya çıkışından bu yana 600 milyon yıl;
- Böceklerin ortaya çıkışından bu yana 570 milyon yıl;
- Kompleks hayvanların ortaya çıkışından bu yana 550 milyon yıl;
- Balığın ortaya çıkışından bu yana 500 milyon yıl;
- Kara bitkilerinin ortaya çıkışından bu yana 475 milyon yıl;

- Tohumların ortaya çıkışından bu yana 400 milyon yıl;
- Sürüngenlerin ortaya çıkışından bu yana 300 milyon yıl;
- Memelilerin ortaya çıkışından bu yana 200 milyon yıl;
- Kuşların ortaya çıkışından bu yana 150 milyon yıl;
- Çiçeklerin ortaya çıkışından bu yana 130 milyon yıl;
- Uçucu olmayan dinazorların neslinin tükenişinden bu yana 65 milyon yıl;

İnsan (Konuşan) – Aşama Dört
- Homu Genus'un ortaya çıkışından bu yana 2,5 milyon yıl;
- Homo Sapiens'in ortaya çıkışından bu yana 200,000 yıl;

Yukarıdaki listede gördüğümüz gibi türlerin ve arzuların evrimi birbirlerine büyük oranda karşılık gelir. Bir sonraki bölüm, yeryüzünde alma arzusunda insan varlığı demek olan Aşama Dört'ün –"konuşan"– ortaya çıkışına ayrılacaktır.

Bölüm 5: Homo Genus

Michael Laitman

Bnei Baruch Eğitim ve Araştırma Enstitüsü

Kişisel Çıkar Özgeciliğe Karşı

Aşama Dört alma arzusunun, insanın varlık bulduğu, önceki bölümlerde açıklanmış olan evriminin doğal süreci boyunca ortaya çıkmış, maddi dünyaya paralel doğal gelişimidir. Homo Genus (insanımsı maymun) ilk kez bundan yaklaşık 2,5 milyon yıl önce göründü ve diğer türlerin yaptığı gibi doğal seleksiyonla gelişti. Hayvanlar gibi sağlık ve güçlü olan hominidler hayatta kaldı ve daha az telef oldular.

Ne var ki hominidler ve türlerin öncelikli en geç evrimi olan Homo Sapiens sosyal ilişkilere diğer türlerden çok daha fazla enerji ve zaman yatırdı. Yunuslar, şempanzeler ve kurtlar gibi çoğu türler kompleks sosyal ilişkiler geliştirseler de, insan toplumlarındaki sosyal yapılar çevre yoluyla dinamik ve evrimseldir.

Bu bağlamda Baal HaSulam, "Zohar Kitabı'na Giriş"te hayvanlardan farklı olarak insanların bir başkasının acılarına ve mutluluğuna yakınlık duyma kabiliyetine sahip olduğunu, hayvanların ise buna sahip olmadığını yazdı.78 Bunu söyleyerek Baal HaSulam hayvanlarda anne ve yavrusu ve hatta bir türün birbirleriyle bağlantısız örnekleri arasında sıklıkla sergilendiği gibi bir empatiden bahsetmiyordu. Onun yerine burada alma arzusunun bütünüyle yeni bir mekanizmasından bahsediyor: kıskançlık yoluyla evrim.

Bahsedilen girişin 38'inci maddesinde Aşlag insan ve hayvanlardaki arzular arasındaki farkın ve hasetin (etmenin) arzularımızı nasıl yükseltiğini açıklar: "diğerleri hissiyatına ihtiyaç duyan hayvansaldaki alma niyeti, gereksinimleri ve arzuları sadece o varlıkta etkin oldukları derecede üretir."79

Diğer bir deyişle eğer bir hayvan yemenin iyi olduğunu biliyorsa bir başka hayvana yemek elde etmesi için yardım etmeyi de isteyebilir. "Fakat insan," diye devam eder Aşlag,

87

"diğerlerini hisseden kişi diğerlerinin sahip olduğu her şeye gereksinim hisseder ve böylece diğerlerinin sahip olduğu her şeye sahip olmanın kıskançlığı ile doludur."[80]

Bundan ötürü biz tümüyle yiyecek, barınma ve diğer bütün zaruriyetlerle dolu (yeterli) bile olsaydık kıskançlığımız devamlı biçimde bizi daha fazlasına zorlardı: daha büyük bir ev, daha güçlü/sağlıklı/daha güzel çocuklar (ve tercihen bunların hepsinin üstünde olduğu) daha büyük bir arazi... liste insan arzuları kadar uzundur. Bu bakımdan Aşlag 1,500 yıllık Midraş kitabından alıntı yapar, "Bine sahip biri iki bine sahip olmayı diler, böylece gereksimler devamlı olarak bütün dünyada var olanı yiyip bitirmeyi isteyene kadar katlanarak gider."[81]

Aslında Homo Sapiens'in ortaya çıkışı evrimin yönündeki değişimi görünür kılan bir işaretti. Homo Sapiens daha güçlü, sağlam ve daha çevik bir beden gelişimine değil akıl ve dahası şaşırtıcı biçimde kendini ifade etmenin gelişimine odaklanıyordu. Bugün Twenge ve Campbell'in Narsizm Salgını'nda yukarıda bahsedileni ifade ettikleri gibi bu durum bir kişisel çıkar hakkı salgını yarattı. Böylece Homo Sapiens'in alma arzusunda —her şeye gücü yeten ve her şeyi bilen olma arzusu — Aşama Dör'dü nasıl dışa yansıttığını görürüz.

Egonun Başlangıcı

Aşlag'ın ifadeleri ve yukarıda not düşülen sözleri sadece insanın evrim tarihinde değil evrenin de evrimindeki bir dönüş noktasına işaret eder. İmrenerek-evrim (insana özgü olan) evrimin mutlak yönünü değiştirmiştir. İnsan egosunun ortaya çıkmasından önce; canlılar, eğer iç organları sistemin çıkarları için kendi çıkarlarından vazgeçip kendi hayatlarını sistemin sorumluluğuna bırakma ilkesini takiben işbirliği yaptıysa başarılı bir şekilde evrim geçirdiler.

Oysaki sisteme yarar sağlamak adına kendi yararından feragat etme kuralı yaratılanın sadece organları ve dokularına uygulanmaz. Organizmalar boşlukta durmaz: önceki bölümde söylediğimiz gibi onlar manevi gerçeklikte açığa çıkan köklerin dallarıdır. Bu sebeple manevi sistemlerin işlediği —ev sahibi sistemin yerine kendi faydasını pasifleştirmek— şekilde çalışırlar veya kısaca, özgecil biçimde. Ev sahiplerinin sistemi —organizmaların yaşadığı ekosistemler— hayatı sürdürülebilir kılan başka bir kural olmadığından aynı kurala uyar.

Bu sebeple kitap boyunca bahsettiğimiz kendi yararını pasifleştirme kuralı sadece yaratılanın çevresiyle olan uyumuna göre etkili olur. Böylece yaratılanın fiziki işleri belli çevre koşulları altında işler, fakat koşullar değişir, bu yaratılanın fiziğini ve henüz çevrelerine karşı yeterince yüksek adaptasyona sahip olmayan, daha az sürdürülebilir içyapılarını da olumsuz biçimde etkileyebilir.

Görünüşe göre dinazorların yok oluşu da böyle bir şeydi. 165 milyon yıl boyunca dinazorlar yeryüzüne hükmetti fakat yaklaşık 65 milyon yıl önce kısa bir sürede ortadan kayboldular. Onların ortadan kayboluşuna dair çeşitli teoriler var ancak kesin bir cevap bulunamadı.

Bir olasılık meteorit teorisidir. Amerika Jeolojik Araştırmalar Birliğine (U.S. Geological Survey, USGS) göre, "Bir meteorit çarpmasının bu yok oluşun en azından kısmen sebebi olduğuna dair belirgin bir kanı mevcut."[82] Meteorit çarpmasının olduğuna dair bilimsel bir fikir birlikteliği olmamasına karşın Californiya Üniversitesi Paleontoloji Müzesi tarafından belirtildiği gibi sebebe dair bir fikir birlikteliği var, "Küresel iklim değişikliği oldu; ortam Mesozoik dönemdeki [dinazorların çağı] sıcaktan, Senozoik Dönemdeki [memelilerin çağı] daha soğuk bir iklime doğru döndü."[83]

Kişisel Çıkar Özgeciliğe Karşı

Michael Laitman

Böylece iklimi değiştiren bir meteorit veya başka bir şey olsun olmasın dinazorların (zamanında yaşayan türlerin yaklaşık olarak yüzde ellisinin) uyum sağlayamadığı zorlu bir ortam değişimi oldu. Ve böylece yok oldular.

Dinazorlar ve hemen hemen bütün diğer hayvanlar hayatta kalmak için, iç organlarının da yaptığı gibi, çevreleri ile ilgili olarak aynı kurala uymalıdır: sistemin ona bakması karşılığında tüm sistemin faydası için kendi faydasını pasifleştirmek. Ekosistemin tümünde bu kurala uyulmadığında, hayvanların istemi dışında olsa bile, yeterince hızlı uyum sağlamadıklarından dolayı büyük çaplı bir yok oluş gerçekleşir.

Son zamanlarda, değişen koşullara ilişkin hayvan adaptasyonunun daha dikkat çekici bir örneği Californiya Üniversitesi'nden Swanne Gordan tarafından Science Daily dergisinde yayımlanan, "Evrim On Yıldan Daha Az Sürede Gerçekleşir," isimli bir makalede ortaya kondu. "Gordon ve meslektaşları Damier Nehri kenarında, bir şelalenin bütün yırtıcılardan hariç tutulduğu üst kısmında guppileri —küçük tatlı su balıkları (Resim no. 4)— çalıştılar. Guppiler ve onların nesilleri doğal yırtıcıların mevcut olduğu şelalenin alt kısmında akıntının belli bir parçasında da koloniler kurdular. Sekiz yıl sonra..., araştırmacılar düşük yırtıcı ortamdaki guppilerin her yavrulama döngüsünde daha büyük boyutta ve az sayıda üreyerek yeni çevrelerine uyum sağladıklarını tespit ettiler. Yüksek yırtıcı ortamda koloni kurmuş olan guppilerde böylesi bir durum görülmedi. Yüksek yırtıcı ortamdaki dişiler mevcut yavrulama için daha fazla çaba sarf eder, çünkü yırtıcılardan kaynaklanan yüksek ölüm oranı Gordan'ın açıkladığı gibi, bu dişilerin yeniden yavrulamak için bir başka şans bulamayabileceği anlamına gelmektedir. Öte yandan düşük yırtıcı ortamdaki dişiler sahalarının kaynakları sınırlı ortamlarında, daha rekabetçi olduğundan büyük embriyolar yavrular. Oysaki düşük yırtıcı ortamdaki dişiler sadece daha büyük embriyorlara sahip değiller, mevcut yavrulamada daha az kaynak sarf ettiklerinden daha az emriyo üretmekteler."[84]

Resim no. 4: Damier Nehri Deneyi için kullanılan Trinidad Guppysi (imaj: Fotobank Lori)

Bazı durumlarda hayatta kalma şanslarını yükseltme ihtiyacı olduğu zaman organizmalar (o durumda sadece bir virüs bile olsa) kendilerinden bile vazgeçebilirler. Avustralya'daki Myxoma virüsünde ve Avrupa tavşanlarında böylesi bir durum söz konusudur (Resim no. 5). Yaklaşık 150 yıl önce Avustralya'da iki düzine tavşan sportif amaçla avlamak niyetiyle vahşi doğaya serbest bırakıldı. Fakat tavşanlar bir kaç on yılda o kadar başarılı biçimde üredilerki bütün bir Avustralya kıtasındaki vahşi yaşam dengesini tehdit eder hale geldiler. New Scientist Magazine'den muhabir Wendy Zukerman ABC Science'da detaylı bir açıklama yayınladı. Raporunda, "1920'lere kadar Avustralya'nın tavşan populasyonunun 10 milyara ulaşmış olduğunu" yazdı."[85]

Bnei Baruch Eğitim ve Araştırma Enstitüsü

Kişisel Çıkar Özgeciliğe Karşı

Michael Laitman

Resim no. 5: Avustralya'daki Avrupa Tavşanları
(Resim: Fotobank Lori)

Avustralya yetkilileri tavşan populasyonunun önünü alabilmek için kararlı adımlar attılar, fakat 1950'lere kadar başarılı olamadılar. O yıllarda diye devam eder Zukerman, "Biyolojik kontrol ajansı Avustralya anakıtasını Myxoma virüsüyle tanıştırdı."[86] Sonuç olarak "Myxomatosis [virüs kökenli hastalık] tavşan nüfusunun muazzam derecede azalmasına neden oldu. Bazı alanlarda tavşanlar yüzde 99 oranında katledildi."[87]

Fakat Avustralya'daki tavşanları bitirmek yerine onların populasyonlarını kademeli biçimde dengeledi ve hatta bazı yerlerde yeniden artış gösterdiler. Virüs daha az etkili hale geldi. Araştırmacılar virüsün kaybolan etkisini incelediklerinde bunun enfekte tavşanların yüzde 40'ını öldürmüş olan daha uysal bir forma doğru mutasyona uğramış olduklarını gördüler. Böylece araştırmacılar, virüsün tek konakçısının sadece tavşanlar olmasından dolayı, virüsün mutasyona uğrayarak daha az agresif bir tipe dönüşüp tavşanların ve de neticesinde kendi varlıklarını sürdürmelerini garantiledikleri sonucuna vardılar.

Kendisini zayıflaştırarak virüs, tavşanların bağışıklık sistemlerinin bununla daha iyi savaşacakları bir fırsat vererek kendi yararına karşı hareket etti. Fakat bu kendi zayıflığının gerçek sonucu gelecek nesillerinin yaşayacağı bir ev sahibine sahip olmayı garantilemekti. Gerçekte bugüne kadar myxomatosis onları tümüyle yok edecek kadar olmamakla beraber tavşanlar arasındaki pek çok ölümden sorumludur. Görünüşe göre tavşan ve virüs bir dengeye, adeta ortak bir yaşama gelmiş görünmektedir.

İnsan — Tek İstisna

Bir önceki bölümde tüm bir sistemin faydası için kendi yararını pasifleştirme kuralının sadece organizmalara değil onun habitat (ekosistem) içindeki fonksiyonelliğine de nasıl uygulandığını gördük. Kurala dair tek bir istisna var: insan. İnsanın diğer hayvanlardan neden farklı olduğunu anlamak için konuya dört aşamada bakmamız gerekir. Birden üçe doğru aşamalar, bundan direkt olarak haz almakla veya hazza çevirmekle, verenden haz alma arzularını yansıtır. Fakat Aşama Dört temel olarak farklıdır: veren olma arzusunu yansıtır.

Aşama Dört erişilemez bir hedefe erişmeyi diler. Bir oğulun babası gibi olamayacağı gibi Aşama Dört de Aşama Sıfır gibi olamaz. Ancak oğulun babası gibi olduğu kadar Aşama Dört de Aşama Sıfır gibi olabilir.

Alma arzusu olmak ve Aşama Sıfır gibi olmayı bilmek, en yüksek nokta olan Kök. Bu Aşama Dört'ün erişmeyi dilediği şeydir. Sonuç olarak bizler —maddi kişiliğimizde— aynısını başarmayı arzu ederiz. Bilinçaltında arzularımız şöhret, güç, sağlık, bilgelik ve ölümsüzlük olan arzularımız gerçekte Tanrı gibi olmaya dair arzulardır. Bizler Âdem'in kırılan ruhunun parçaları, Aşama Dört'ün parçaları olduğumuzdan hiç kimse bu arzulardan kaçamaz. İnsanlar arasındaki farklılıklar bu arzuların yoğunluğu ve oranı nispetindedir.

Şöhrete, servete ve görkeme olan arzularının çok az olduğu insanlar vardır —bunlar ev, aile ve çok temel ihtiyaçlarla tatmin olan basit (sade) insanlardır. Böyle insanlarda Aşama Dört'ün arzuları daha az baskındır; keza daha az hırslı hislere sahiptirler. Fakat en ağırbaşlı bireyde bile komşusunun sahip olduklarından daha fazlasını isteyen bir "şeytan" vardır. Bunlar Aşama Dört'ün arzularıdır — Twenge ve Campbell'ın bahsettiği hakkaniyet duygusu— ve bunlar neredeyse sadece insanlara aittir.

Bu arzular Homo Sapiens ortaya çıkana kadar evrime hükmeden kuralda bizi istisna kılan şeydir. Çünkü insanlar Yaradan gibi olmaya dair doğal bir ilhama sahiptir.

Zorluklara karşı yaklaşımımızda onlara pasif biçimde uyum sağlamaktansa diğer hayvanlar gibi aktif olma eğilimdeyiz. Keza bendenlerimizin uyum sağlaması yerine değişen iklime ve tehditlere karşı iklimi değiştirmeye veya tehditleri de bertaraf etmeye çabalarız.

Böylesi bir çaba, kendi "kişisel mikro iklimimizi", kendi çevresel koşullarımızı, kürkün bizim dışımızdaki unsurlara karşı iyi bir koruma sağlaması gibi, hayvanlara ait olanla derilerimizi kapatarak bizi dönüştürüyordu. Yemek elde etmek için kendi fiziksel gücümüze (ki açık biçimde yetersiz) güvenmek yerine giderek artan biçimde avcı hayvanlara karşı kendimizi savunmak için olduğu kadar avlanmak için de bize yardım edecek sofistike araçlar geliştirdik. Bugün primatların, bazı memelilerin ve hatta kuşların kendilerine yemek bulma ve kavgalarda yardım için kayalar, dallar ve sopalar kullanması açık bir delildir. Fakat yontma taşlardan ve kargı ve mızrağa dönüştürülmüş kemikler gibi sistematik araç ve silah yapımı eşsiz biçimde insanın bir hüneridir (Resim no. 6)

Resim no. 6: Alt Paleolitik Dönemde yapılmış (Eski Taş Devri), Kent Bölgesinden (İngiltere) baltalar, 2,5 milyon – 200 bin yıl öncesi.

Erken dönem insanlarının yaptığı bir başka önemli keşif ateşin bulunmasıydı. Ateş insanların yaşam ortamlarını sıcak tutmalarına –vahşi hayvanları uzak tutmalarına ve hatta yemek yapmalarına olanak verdi. Ateşi bulma ve kullanma yollarını keşfetmek evrimde dramatik bir dönüm noktasını işaret eder. İnsan şimdi çevresinin ihtiyaçlarını karşılamak için kendisini değiştirmek yerine ihtiyaçlarını karşılamak için kendi çevresini değiştirebilen bir hayvan durumundaydı.

Amerika U.S. Geological Survey tarafından yayımlanan "Büyük Buz Çağı" isimli bir çalışmaya göre, "Büyük Buz Çağı ... yaklaşık bir milyon yıl veya biraz daha fazla bir süre önce başladı."[88] Yaygın buz kütleleri insanların Afrika'dan göç etmesine ve kademeli biçimde bütün dünyaya yayılmalarına izin verdi. Ateş ve giyim sayesinde daha az misafirperver iklimlerde kendilerini hayatta tutabildiler ve böylece yeryüzündeki en uyumlu ve yaygın memeliler haline geldiler.

Beden Akıla Karşı

Evrimdeki dönüşüm insanın ortaya çıkışındaki daha derin ve önemli tarafı kendi bedenlerini geliştiren diğer memelilerin aksine insanların akıllarını geliştirmesidir. Tehlike ile baş etmek veya yiyecek elde etmek için hayvanlar üstün gelmeye çabalar veya diğerlerini ya da avcı hayvanları etkisiz kılmaya çalışır.

Bunun yerine insanlar silahlar yapar. Soğukla mücadele etmek için hayvanlar kalın bir kürk ve deri altı yağ tabakası üretir. İnsanlar ise ateş yakar.

Arzu edilen şeyleri elde etmek için beden yerine zekâyı kullanma insanların geleceği planlamalarına izin verir. Bazı hayvanlar kış için yiyecek biriktirirken sadece insanlar kendi yemeklerini yetiştirir ve onlara besin olarak hizmet etsinler diye bitkiler için tarlalar açar. Çoğu araştırmacıya göre tarım 10,000 ve 15,000 yıl önce Bereketli Hilal'de (Fertile Crescent, Mezapotamya) başladı. (Warwick Üniversitesi'nden Dr Robin Allaby liderliğindeki bir ekip tarafından yeni elde edilen verilere göre tarımın 23,000 yıl kadar önce Suriye'de başladığına dair kanıtlar bulunmuş olmasına karşın).[89]

İnsanın yemeğini üretebilme kabiliyeti bugün pek bir şey ifade etmese de toprağı işlemeye başladıklarında hissiyatları artık bir bakıma yaratıcılar gibi oldukları yönündeydi – böylece kendi çevrelerini değiştirmeye başladılar. Bu ancak Aşama Dört'e ait bir arzunun idrak edebileceği bir başarıydı.

Ne var ki ilerlemeyle sorunlar gelir. Tüm yaratılanlar, insan hariç kendi ekosisteminin kurallarına bağlıdır yoksa yok olacaktır. İnsan iradesiyle kendi çevresini planlayabilen ve değişimi inşa edebilen tek organizmadır. Bu olduğu zaman insan ekosistemin çalışma kurallarını öğrenmelidir, yoksa değişimler; ekosisteme ve nihayetinde insanın da dâhil olduğu yerleşimcilerine karşı yıkıcı olabildiklerini kanıtlayabilir.

Bölüm 4'te belirttiğimiz gibi her organizma gibi insan bedeninde de her hücre belli bir role sahiptir. "Karşı koyacak her organizma için her hücre gayretini gösterir... ve kendi hayatını sürdürme hedefinden ev sahibi organizmanın hayatını sürderme hedefi için ödün verir. Eğer bir hücre bu prensibe aykırı hareket ederse kendi faydaları bedeninkiler ile çarpışacak ve bedenin savunma mekanizması onu yok edecektir."

Kişisel Çıkar Özgeciliğe Karşı

Michael Laitman

Benzer biçimde insan kendi ekositemini değiştirecek kadar iktidar sahibi olduğunda organizmada —sistemin devamlılığını tehlikeye atacak durumlardan ve sistemin tehlikelerin üstesinden gelmesi gereken riskten, kanser örneğinde olduğu gibi ilerlemedeki insan ırkını katletmekten geri durarak— nasıl bir hücre gibi davranacağını öğrenmek zorundaydı. Bugün Doğa'nın hali hazırda insanların muzur eylemlerini dengelemek için bir "düzenleyici rolü görüyor" olmasının buna bir kanıt olduğuna inanıyorum.

Fakat onlarca bin yıl önce işler şimdi olduklarından çok farklıdıydı. Homo Sapiens bilgi ve teknolojinin faydalarının keyfini sürmeye henüz başlıyordu ve akıllarında kendi habitatlarını riske eden insanlar kavramı yoktu. Tarımın gelişimi insanların hayat biçimlerini avlanmadan ve toplayıcılıktan teknolojik gelişimin hızının bir sonucu olarak daha yerleşik bir yaşayış şekline döndürdü.

Aynı zamanda insanların akıllarında olan bir başka önemli mesele (ve halen çokları için öyle) din idi. Silahlar, Mikroplar ve Çelik: İnsan Toplumlarının Yazgısı'nın 90 yazarı olan Prof. Jared Diamond Güney Kaliforniya Üniversitesi'nde "Dinlerin Evrimi" isimli konferansında 91 yaklaşık on-onbeş bin yıl kadar önce dinin fonksiyonlarının değişmeye başladığını söyledi. Dinin konuları açıklayan bir role adapte olduğunu ifade etti. Din bilinmeyen ve alışılmadık her şeyi açıklamaya başladı ve böylece insanları avutmaya ve güven vermeye başladı.

Fakat bu noktada dinler hakkında not edilmesi gereken önemli şey bunun içinde geliştiği yön değildir. Daha ziyade geliştirdiği mutlak olgudur. Cevaplar sağlayan kurumsallaşmanın varlığı, organize yapı, insanların sorular —hayatın anlamı hakkında, bunu yöneten kurallar hakkında derin sorular— sormaya başladığı anlamına geldi. Ardından bu durum Kabala'nın ortaya çıkmasına yol açtı, hem de

Bölüm 1'de gördüğümüz gibi kesin olarak aynı yerde – Mezopotamya'da–.

Dinin evrimine ilave olarak göçebe hayat biçimlerini yerleşik olan için terk etmeye yüreklenmiş insanlarla, tarımsal ilerlemeler sayesinde Mezopotamya'daki insanlar gelişmeye başladı. Ve tekerleğin icadı gibi teknolojik gelişmeler daha ileri gelişim ve kentleşme için cesaret verdi, organize devlet yapıları ve din birbirini izledi. Böylece Mezopotamya kademeli biçimde bugün bizim "Medeniyetin Beşiği" dediğimiz şeye dönüştü.

Bölüm 6: Karşıt Yönlerde

Michael Laitman

Bnei Baruch Eğitim ve Araştırma Enstitüsü

Kişisel Çıkar Özgeciliğe Karşı

Bölüm 1'de bahsedildiği gibi medeniyetin beşiği Mezopotamya aynı zamanda Kabala'nın habercisi İbrahim'in doğum yeridir. İbrahim ve Babil'in hükümdarı Nemrut arasındaki sürtüşme bir hükümdar ve bir cüretkâr arasındaki sürtüşmeden çok daha fazlasını ifade eder. Bu bir algı sürtüşmesidir. Nemrut'a göre realite memnun edilmesi, hizmet edilmesi ve kurbanlarla teskin edilmesi gereken güçlerin bir "birlikteliği"dir. İbrahim'e göre tek bir güç vardır ve buna göre ibadet etmek vermek anlamına gelir – verme kuralı; ancak yapmacıksız ve riyakâr olmaksızın. Bu zıt yaklaşımlara bakarsak, Nemrut'un İbrahim'i yok etmek veya kovmak zorunda olduğu açıktır.

Fakat İbrahim'in Babil'den ayrılışı şehri sükûna erdirmedi. İbrahim'in hayatın gizemini araştırmasına yol açan eğilimi yoğunlaşmaya ve şehri çalkalayarak büyümeye devam etti. Evrim sürecine hükmeden o aynı güçler tarafından körüklendi. Bu eğilimler Babil'de kesin biçimde insanı işaret eden bir olguyu açığa vurmaya başladı: egoizm.

Baal HaSulam egoizmi insanlar için doğal bir tehdit olarak ifade eder. Bunun insan doğası olduğunu ve Kabala'nın buna dair zararları pozitif bir tarafa döndürecek bir yol sunduğunu beyan eder. "Dünya'da Barış" makalesinde "Basitçe ifade edersek her birimizin doğası ve herkes, dünyadaki diğer insanların yaşamlarını kendi menfaati için sömürmeye yöneliktir. Ve bir başkasına verdiğimiz her şey sadece kendi yararımız içindir ve o durumda dahi bunda diğerlerini sömürme vardır, fakat gizli bir kurnazlıkla yapılır, böylece komşun bunu fark etmeyecek ve gönüllü biçimde kabul edecektir".[92]

Ancak Kabala'nın insan egoizmine dair önerdiği çözüme derinlemesine bakmadan önce en başta verme arzusu —Yaradan— tarafından yaratılmış alma arzusunun nasıl bir egoizme sahip olduğunu anlamamız gereklidir. Bu sebeple diye devam eder Aşlag, "insan ruhu [arzu] tek ve eşsiz olan Yaradan'dan uzayıp gelir. ... keza insan da... dünyadaki tüm insanların onun hükümranlığı altında olduğunu hisseder,"[93] Yaratılış'ın tümü ihsan etme kuralı tarafından, Yaradan tarafından yönetilir.

Dahası çevrelerine uyumlu davranmaya zorlanan insan varlığı Yaratılış'taki tüm unsurların aksine çevresini değiştirme gücüne sahiptir. Bu bize başka hiçbir varlığın sahip olamadığı bir şeyi verir: özgür seçim. İnsan varlığı Yaradan gibi olmayı seçebilir —vermek— ve bununla gelen gücü ve idrakı elde edebilir veya doğduğumuz gibi kalabilir —ben merkezli ve sınırlı.

Arzunun aşamaları verme arzusundan itibaren kademelendiği zaman alma arzusu her bir kademe içinde gelişti. Bu fiziki dünyada da gelişen arzular evrimin farklı aşamalarını ifade eder (Çizim no. 9): Piramidin en altında mineraller ve cansız unsurlar yer alır. Bu halen Aşama Bir'e karşılık gelen seviyedir. Aşama İki'ye karşılık gelen Bitkisel onun üstü Aşama Üç Hayvansal ve hepsinin üstünde İnsan (konuşan) —Aşama Dört.

Çizim no. 9: Arzuların piramiti. Piramitin en üstü buna hükmeden, nasıl yapacağına dair özgür seçime ve doğru biçimde yapma sorumluluğuna sahip olan kısımdır.

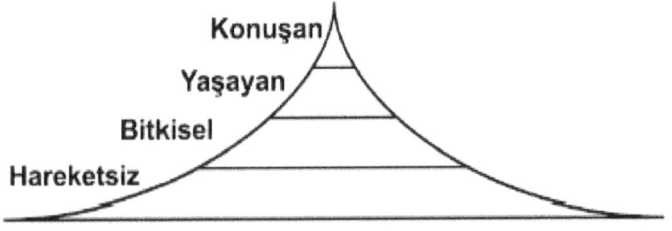

Var olan her şeyin verme arzusu ve onun ürünü olduğu düşünülürse alma arzusu en yoğun, sofistike ve kompleks alma arzusuna sahip olan konuşan seviyenin (biz) Yaratılış'ın ayrılmaz bir parçası, ancak tepesi ve hükmedeni olduğu açıktır. Ve tüm bedene hükmeden beyin gibi hayatta kalmak için henüz tümüyle bundan bağımsız da olmadığından eğer hayatta kalacak isek nasıl hükmedileceğini ve yaratılış piramidinin tümünün nasıl algılanacağını öğrenmeliyiz.

Piramit İçindeki Piramit

İbrahim'in hayatın yaratıcı gücünü keşfedecek nesil olmasının nedeni onun Âdem'in Partzuf'unun ifşa olmaya hazır bir parçası olmasıydı. Fakat Yaratılış'ın sebebi sadece Yaradan gibi olmayı başaracak tek bir kişinin olması değil, tüm insanlığın bunu başarmasıdır. Keza İbrahim'in keşfi anlık bir şey değil, insanlığın manevi gelişimindeki yeni bir aşamanın işaretiydi.

İbrahim yaşamın Yaradan'ın ihsan etme özelliğine doğru yükselen bir piramit olduğunu fark etti. Yaratılış'ın başlangıcından itibaren insan arzularının giderek güçlendiğini de kavradı. Ve sonuçta İbrahim Kabala tarafından sağlanan ıslah metoduna sahip olmak yoluyla gelen bu farkındalığın yükselen egoizme bağlı olarak sistemin çökmesini engelleyecek tek yol olduğunu biliyordu. Ancak elle tutulur bir kanıtın yokluğunda sadece bir avuç dolusu kişi İbrahim'i takip etti ve Yaradan'a ulaşma hedefi etrafında birleştiler. Onunla gidenler gelişip bir ulus olduklarında bu hedeflerinden ötürü onlara İbranice'de Yaşar-El (Tanrı'ya Doğru) kelimesinden gelen İsrail adı verildi.

Tarihsel olarak Babil İbrahim'in ayrılışından hemen sonra veya yakın bir zamanda çökmedi. Üstünlüğü ve şöhreti, onun ayrılışını takiben ilk tapınağın yıkılışından gelen sürgünden sonra İbranilerin Babil'e yeniden yerleşimi de dahil olmak üzere bin yıldan fazla bir süre dalgalanmaya devam etti. Oysaki manevi, Kabalistik açıdan Nemrut'un Babil'deki zaferi özgeciliktense egoizm kuralı yaşamaya devam ettiğinden aslında bir felakete mühürlenmişti.

Olmayan Tedavi

Gerçekte İbrahim'in yöntemi çok basitti: yükselmiş egoizm tabanında birleş ve böylelikle ihsan etme — Yaradan— vasfını keşfet. Kitap boyunca ifade ettiğimiz gibi Doğa'daki her unsur bu şekilde davranır. Alma arzusunun içsel seviyeleri çok sınırlı bir düzene ihtiyaç duyar ve her bir unsurun ev sahibi sisteme karşı kendini adadığı küçük sistemleri oluşturur. Bu elementer sistemlere "atomlar" diyoruz. Alma arzusunun daha gelişmiş seviyeleri atomları "moleküller" dediğimiz sistemlerin içine yerleştirir. Arzu daha da geliştiğinde bu sistemler "hücreler" adı verilen daha büyük sistemler içinde organize olur. Nihayetinde bunlar artık bitkiler, hayvanlar ve insanların var oluşuna yol veren çok hücreli varlıklar halindedir.

Hepsinde tek bir kural var: tüm unsurlardaki alma arzusu almayı arzu eder ve sistemdeki denge ve devamlılık için tek yol yüksek bir seviye altında birleşmektir. Bu durum İbrahim'in metodunun bilinçli biçimde erişmeye çalıştığı şeydir.

Söylediğimiz gibi insanlardaki alma arzusu algımızın eşsizliğinden dolayı egoizme dönüşür. Böylece egoizme karşı panzehir Doğa tarafından uygulanan tedavinin aynısıdır —bütün parçaların katkıda bulunacağı ve kendi faydasını pasifleştireceği bir sistemin inşası. Sonuçta sistem iyi olmayı ve unsurlarının devamlılığını garanti edecektir. Bugün bilim adamları İsviçredeki CERN Hadron Çarpıştırıcısı gibi tesislerde evrenin başlagıcında var olan koşulları minyatür

bir ölçekte yeniden modelleyerek keşfetmeyi umuyorlar. Benzer biçimde Yaratılış'ın "doğal" tavrını taklit ederek onun ihsan etme kuralını keşfedeceğiz.

Aslında çalışma şekli (modus operandi) oldukça basit: Douglas Adam'ın Dirk Gently's Holistic Detective Agency'ındaki ünlü sözünü özetlersek, eğer bir veren gibi düşünüyorsan ve hareket ediyorsan en azından doğanızda küçük bir verme miktarına sahip olduğunuz ihtimalini varsaymak zorundayız.[94]

Oysaki Doğa kendi unsurlarının sahip olmasının aksine bizi buna öykündürecek içgüdüleri sağlamaz. Çünkü bizler onun hükümdarları anlamına geliriz, bizim görevimiz bu kuralları kendi kendimize çalışmak ve beraberinde uygulamaktır. Bu sebeple Nemrut bu kuralı Babillilere öğretebilecek tek adam olan İbrahim'i kovduğu zaman insanları birliğe —büyüyen egoizme ve insanlar arasındaki yabancılaşmaya karşı bir panzehir olan— ulaşmanın metodunu çalışmaya ikna etti.

İbrahim'in ayrılışını takiben Babil ben merkezli olmayı yüceltmeye devam etti. Ancak haz ve keyif Yaratılış'ın amacını yalanlasa da —Yaradan'ın hazzını duyduğu Aşama Üç ve Bir'den bildiğimiz gibi— haz almak ne son nokta ve ne de en büyük lezzetti. İnsanın en büyük zevki ve nihai hedefi Yaradan gibi olmaktır ve Babillilerin bu amacı reddi sonunda onların yıkılışına sebep olan şeydir. Bölüm 1'de ifade edildiği gibi İsrail bir ulus olarak şekillenirken Babil insanlarının dizginlenmemiş egoizmi şiddetli sarsıntıları tecrübe etti ve milattan önce 4'üncü yüzyıldaki nihayi parçalanması ile kaçınılmaz olanı yaşadı.

Ne var ki Babil arzuların piramitinde en yüksek seviyenin inşasındaki ilk aşamaydı —konuşan seviye. Yaratılış'taki bütün diğer unsurlarda olduğu gibi piramitteki son seviye kökü ve gelişen arzuların dört aşamasını kapsar.

Keza takma adı da Yaradan'a ulaşmaya gayret eden ulusun atası anlamındaki Avraham Avinu (Atamız İbrahim) olan İbrahim, kök aşaması olarak düşünülür. Ardından bildiğimiz gibi kendisi tek tanrılı dinler olan üç İbrahimî inanç sisteminin; Yahudilik, Hristiyanlık ve İslamın babası olarak tanınmıştır.

Arzular insanlıkla gelişmeye devam ederken Mısır'ın en yukarıda olduğu zamanlarda piramitte yeni bir arzu seviyesi kökün üstünde belirdi. Bu seviye Aşama Bir'e karşılık geldi ve Kök Aşaması İbrahim'in, Aşama Bir Musa'nın habercisiydi. Ve İbrahim Nemrut tarafından Babil'den çıkmaya zorlandığından Pentateuch'de belirtildiği gibi, "Fakat Musa Firavun'un suretinden kaçtı ve Midyan toprağında yaşadı" (Exodus 2:15). Musa Firavun'dan kaçmak ve Mısır'dan çıkmak zorundaydı. Musa'nın görevinin önemini anlamak için öncelikle ilgisiz gibi görünen bir kavramı anlamalıyız —Kabala tarafından açıklanan özgür seçim kavramı.

Özgür Seçim

Hali hazırda tartışıldığı gibi insanlığın evrimi arzuların evriminde Aşama Dört'e karşılık gelir. Bu aşamada alma arzusu olan, her şeyin arkasında bir düşünce, bir dizi değişimi dikte eden bir amaç olduğunu anlar. Yaşamlarımızda bu durum bir çocuğun gidişatını sadece ebeveynlerinin hareketlerine öykünmeye değil, onların bildiği şeyi bilme dileğine de çevirir.

Yaradan'ın düşüncesini elde etmek için Aşama Dört düşünce ve irade özgürlüğüne ihtiyaç duyar, böylece bağımsız biçimde idrakini geliştirebilecektir. Benzer olarak eğer bir çocuğa düşünmeyi ve görmeyi dar bir perspektiften öğretirseniz o çocuk çok iyi bir asker olacak ama muhtemelen büyük bir stratejist veya general olamayacaktır. Bu

durum çocukların —özellikle erken yaşlarında tembelliğe alışmadan— ebeveynlerinin bir şeyleri onlar için yapmasındansa kendi kendilerine yapmayı istemelerinin sebebidir.

Böylece özgür seçim ihtiyacı, bütün varlıkların denge ve devamlılığa erişmesi kuralının, ev sahibi sistemin faydası için kendi yararını pasifleştirme yoluyla göz ardı edilmesini gerektirir. Bunu kendi kendimize keşfedebiliriz. Bunun yürürlükteki kanun ve yerçekimi kadar katı olduğunu bilseydik buna karşı koymazdık. Ve eğer sadece bunu takip etmekten başka bir yolumuz olmasaydı en iyi durumda itaatkâr çocuklar olurduk. Fakat bu kanunu var eden verme arzusuna dair bayağılık bizi daima çocuk bırakırdı.

Yaradan'la aynı olmak için Yaratılış'ın nasıl "var olduğunu", içindeki her bir elementi, var oluşunun nedenini, nasıl ve ne zaman ortaya çıktığını ve ne zaman sonlanacağını kendi kendimize öğrenmeliyiz. Bunu sağlamak için evrim, öğrenimimize mükemmel bir alt yapı hazırladı: O, her unsurun sistemin yararı için kendi faydasını pasifleştirme kuralına uyduğu bir evreni inşa etti. İlave olarak evrim bizden bu kuralın bilgisini esirgedi ve bize kendi seçimimize bağlı olarak buna zıt veya değil, hareket etme gücünü verdi. Ve en önemlisi evrim bize bu kuralı gözlemlemenin ödülünü göstermedi.

Bedendeki hücreler kendi hayatlarına değil ev sahibi organizmanın hayatına daha çok sempati duyar. Eğer bu böyle olmasaydı habis hale gelir veya birlikte yaşamaya karşı sistemin faydasına çalışmaz olurlardı. Bu sempati öylesine bütün bir durumdur ki, hücreler tüm bir bedenin yaşamını yükseltmek için "apoptosis" veya "Programlanmış Hücre Ölümü" (PHÖ) diye bilinen bir süreçle kendi yaşamlarını sonlandırmayı bile ister durumdadır. Embriyolarda, örneğin ayak şekli, parmaklar arasındaki hücreler kasıtlı biçimde ev sahibi organizma tarafından ölüme mahkûm edildiklerinde, parmakların ve topukların farklılaşmasına son şeklini veren apoptosis tarafından belirlenir.

Hücreler bu sempatinin sonucunda kendileri yerine ev sahibi organizmanın dünyasını idrak etmekle ödüllendirilirler. Bu hal, hücrelerin tüm organizmanın parçaları olduklarına dair doğal bir algıyla donandıkları durumdaki tavırdır. Eğer bu yönde davranmasalardı besin ve oksijen temini için içgüdüsel biçimde tek hücreli varlıkların yaptığı gibi komşu hücreler ile çarpışmaya başlarlardı. Organizma içindeki bir hücrede böylesi bir işlev bozukluğu meydana geldiği zaman bu durum kanser oluşumuna yol açabilir.

Eğer bir organizmadaki hücreler gibi ev sahibi sistemle —dünya gezegeni—, ancak onun da ötesinde yeryüzünü devam ettiren ve inşa eden güçlerle sempati kurabilseydik, olası en geniş algıyı elde eder, yapabildiğimiz kadar zaman, yer, hayat ve ölüm gibi kavramların üstüne çıkardık. Hücrelerin tüm organizmanın parçası olması gibi, algımız da bizim bizi çevreleyenden daha geniş bir sistemin parçası olduğumuzu bize adeta beyan ederdi. O durumda Yaradan gibi düşünebilir ve hareket edebilirdik —verme arzusu. Ve bunu başarmakla Yaratılış'ın amacını elde ederdik — Yaradan gibi olmak.

Ne var ki, kendi yararımızı pasifleştirerek Yaradan-gibi olmakla ödüllendirildiğimizi görebilseydik verme amacı olmaksızın sadece haz almak için bunu yapardık ve verme amacı olmaksızın Yaradan'dan ayrı düşmüş olarak ben-merkezli kalırdık. Yaradan-gibi olma halini başarmak için bunu özgür biçimde ve özgecilik yolunda tuzaklara düşürülmeden seçmeliyiz. Çünkü dört aşamada açıkladığımız gibi verme hedefi bizi Yaradan-gibi yapan şeydir. Alma arzusu haz aldığımızı veya vermekteki yararı hissetmemeli, bu bencilce bir motivasyon yaratmamalıdır.

Bunu anladığımız zaman Aşama Dört tarafından hazza yapılan kısıtlamanın bizim için ne kadar önemli olduğunu anlayacağız. Eğer Aşama Dört bunu geri çevirmeseydi bir bebeğin ebeveyninin gücü ve yardımından zevk alması gibi bu hazza yenik düşerdik ve Yaradan gibi olamazdık. Gece lambanın altında ışığın cazibesinin esiri olmuş kelebekler gibi haz tarafından ele geçirilirdik.

Gelişen Arzuların Aynasında —Birlik

Arzular Doğada geliştikçe artan biçimde kompleks yapılar oluşturur. Mevcut seviyenin varlıkları bir ortaklar topluluğu halinde birleştiği zaman, her seviye alma arzusunun bir üst seviyesine doğru yükselir. Bunu yapmakla mevcut seviyenin varlıkları (şimdilerde artık en yüksek seviyedeler) kendi yararını pasifleştireceği bir sistemi inşa eder, ki bu durum Yaratılış'ın verme kanununa bağlanmayı ve sürdürülebilirliği temin eder. İnsanlarda bu olduğu zaman biz de en küçük yapıdan —bir insan— başlar ve yükselen biçimde kompleks toplumlara doğru yolumuzu inşa ederiz. Tek fark bizim verme kuralına bağlı olan sosyal toplumlar yaratma zorunluluğumuzdur.

Aslında İbrahim'in ailesi bu sistemi oluşturan ve unsurları ev sahibi sisteme adanmış halde içindeki üyelerinin gayret ettiği ilk gruptu. Maymonides'in (Bölüm 1'de) belirttiği gibi bu dâhili düzen bir ulus meydana getirdi. Keza ancak Mısır'da —sayıları yeterli olduğunda sistem bir ulusa doğru evrildi. Musa İsrail'i Mısır'dan çıkardığında Mısır'a gitmiş olan yetmiş aile şimdi milyonlar halindeydi (Mısır'dan ne kadar gelen olduğu konusunda çeşitli görüşler var, fakat ortak bulgular 2 ve 6 milyon arasında kadın, erkek ve çocuk olduğu şeklindedir).

Musa'nın işi İbrahim'in yaptığı mücadeleden daha fazlaydı. Çadırının altında, İbrahim'in ailesiyle ve yoldaşlarıyla yaptığı ve onlara hayatın kanunlarını öğrettiği gibi bütün bir ulusu tutamadı. Bunun yerine onlara İbranicede Torah olarak bilinen, "kanun" (ihsan etmenin kanunu) ve "Işık" anlamına gelen Musa'nın Beş Kitabını verdi. Kitaplarında Musa, birinin Yaradan gibi olmaya giden yolda tecrübe edeceği bütün durumların tasfirlerini ortaya koydu.

Yaradan gibi olmaya giden yolun ilk parçası Mısır'dan çıkmak, Sina'nın vahşiliğine göğüs germek ve Sina Dağı'nın dibinde durmaktı. Antik kaynaklara gore Sina ismi İbranicedeki Sinaa (Nefret) kelimesinden gelir.[95] Diğer bir deyişle Musa Sina Dağı'nın —nefret dağı— önünde insanları bir araya getirdi.

Nefret alegorisine sahip dağı yorumlamak Musa'nın öğretilerinin insanların birbirlerine karşı nasıl menfur ve ihsan etme kuralından ne kadar uzak olduğunu gösterdi. İhsan etme kuralı ile veya Yaradan ile yeniden bağlantı kurmak için, 11'nci yüzyılın tefsircisi ve Kabalist Raşi tarafından tanımlandığı gibi "Tek kalpte tek adam" olarak birleştiler.[96]

Baal HaSulam "Karşılıklı Garanti"[97] isimli makalesinde birbirimize karşı sözümüz olan, Musa'nın insanlarına Tora ile verilmiş olan bu süreci detaylandırıyor. İhsan etme kuralına eriştiler ve ışığı elde ettiler, Yaradan'ın özgecil doğasını. Baal HaSulam sözlerinde, "bütün ulusun ittifakla hemfikir olduğunu ve 'biz yapacağız ve duyacağız', dediğini .... sadece o durumda onlar Tora'yı almaya değer oldular, daha önce değil," şeklinde belirtir.[98]

Şimdi Musa'nın misyonunun ne kadar önemli ve özgür seçimin bunu başarmak için ön koşul olduğunu görebiliriz. İbrahim'in grubunun liderleri hepsi bir aileydi ve doğal olarak birdiler. Fakat Musa bir ulus yarattı. Bunu başarmak için tüm ulus aynı yol üstünde hemfikir oldu. Ortada duran egoizme (alegorik olarak "Sina Dağı'nın öndünde durmak" olarak belirtilir) rağmen özgür seçim yoluyla birleşmek için bir ulus ihsan etme kuralını kabul ettiler. Bir insan topluluğunun Yaradan'ın vasfına eriştiğini ve büyüyen egoizm çerçevesinde birliği seçmenin de Yaradan'a ulaşmak için tek yol olduğunu anladıkları bu hal insanlık tarihinde bir ilkti.

Diğer Yol

Talmud'u Talmud'un bilgeleri "yüze sahip olan bir kişi ikiyüzü ister"[99] diye yazdılar. Kabala doğduğundan beri takipçileri arzuların geliştiğini belirttiler. Sadece ne kadar istediğimiz değil, bunlar istediğimiz şey anlamına da gelen yoğunluk ve kalite olarak da geliştiler. Sonunda bu arzular nihai nokta olmak üzere evrimlenir — Yaradan gibi olmak.

Fakat Kabalistler en büyük hazza yol veren en büyük arzuya geldiğimiz oranda özgür seçime sahip olduğumuzu belirttiler. Bu hedefe ulaşmak için iki yol olduğunu söylediler:

1. Musa'nın örneğini ve birliğini takip ederiz. En temel seviyelerde Yaratılış'ın, Yaratılış'ın çalışma kanununun ürünü olan bizim nasıl işlediğimizi çalışarak yaparız.

2. Mevcut bilgiyi, buna dair gizemi ve kendimiz için sürdürülebilir bir hayatı keşfetmeyi yok sayarız. Bu durum bir arabanın direksiyonunda oturan fakat pencereden dışarıyı görmek için çok küçük olan bir çocuk ile karşılaştırılabilir. Doğal olarak bu hal korkunç sonuçları olan sürekli kazalara yol açabilir.

Kabalistler ilkine aydınlaşmış yol, "Işığın Yolu" ve ikincisine ise eziyetli yol "Acının Yolu" dediler.[100]

Arzuların gelişimi kendi özgür seçimimizi hesaba katmaz. Bu durum ihsan etme kuralını keşfetmek için birleşmeye ve ışığın yolunu seçmeye dair önceden hesaplanmış bir çaba ile birleştirilmediğinde gelişen arzuyu inşa edici yönlerde düzenleyecek ve kanalize edecek bir şey söz konusu olmaz. Sonuç yükselmiş ve kontrol dışı kalmış egoizmdir. Bu durum genellikle "bir kaza" ile ilişkilendirilir — Babil ve Mısır'da meydana gelen yenilgi ve çözülme.

Aslında İsrail ulusunun tarihi bu duruma en iyi örnektir. İbrahim'in öğretisini takip ettikleri oranda başarılı oldular. Bunu yapmadıkları zaman yenildiler ve sürüldüler.

Yaklaşık 1,900 yıl önce alma arzusunun yeni bir seviyesi ortaya çıktı. Bu durum yeni bir çabayı ve yeni bir birleşme halini gerektirdi. Keza İsrail'in insanları bu çabaya hazır değildi. Bunun yerine nefret ve egoizme sürüklendiler. İ.S. 5'inci yüzyılda yazılmış olan Babil Talmud'u İsrail'in hezimetinin ve Tapınağın yıkılışının yegâne sebebinin mesnetsiz nefret olduğunu belirtir.[101]

O yıkımdan beri dünya yürüyecek tek bir yola sahip oldu — acının yolu. Işığın yolu, takip eden nesillerde sadece bir kaç kişi tarafından bilindi ve geçen sürede bunu açığa çıkarmaya çalışacaklardı. Fakat realite hakkındaki bu yolu insanların görmeye henüz hazır olmadığını fark ederek bunu kendileri ve bu gerçeği öğrenmeyi göze almış adanmış öğrenciler için muhafaza ettiler.

Oysaki bir sonraki bölümde göreceğimiz gibi, Kabala'ya yönelik ilgisiz biçimde geçen yıllar değersiz değildi. Bize bir bütün olarak çok büyük bilgi, Yaratılış'ın sayısız gözlemini sağladılar. Bu yıllar olmadan Kabala'nın sağladığı ilmin benimsenmesine dair süreç mümkün olmazdı.

Bölüm 7: Büyük Karışma

| Kişisel Çıkar Özgeciliğe Karşı | Michael Laitman |

Milattan sonradaki ilk yüzyıllar Avrupa ve Yakın Doğu tarihinde çalkantılı bir dönemdi. Romalılar Avrupa, Kuzey Afrika ve Yakın Doğu'nun büyük kısmını (şimdi Orta Doğu olarak düşünülen kısım dahil) ele geçirdiler. İlave olarak Yahuda ele geçirildi (Roma tarafından), ardından ayaklandılar, dağıldılar ve yahudiler sürüldü. Hristiyanlık da sahneye yeni çıkıyordu ve Britanya, İmparator Tiberius Claudius tarafından işgal edilmişti. Bu bölümde göreceğimiz gibi Yahudilerin sürgünü ve Avrupa boyunca dağılmaları arzuların evrimine sıkı biçimde bağlıdır.

Bu ilk yüzyıllar boyunca yeni ve farklı bir dünya şekilleniyordu. Sürgün edildikten sonra Yahudiler Yakın Doğu ve Avrupa'ya doğru doğru yayılıyordu ve Hristiyanlık, kademeli biçimde güç kazanıyor ve İimparator Büyük Konstantin buna 4'üncü yüzyılda uyum sağladığı zamanlarda Roma İmparatorluluğu'nun resmi dini haline geliyordu.

İslam 7. yüzyılda duyuruldu. Avrupa ve Yakın Doğu'da mevcut insanların çoğunluğunda üç İbrahimî inançtan birine karşı bir bağlılık hali yarattı. Bugün bu durum olağan dışı görünmüyor. Fakat o yıllarda inancın bu değişimi arzuların evrimindeki bir sonraki aşamanın ortaya çıkışını gösterdiğinden bir devrime sebep oldu —Aşama İki.

Alma arzusu içinde verme arzusunun ortaya çıkışı olan Aşama İki, iki yolun —İsrail ile diğer uluslar olan— keşismesine yol açtı. İbrahim'in Babil'den ayrılışından ve Yaşar El'e (Yaradana doğru) odaklanmış ve mesajını —komşunu kendin gibi sev olarak— İsrail ulusu halinde geliştirmiş bir grubu oluşturmasından beri ilk kez olarak bir topluluk hissedilir durumdaydı. Çünkü Aşama İki —verme arzusu— açığa çıkmaya başlıyordu, verme mesajı ve şefkat henüz net biçimde öğretilebilecek kadar imar edilmemiş olmasına rağmen şimdi hissedilebilir haldeydi.

Michael Laitman

Bu bölüm İsa'dan sonra ikinci yüzyılda Zohar Kitabı'nın (kısaca Zohar denilen) ve 16'ıncı yüzyılda Hayat Ağacı'nın yazımı arasında örtüsü kaldırılmamış, derindeki süreçleri sorgulayacaktır. Bu tarihler takriben Roma'nın Yahuda'yı işgali ve Rönesans hareketi veya şimdi "Orta Çağ" dediğimiz şey arasındaki sürece (oldukça) paraleldir. Bu kitabın kalan kısmıyla amaç belli olaylara odaklanmak değil, süreçlerin arzuların evrimine nasıl karşılık geldiklerini göstererek tarihin "kuşbakışı" bir görüntüsünü sağlamaktır. Bahsedilen zaman dönemine Romalıların işgali ve ikinci tapınağın yıkılışı ile başlamak muhtemelen en iyisi olacaktır.

Yahuda'nın Dağılışı

Romalılara karşı Yahudi isyanının (66-73) başarısızlığı İkinci Tapınağın yıkılışına ve Yahuda'nın dağıtılmasına yol açtı (İlk tapınak Kral Süleyman tarafından İsa'dan önce 10'uncu yüzyılda yapılmıştı ve İ.Ö 586'da Babilliler tarafından yıkıldı). Bu dağılma bir ulusun bir başkası tarafından dağılmasından çok daha önemli bir şeye işaret etti. İsrail ulusunun manevi gerileyişinin büyüklüğünü yansıttı. İbranice'de Yahudi kelimesi zamanında İsrail ulusunun durumunu ifade eden Yehudi ("birleşmiş" veya "bir") kelimesinden gelir: hayatı yöneten ihsan edici eşsiz gücü idrak eden (onunla bağlantı kuran) demektir.

Keza bir önceki bölümde açıkladığımız gibi alma arzusu sürekli evrimlenen bir güçtür ve devamlı bir uyuma ihtiyaç duyar. Devamlı çaba, yakın zamanda ortaya çıkmış arzuların uyum içinde —ihsan etme niyeti ile ve tüm bir sistemin faydası için kendi faydasını pasifleştirme kuralı bağlamında— çalışmasını sağlamak için gereklidir. Çünkü arzular gelişirse buna bağlı olarak onları çalıştıracak unsurların gelişmesi gerekir.

Kişisel Çıkar Özgeciliğe Karşı

Michael Laitman

Bir önceki bölümde açıklandığı gibi hayvanların aksine, insanlar devamlı biçimde Yaratılış'taki yerlerini idrak etmeli ve bunun birer yapı unsuru olmayı seçmelidir. Ne var ki, eğer bunun aksi biçimde davranırsak olumsuz netice birden ortaya çıkmayacaktır. Bu bize manevra ve hesaplama alanı bırakır.

Aynı zamanda eğer Yaratılış'ın kuralına uygun biçimde davranmayı seçersek olumlu netice de bir anda fark edilemeyecektir. Çünkü ödül ve ceza bir anda görülebilir değildir. Bununla birlikte sadece bir ödül ummak değil, Yaratılış'ın birlik ve verme kanununu keşfetme isteğimizden dolayı da böyle yapmayı seçseydik bu olacaktır. Bu yolla almaya niyet edenler gibi olmak yerine, vermeyi niyet edenler gibi hareket ederiz.

Fakat İsa'dan sonraki ilk yüzyıl boyunca alma arzusunun evrimi yeni bir arzu seviyesinin ortaya çıkmasına neden oldu. Bu seviyenin gelişine kadar Babil'deki sürgünden dönen Yahudiler —ilk tapınağın yıkılışından sonra— kendi birliklerini ve hayatın birleştirici kuralına dair algılarını muhafaza ettiler.

Aslında on iki kabilden sadece ikisi Babil sürgünlerinden döndü çünkü egoizm seviyesi İsrail arasında halen büyümekteydi ve kabilelerin çoğu onları yönlendiren egoistik tavra karşı koyamadı. Bu yönlenme onları, açıklandığı gibi, genetikle ilgisi olmaksızın, insanların sadece birlik kuralı içinde yaşadığı İsrail ulusundan ayırdı. Fakat arzuların evrimindeki Aşama İki İsrail'de belirmeye başladığı zaman Babil'den dönenler bile kendi özgeciliklerini sürdüremedi. Bunun yerine kendi ben-merkezli arzularının içine düştüler.

Babil Talmud'u İsrail'in yokoluşunun ve İkinci Tapınağın yıkılışının yegâne sebebinin sınırsız nefret olduğunu söyler: "Mademki onlar Tora ve Mitzvota ve iyi hareketlere yönlendiler (manevi öğretim) İkinci Tapınak

116

neden yıkıldı? Çünkü orada sınırsız nefret vardı."[102] Birliğin eksikliğinden ve çoğu Yahudi Roma kültürüne öykünerek bu kültüre dahil olmak istediğinden Yahudi isyanı daha başından umutsuzdu.

İsyandan sonra bile İsrail arasında çoğu kişi realitenin birleştirici algısını muhafaza etti. Örneğin Talmudik lakabı "Bütün Bilgelerin Başı" olan Kabalist Akiva hayatta kaldı ve yıkılışı takip eden yıllarda öğretiye devam etti. Babil Talmudu'na göre Akiva 24,000 öğrenciye sahipti fakat onlar da öldüler (Talmud'a göre) çünkü bütünleşmiş değillerdi.[103]

24,000 öğrenciden sadece dördü hayatta kaldı. Ve bu dördün ikisi nesillerinin ve bütün zamanların muhtemelen en büyük bilgeleri oldular. İlki Sanhedrin'in başkanı ve Talmud'un iki parçasının üstüne kurulduğu Mişna'nın baş redaktörü ve editörü Kabalist Yehuda HaNasi (Başkan) olarak bilenen Yehuda'ydı. Diğer öğrenci Zohar'ın Kitabı'nın [Işığın Kitabı] —bütün Kabalistlerin bugün bile çalıştığı ve ondan bilgelik özümsedikleri Kabala'nın temel kitabı — yazarı olarak bilinen Kabalist Şimon Bar-Yohay'dı (Raşbi).

Yüzyıllar boyunca her zaman bilgeliğin canlılığını ve gelişimini muhafaza eden bilgeler vardı. Alma arzusunun doğasını anladılar ve Kabala'nın diğer kitapları için olduğu gibi Zoharı yorumlayan yazılar ürettiler. Çoğu kişi kitapları —realitenin özgecil algısı- Kabala'dan türemiş—egoistik bir algı ile okunduklarında yoldaş kabalistler hariç çoğu kişi tarafından yanlış anlaşıldı. Bu durum okuyucuların metinlerin gerçek anlamlarını anlamalarını engelledi. Aynı şekilde doğuştan kör olan biri güzel bir manzarayı gözlemek veya okyanusun fırtınalı kıyısına ait bir görüntünün büyüleyici gücünden gelen keyfin anlamını da bilemez.

Kişisel Çıkar Özgeciliğe Karşı — Michael Laitman

Böylece İsrail arasında manevi algıdaki (özgecilik) azalmadan ötürü İbrahim'in varoluşun tek kanununu tüm dünyaya öğretme düşü insanlar bu kanunu öğrenmeye yeniden hazır olana kadar ertelenmek zorundaydı. Zohar yazıldıktan hemen sonra saklandı ve bin yıldan fazla bir sürede saklı tutuldu. Kabalistler de gizemli ve yanlış anlaşılmış bilgeliğin üstünü örttüler ve sadece bazı özel koşullarla karşılan insanların bunu çalışmasına izin verildi. Çoğu insanın manevi algısının Kabala'nın kavramlarını uygun biçimde kavramaktan çok uzak olduğunu bildiklerinden dolayı Kabalistler insanların akıllarını mucize ve büyü hikâyeleri ile oyaladılar. Yaş, cinsiyet ve evli olma hali gibi sınırlar ile Kabala'yı araştırmak isteyenleri caydırdılar.

Aslında Kabala'nın hatalı anlaşılması Zohar'ın (Resim no. 7) 13'üncü yüzyılda İspanya'da Kabalist Moşe de Leon tasarrufunda tekrar ortaya çıkışından sonra bile o kadar derinleşti ki, kitap sık sık yanlış anlaşıldı ve Vilna Gaon (GRA), Kabalist İshak Safrin ve diğer anlaşılır tefsirler sunmuş Kabalistlere kadar muğlak bir metin olarak düşünüldü. Ne var ki 1940'lara kadar değil. Yehuda Aşlag (Baal HaSulam) Zohar Kitabı'nın, bu derin kompozisyonun uygun biçimde çalışılabileceği ve kavranabileceği bütün bir Sulam (Merdiven) tefsirini —dört açıklayıcı girişle— ortaya koydu.

Michael Laitman

Bnei Baruch Eğitim ve Araştırma Enstitüsü

Kişisel Çıkar Özgeciliğe Karşı

Resim no. 7: Zohar Kitabı'nın 1558 basımının giriş sayfası, Mantua, İtalya. Metin "Tanrısal Bilge, Kabalist Şimon Bar-Yohay ile" başlıyor.

Ancak İkinci Tapınağın yıkılışının erken dönemlerinde dünya çok farklı bir yöne yürüyordu. Romalılar Akdeniz, Yakın Doğu ve Avrupa'da bir imparatorluktu ve kültürleri (temelde Yunan) ve felsefeleri geçerliydi. Dünyanın Helenistik algısı İsrail toprağından gelen isyancılarla aynı fikirde değildi. Dahası Yahudilerin çoğu atalarının prensipleri ile hemfikir değildi ve ego-merkezli Helenistik Yunan-Roma kültürü uğruna onları terk ettiler.

Yunanlıların kavramlarının bazılarını Kabala'dan uyarlamış olduğuna inanmış olan rönesansın bazı şöhretli bilgeleri şöyle söyledi. Örneğin büyük humanist ve sarayın politik danışmanı Johannes Reuchlin (1455-1522) De Arte Cabbalistica (Kabala Sanatı'nda) şunu yazar: "Keza onun [Pisagor'un] üstünlüğü Yunanlılardan türetilmiş değildi, aslında Yahudilerden gelmişti. 'Bunu almış biri' olarak aslında ona basitçe bir Kabalist denebilir. ... O Yunanlılar ve felsefeleri tarafından bilinmeyen Kabala adını kendine uyarlayan ilk kişiydi."[104]

Reuclin'in önceli, bir İtalyan bilgesi ve Platonik filozof Giovanni Pico della Mirandola (1463-1494), De Hominis Dignitate Oratio'da (İnsanlık Onuruna Söylev) şöyle yazdı: "Tanrısal geleneğin Musa'ya ifşa edilmesi olan düzenin 'bu doğru' yorumuna 'Kabala' denir.'"[105]

Yunanlıların uyum sağlamadıkları prensip bütün hepsi içinde en önemli olandı: tüm bir sistemin faydasına, Yaradan gibi olmak için ben-merkezli olmaktan vazgeçmek. Bu ifadenin ilk kısmı, yani kişinin yönelimini değiştirme sebebi, Kabala bilgeliğinin en başta neden oluşturulmuş olduğunun sebebidir. Yunanlılar buna uyum sağlasaydı tarih çok farklı bir açılıma sahip olurdu.

Oysaki onların buna adapte olmaması Yunanlıların hatasından değildi. Onlar arasında Kabalist hocalar olmadığından bunu bilmiyorlardı ve bu nedenle hiçbiri bu eğitimi doğru biçimde alamadı. Dahası kendi egolarını yükselttikten sonra Yahudiler de Yunan-Roma yönüne doğru kaymaktaydı ve böyle olmayanlar ise Romalıların Yahuda'daki ateşli düşmanları konumundaydı. Sonuçta onlara layık bir şeyi kaybettiklerini Romalılara gösterecek kimse yoktu. Ve böylece Romalılar İ.S. 4'üncü yüzyılda

Hristiyanlığa uyum sağlamış İmparator Büyük Konstantin'e kadar Helenik kültürün peşinden gittiler.

Helenistik kültüre Yahudilerin uyumu bilinçli değildi. İlk Tapınağın kuruluşunda, İsrail ulusunun tarihindeki en yüksek manevi noktasına (verme kanununun idrakine) erişmişlerdi. Ondan sonra kademeli bir iniş süreci gerçekleşti. Arzuların evrimi Yahudileri de diğer ulusları etkilediği gibi etkiliyordu. Bunun bir sonucu olarak Yahudilerin çoğu maneviyatını, bütünleşmiş bir gücün özgecil idrakini sürdüremediler ve egoistik algılarını giydiren ben-merkezli kültürlerine daha da döndüler.

Böylece Babil'in işgali ve sonrasında ilk tapınak zamanındaki sürgün İbranilerin o zamanki manevi durumlarının bir bildirimiydi. Ve Babil'deki manevi tutsaklıkta İbranilerin solgunlaşan manevi halinden dolayı sürgüne giden on iki kabileden sadece ikisi, Yahuda ve Benyamin geri döndü. Sürgünde kalan on kabilenin zihni, prensiplerini tümüyle unutmuş, yerlilerle karışmış ve izleri de bugüne kadar kaybolmuş durumdaydı.

Oysaki arzuların evrimi orada kalmadı. Yahuda ve Benyamin, Yahudilerin tüm ayrımlanışı bir zaman meselesi olduğundan kademeli biçimde düştüler. Aslında Yahudilerin manevi algısındaki kayıp yüzyıllara yayılmış uzun bir süreçti, gidişatı belliydi. Romalılar sonunda İsraili ele geçirdi ve ikinci tapınağı yıktılar, İsrail hali hazırda zaten çoğunluğun manevi aklını (Kabalistik) devam ettirmek istemediği bir ulustu ve bunun yerine Helenistik kavramları tercih ettiler. Sonucunda onlar da sürüldüler ve dağıldılar. Ve çoğu Yahudi, Roma işgalinden ve Yahudilikteki en belirgin metinlerin bazılarını derledikten sonra bile İsrail toprağında kalırken Yahudiler bir halk olarak artık Roma ve akabinin de Avrupa'nın içine doğru yayılmaktaydı.

William Whiston tarafından çevrilmiş olan Yahudilerin Savaşları, Bölüm 1'de Josephus Flavius Yahudilerin Romalılar tarafından çıkarılışını tarifler: "Ve General Cestius komutasındaki yirminci lejyonun Yahudilere yol vermiş olduğunu hatırlatırken resmi olarak Rafenya'da durduklarından onları bütün bir Suriye'nin dışına, Fırat nehri yakınında, Ermeni ve Kapadokya sınırları içinde bulunan Meletin adı verilen uzak bir yere sürdü."[106]

Aynı kitapta Bölüm 3'de Flavius detaylandırır: "Yahudi ulusu yaşanabilir alanların sakinleri arasına özellikle Suriye'ye kapı komşusu olması sebebiyle geniş çaplı biçimde dağıtıldı ve Antiochus'dan sonraki kralların yeri, şehrin büyüklüğünden dolayı en büyük bir topluluklar Antakya'daydı ve el değmemiş bir dinginliğe sahipti."[107]

Böylece Yahudiler kademeli biçimde Avrupa'ya ve çoğu da bugünün Yakın Doğu'suna göç ettiler. Bunun bir sonucu olarak Yahudilerin tarihi ve Avrupa'nın tarihi sıkı biçimde birbirine bağlandı.

Gizlilik Çağı

Orta Çağ tarihte çok özel bir çağdır. Uzmanlara göre varlığı 2-5'inci yüzyıl ve 15-18'inci yüzyıl arasında gözlendi. Başlangıç olarak Batı Roma İmparatorluğu'nun yıkılışı ve sonu da Doğu Roma İmparatorluğu'nun düşmesi ile işaretlenir. Bazıları İmparator Büyük Konstantin'in İ.S. 325'de oluşturduğu Birinci İznik (Nicea) Konseyi tarihini Orta Çağ'ın başlangıcı ve bitişini de Martin Luther'in aforoz edildiği (1521) ve Protestan Kilisesi'nin kurulduğu yıl olarak görür.

Kabala herhangi bir çağı "orta" olarak tanımlamaz. Fakat Zohar Kitabı ve Hayat Ağacı kitabının yazıldığı ara periyodu insanlığın evriminde ayrı bir dönem olarak düşünür. Öte yandan Kabalistler bilgilerini gizlediğinden

ve bunu sadece bir kaç kişinin bileceği gizli bir öğreti haline getirdiklerden tarihteki bu dönemi tanımlamak için "Karanlık Çağlar" terimi daha uygun olabilir.

Bu kitapların yazılması ile ilgili bu bölüme "kuş bakışı" bakıldığında bu durum, arzuların insan seviyesinde ihtiraslar halinde nasıl daha görünür hale geldiğini, insanlık tarihini şekillendiren süreçlere yön verdiğini görmemizi kolaylaştırmalıdır.

Kabala'da Zohar Kitabı ve Hayat Ağacı'nın yazımı arasındaki süreç hayati bir öneme sahiptir. Bu olmaksızın Yaratılış'ın amacına erişilemez. Tek kelime ile Yaratılış'ın amacı her bir kişinin Yaradan'ı bilmesi ve onun gibi olmasıdır. İbrahim'in grubu bunu başaran ilk gruptu. Oysaki İbrahim'in hedefi sadece grubunun bunu başarması değildi. Amaç bunun dünyadaki her insan için olmasıydı. Musa bunu bir grup olmaktan bir ulus haline genişleterek İbrahim'in amacına destek verdi.

Ancak Musa'nın başarısı gerçekten çok önemliyken, nihai noktaya ulaşmadan önce gidilmesi gereken çok mesafe vardır. Tüm insanlığın Yaradan'a, ihsan etme kuralına erişmesi için hepsi bunun olmasını istemelidir. Bunun için bütün insanlar a) egoizm yolunun sürdürülemez olduğunu ve b) bir başka yol olduğunu —Yaratılış'ta daha önce keşfedilmemiş bir kanunu idrak etmek ve bunu gerçekleştirmeyi öğrenmek.

Arzuların gelişiminde Aşama İki boyunca bu durum etkileyici bir biçimde açığa çıkar. Bir tarafta İsrail ihsan etme halinden düşer ve egoizmine yuvarlanır. Diğer tarafta İbrahimî dinlerin itikatından olan ulusların geri kalanı ihsan etme kuralını —komşunu kendi gibi sev— keşfeder. Dinlerin hiçbiri aslında gerçekten bu kuralla yaşamasa bile bunu itikatlarının merkezi yaptıkları gerçeği insanların bunun öneminin farkında olduğu anlamına gelir. İnsanlar

İbrahim'in insanlığın hastalıklarının tedavisi için diğerini sevme idealini de facto bir halde kabul eder. Bu noktadan sonra İsrail'in ve tüm dünya uluslarının kaderi birbirlerine kenetlenmiş biçimde olacaktır.

Daha önce açıklandığı gibi manevi köklerde gizli kalmış süreçler maddi dallarında ortaya çıkar. Bu sebeple, ihsan etme arzusu manevi seviyedeki alma arzusu ile karışmış olduğundan bu sürecin maddi işareti, yayılma ve İsrail halkının diğer dünya ulusları ile karışmasıydı.

Bu durum Yahudilerin İbrahim'in sevgi ve birlik mesajını komşularına doğru yaymadığı anlamına gelmez. Yahudiler İbrahim'in metodunu yayabildiklerinden ötürü sürülmeyi seçmediler. Ne de bu mesaja daha az uyum sağlama, işitmeyi istediklerinden, ortalarında durdukları, onları kabul eden uluslar böyle yaptılar. Oysaki İsrail ve diğer uluslar arasında arzuların eşitliği süreci manevi düzeyde hali hazırda devam eden bir işlemdi, fiziksel dünyada da olmaktaydı.

Böylece Orta Çağ'ın sonunda arzuların karışması, yandaşlarının birer özgecil —Kabala'nın anladığı anlamda; gerçekten içselleştirilmiş olarak, sadece ve sadece "Yaradan için" koşuluyla -hiçbir biçimde kendi yararı için değil ve samimiyetle— olduklarını iddia etmedikleri ama temelde prensiplerinden biri olarak ifade edilmiş özgecil seviye olan: "Komşunu kendin gibi sev" düsturunun üç din halinde fiziksel olarak belirdiği böylesi bir aşamaya erişti. Dahası bu dinler —Hristiyanlık, İslam ve Yahudilik— bu kuralı temel prensipleri olarak zikretmiyordu, fakat İbrahim'i de manevi ataları olarak ilan ettiler, böylece bir kavram da ürettiler, " İbrahimî Dinler".

Bölüm 4'de evrim biyoloğu Elisabeth Sahtouris'un kendine fayda ve işbirliğine —her molekül, her hücre, her organ ve bütün bedenin kendi yararına sahip olması— ilişkin

124

Tokyo sunumundan bahsettik. Ve her seviye kendi yararını gösterdiğinde bu durum seviyeler arasında uzlaşmayı zorunlu kılar ki bu sistemi uyuma götürür. Aslında var oluşun nihai hedefine ilgisiz bile olsak biz hepimiz bilinçaltında uyumun ve karşılıklı ilginin sürdürülebilir insanlığı yaratmak için tek yol olduğunu hissederiz. Günün sonunda biz hepimiz dört aşamanın ürünleri olduğumuzdan arzuların dört seviyesine sahibiz.

Böylece Aşama İki —Orta Çağ boyunca hüküm süren arzular— Üç İbrahimî dini "Komşunu kendin gibi sev" (Lev, 19:18) düsturuna bir prensip halinde uyum sağlamaya zorlar. Böylece Orta Çağ boyunca insanlar ve uluslar arasında uyum olarak düşünebileceğimiz "müzarekelerde" (Sahtouris'un "ilişkiler" için kendi terimini kullanarak) sık sık uzaklaşılmasına karşın nihai sonuç, gerçek hayatta kendini çok az biçimde bencil olmama şeklinde göstermiş olsa dahi, temel kaidesi (ilan edilmiş) özgecilik —kendine yararı pasifleştirmek kanuna dayanan— olan dine saygıda az çok birleşmiş bir Avrupa'ydı.

Arzuların evriminde Aşama İki'nin, alma arzusu içindeki verme arzusunun ilk görüntüsüne işaret ettiğini biliyoruz. Aslında birinin kendini sevdiği kadar diğerlerini sevmesi emri Aşama İki ile mükemmel biçimde uyum halindedir. Evrenimiz Âdem'in ruhu kırıldığı zaman yaratıldığında bunun "organları" ben-merkezli hale geldi. Bunun bir sonucu olarak diğerlerini sevme kuralı kişinin takip etmek için çaba sarf etmesi gereken bir emir olarak bizim dünyamızda görünür hale gelir. Eğer varlığımız doğru ihsan etme konumunda olsaydı almayı sevdiğimiz kadar ihsan etmeyi de doğal olarak seveceğimiz için bu kurala ihtiyacımız olmazdı.

Keza, eğer doğamız ihsan etmek olsaydı asla Yaradan'a eşit olamazdık. Erişebileceğimiz en üst nokta arzuların Yaradan'la benzerliğidir. Lakin arzularımızla uğraşımız

125

neticesinde kazandığımız her şeyden yoksun olurduk. Bu çaba bize yapabildiği kadar eşsiz izlenimler sağlar. Evrensel Yaratılışla kendimizi kıyaslayarak vermek ve almak arasındaki farkı ve sevebilmekle gelebilecek keyfi, tatmini öğreniriz. Bu duygular sadece kişi kendi sevebilme yetersizliğini tecrübe ettiği zaman açığa çıkabilir.

Fakat bunların ötesinde en büyük hediye, eşsiz biçimde insana ait olandır: özgür seçim. Bizim dünyamızda bir yetişkin ile bir genç arasındaki fark güç ve kişinin kendi seçimlerini yapabilme özgürlüğüdür. Manevi gerçeklikte kendi faydalarını pasifleştirme kuralını takip ederek bu doğayı elde ettiklerinden dolayı sadece insanlar bu ehliyete sahiptir.

İhsan etme tabiatını kazandıktan sonra bunun neden hem bizim içimizde var olan niteliklerimiz için gerekli olduğunu ve hem neden bir algılayış niteliği ile başlamamız gerektiğini, ihsan etmenin doğasını elde etmemiz gerektiğini anlar, Yaratılış'ın işleyişini bütün yönleri ve incelikleri ile doğru biçimde idrak ederiz. Ve sadece bütün bir algıyı idrak ettiğimiz zaman Yaratılış'ın düşüncesine erişmiş olacağımızdan Yaratılış'ın iyiliği için kendi yararını pasifleştirme kuralı ile bilinçli biçimde yaşayabileceğiz. Ve bu düşünceye eriştiğimiz zaman doğru biçimde Yaradan gibi olabileceğiz.

Milyonların kalbinde İbrahimî dinlerin tesisi, benmerkezli insanlar ile ihsan etme prensibi arasında ilk köprüyü doğal biçimde inşa etti. Önceleri insanlar vermenin kendi faydalarına olduğunu hissetti. Bu durumu özgeciliğin egomerkezli bir hali ise de zamanın o aşamasında, alma arzusunun evriminde o seviyede bu durum insanların erişebildiği en yakın özgecilik noktasıydı.

Böylece destanlar ve peygamberler bir inançtan diğerine doğru farklılaşmasına rağmen nihai sonuç, tüm bu üç İbrahimî inanç İsrail'e büyük bir önem isnat eder. Çünkü ruhuna İbrahimî öğretilerin "Komşunu kendin gibi sev" kuralının dokunmuş olduğu her insan bundaki maneviyat duygusu için bilinçsiz olarak dahi gayret sarf eder.

Bugün karışma öyle genişledi ki dünyadaki her insanda maneviyata olan özlem hali son derece arttı. Baal HaSulam'ın "Yaradan Sevgisi ve İnsan Sevgisi"108 makalesinde bütün insanların hayatın yaratıcı gücüne erişeceği anlamına gelen, "Bütün uluslar buna doğru akacak"da (Isaiah 2:2) belirttiği gibi, bu durum Yaratılış'ın amacının bir sonucudur. Ve bunun örtüsünü kaldırmak için bütün uluslar, dünyadaki tüm alma formları ihsan etme arzusu dahilinde olmalıdır.

Magna Carta

Alma arzusu devamlı olarak evrim geçiren bir güç olduğundan dolayı İbrahimî dinler sadece Orta Çağ süresince gelişmiş bir fenomen değildi. Özellikle geç dönem Orta Çağ süresince daha çok insan kişisel özgürlük ve kişisel ifade için gayret sarf etmeye çalıştı —ekonomik bağımsızlıkta olduğu kadar sanatta ve bilgelikte.

1088'de ilk Avrupa üniversitesi Bologna, İtalya'da kuruldu. Böylece 1150 ve 1229 arasında Paris, Oxford, Cambridge, Salamanka, Montpellier, Padua, Napoli ve Toulouse'da üniversiteler ortaya çıktı.

Medeni hukukta da büyük dönüşümlerin tomurcuğu Avrupa toplumunun yüzünü değiştirecek bir yoldu. 1215'de yayınlanmış Magna Carta Libertatum ve sonrasında Habeas Corpus meselelere dair ilk korumayı sağladı, birilerini bugüne kadarki bütün güçlü kralların heveslerinden (ilk etapta sınırlı bile olsa) men etti. Ve bu değişimler sadece İngiltere'ye uygulanmasına karşın bütün bir Avrupa boyunca demokrasi ve Aydınlanma Çağı'nın temellerini attı.

11'inci yüzyılda kum saati ve yaklaşık 1300'lerde pusulanın icadı, denizler ve okyanuslarda yön bulmaya izin verdi. Bu durum Avrupalıların dünyayı keşfetmesine ve Hristiyanlığı Amerika ve Afrika gibi uzak kıtalara kadar götürmelerine ve böylelikle İbrahimî inancı diğer pek çok ulusa kadar yaymalarına imkân verdi.

Bilginin ve fikirlerin yayılımına dair ileri düzeyde bir destek de 15'inci yüzyılda Gutenberg'in matbaa makinasına yönelik devrimsel icadıydı. Okuryazarlık ancak 19'uncu yüzyılda yaygın bir duruma gelirken kâğıt fiyatı daha ekonomik bir hal aldığında kitap basımı, bilginin ve fikirlerin Avrupa içinde yayılmasına yardım etti. Sonuç olarak 14'üncü yüzyılda İtalya'da başlamış ve yeni bir dönem yaratmış olan Rönesans'ın kavramları daha kolay biçimde aktarılabilir durumdaydı. Ve avam tabaka halen feodallerin keyfiyeti altındaydı. Çoğu insanın aklı ve kalbi anlaşılır biçimde karışmaya ve değişmeye başlıyordu.

"Kabala Bilgeliğine Giriş'in Önsözü"nde Baal HaSulam her aşamanın nasıl bir sonraki seviyeyi hazırladığını tanımlar. Bu yolla Orta Çağ süresinceki gelişmeler ve değişimler bir sonrakinin —Rönesans— başlangıcını olduğu kadar çağın sonunu da işaret eder. Ve Kabala'nın ifade ettiği gibi dünyadaki olaylar alma arzusunun evrimi tarafından tetiklenir, bu olaylar, arzuların evriminde Kabala'daki bir sonraki içsel kompozisyon; Hayat Ağacı olarak belirtilen aşama —Aşama Üç— için dünyanın hazır durumda olduğunu gösterdi.

Bölüm 8: Rönesans ve Ötesi

Michael Laitman

Arzuların evrimindeki her aşamanın öncesinde bir haberci görünür. İlki İbrahim'di; o Kök'tü. Ardından Aşama Bir'i temsil eden Musa, Aşama İki'yi temsil eden Şimon Bar-Yohay (Raşbi) tarafından takip edildi. Ve şimdi Aşama Üç için zaman gelmişti.

Arzuların evriminde Aşama Üç'ün ortaya çıkışı Avrupa'da Rönesansın belirmesine karşılık gelir. Kabala'nın en sistematik ve tesis edilmiş okulu olan Lurianik Kabala'nın kurucusu Isaac Luri (Ari) Raşbi'den beri Kabala'nın en büyük habercisiydi. Günümüzde bu, yazıları yorumlayan ve onları 20 ve 21'inci yüzyılların bilimsel/akademik yapısı içine uyarlayan Baal HaSulam'ın 20'inci yüzyıla ait tefsirleri sayesinde hâkim öğretim metodudur.

Kısa yaşamına karşın Ari (1534-1572) baş öğrencisi Hayim Vital'in de yardımıyla sayısız metin üretti. Ari yazılarını kendi kendine yazmadı. Bunun yerine o konuşur Hayim Vital onun sözlerini yazıya geçirirdi. Ari'nin erken ölümünden sonra Vital ve yakınlarının pek çoğu Ari'nin sözlerini bütün bir metin halinde derlediler. Bu sebeple çoğu bilge Ari'nin sözlerini Hayim Vital'e isnat etti, hocasına değil. Oysaki Vital bir kâtip olmasına karşın bilgiyi sağlayan tartışmasız biçimde Ari'ydi.

Bölüm 2'de "ters yüz" edilmiş bir modus operandi olarak hareketin verme niyetiyle değil ama yine de başlamış olduğu Aşama Üç'ü tanımladık. Bu alma arzusunun ilk dört aşaması için doğruydu. Âdem ruhunun kırılmasından sonra —bizim parçaları olduğumuz— bütünleşik ruhtaki hâkim niyet ters yüz oldu ve ihsan etmekten almaya doğru geriledi. Ve biz Âdem'in ruhunun parçaları olduğumuzdan tüm insanlardaki gizli niyet almaktır. Açıktır ki, herkes almayı diler ve hiç kimse vermeyi istemez ise, bu durum sürdürülemez bir koşula sebep olur.

Bütün aşamalar görünür haldedir böylece ıslah edebiliriz. Yaratılış'ın her seviyesinde bu ıslah doğal biçimde olur çünkü bir şeyi mineralden bitki ve oradan hayvana kadar sürdürmenin tek yolu mineral, bitki veya hayvanın hayatta kalışına katkı koyan bütün unsurlara sahip olmaktır. Oysaki insanlarda Bölüm 6'da açıkladığımız gibi bu (tek) sürdürülebilir durum insanın farkındalığı yoluyla elde edilmelidir. Farkındalık olmaksızın arzularımızın bizi götürdüğü yere gideriz ve Aşama Üç'te onlar menfur, kaygı verici bir doğrultu oluşturmaya başlar.

Aslında Rönesans'tan 20'inci yüzyılın başına kadar iki sürecin insanların yaşamlarını temelden değiştirdiği görüldü. Bir tanesi tüfekler ve toplar gibi silahların gelişmesi ve yeni karaları keşfeden cesur kâşiflerin deniz keşif gezileri ve beraberinde yerli toplumların ve doğal kaynaklarının istismarıydı.

Diğeri de modern bilimin ortaya çıkışıdır ancak bundan da fazlası —"keşfi" ve birey olmayı övmesidir. Bu çağdaş yönelim sanatın bütün formlarındaki bir zenginleşmenin ve en önemlisi Hümanizm gibi insani hareketlerdeki patlama ve Aydınlanmanın bir bildirimiydi. Haklar Beyannamesi, Nantes Kararnamesi ve Komunist Manifesto bizim bugün "özgür dünya" dediğimiz şeyin temellerini oluşturan pek çok değişimden sadece bazılarıdır.

Bu derin dönüşümlerin yanısıra Kabala kendi "refomcu"suna ihtiyaç duydu. Var oluşun en derin seviyesindeki bahsedilen bu yönelimler arzuların yeni bir seviyesi ortaya çıktığından dolayı meydana geliyordu ve durum bu değişimlere anlam verebilecek bir kişiyi gerektiriyordu. Bu, Ari'nin rolüydü: Aşama Üç'ün ıslah yolunu taktim etmek. Bu durum neden Ari'nin metodunun diğer öncellerinin metotlarına nazaran en sistematik ve tesis edilmiş, bilimle örtüşen, zamanının rasyonel düşüncesine sahip yol olduğunun cevabıdır.

İnsan Ruhunun Büyük Uyanışı

Arzuların dört aşamasında Aşama Üç Yaratılış'ın (biraz bile olsa) ihsan etmek için almaya "karar verdiği" andaki algı halidir. Böylece arzunun Aşama Üç'ü insanlıkta görünür hale gelir, insanlar ve toplumlar neredeyse hayatın her gerçekliğinde değişimleri kabullenmeye başladılar. Yeni kavramlar ortaya çıktı ve eskiler yeniden görünür oldu ve Rönesans'ın kanatları altında zenginleşti. Din, bilim, teknoloji, sanat, ekonomi, politika (yerli ve yabancı), felsefe ve hayatın bütün diğer gerçekliği tetkik edildi ve iyileştirildi ya da kökten değiştirildi.

Magna Carta ve Habeas Corpus'un ardındaki insani kavramlar, bunlar sıklıkla sömürgecilik ve kölelik olarak politik menfaat ve finansal boyutta kesintiye uğrasa da tüm Avrupa ve Amerika'yla uyumlu hale geliyordu. 1689 "İngiliz Haklar Beyannamesi" ("Bill of Rights", 1689 veya diğer adıyla "Act Declaring the Rights and Liberties of the Subject and Settling the Succession of the Crown"); her insanın temel özgürlüklere sahip olduğu fikrini politik özgürlük ve konuşma özgürlüğü dâhil olmak üzere ileri düzeyde ortaya koydu. Diğer bir ifadeyle Haklar Bildirisi düşüncenin özgürlüğü söylemine yol verdi!

Kabalistik açıdan bu değişimler kendiliğinden oldu çünkü arzuların Aşama Üç olarak yeni ortaya çıkmış hali hazzın aktif bir kabulünü ifade etmekteydi. Böylece insanlar yaşamlarını daha iyi hale getirme ve birey olarak kendini ifade etme ve kendini tanımlama yönünde daha aktif hale geldiler. İnsanlar hayallerini gerçekleştirmek için yeni teknolojiler geliştirmeye, feodalizmin zincirlerinden kurtulmaya ve modern ekonominin kurallarını inşa etmeye başladılar.

Küresel siyasette güçlü ve sağlıklı ülkeler bugün "Keşifler Çağı" olarak bilinen dönemde yeni karaları şevkle

araştırmaya başladı. Christopher Columbus, Vasco da Gama, Ferdinand Magellan, ve Giovanni da Verrazano ülkeleri için yeni karalar keşfeden pek çok kâşiften bazılarıdır. Bu kâşifler sadece yeni karaları ve onların haritalarını keşfetmedi, bunun büyük bir kısmı yerli halkların köleleştirilmesi ve yeni kaynakların keşfi olsa da yeni ticaret güzergâhlarını belirlediler. Fakat keşifler çağının sonucu, yeni bir dünya görüşü ve bir diğerinin varlığını tanıyan uzak medeniyetlerdi.

Rönesans ile ortaya çıkan yeni dünya görüşlerinin bir parçası olarak Katolik Kilisesi Lutheryanlar, Kalvinistler, Anglikanlar ve Hristiyanlığı özgürleştirmek ve bunu bakış açıları ile örtüştürmek isteyen diğerleri tarafından baskı altına alındı. Liberalizm ve Hümanizm Rönesans'ın baharında çiçek açtı ve Yunan felsefesinin altın çağından bu yana ilk kez özgür insan fikrine doğru gayret sarf etti.

Yeni dünya görüşünü destekleyen, Nicolaus Copernicus ve Galileo Galilei'nin dünyanın güneşin etrafında döndüğünü söyleyen ve yapılmalarından önce tam aksine inanılan devrimsel keşifleriydi. Francis Bacon, bugün uygulanan "bilimsel yöntem" denilen şeyi tesis ettiğinde bilimsel devrimin eksiksiz olduğunu emin biçimde ilan edebilirdi. İnsanların kalpleri Leonardo da Vinci, William Shakespeare ve Claudio Monteverdi gibi büyük kültürel devlerle harekete geçirilmişken tabiat bilimini geliştirmek için Londra Kraliyet Topluluğu (The Royal Society of London) gibi kurumlarla veya kısaca Royal Society ile de bilim, insanların akıllarında ve hayallerinde olanı gerçekleştirdi.

Bugün, değişimlerin ilerleme hızında eksponansiyel bir artıştan bahsediliyor. Kip P. Nygren'nin 2002'de Questia Online Kütüphanesi'nden yayınlanmış "Ortaya Çıkan Teknolojiler ve Eksponansiyel Değişim: Ordunun Dönüşümü için Düşünceler"109 isimli makalesinde,

Kişisel Çıkar Özgeciliğe Karşı

Michael Laitman

Çevreyle Yaşamak: Prensipler, Bağlantılar ve Çözümler (G.Tyler Miller ve Scott Spoolman),110 gibi kitaplar veya "Eksponansiyel zamanlarda yaşıyoruz"111 gibi göz açıcı youtube videoları dünyanın ne kadar hızlı biçimde değiştiğini göstermeyi amaçlayan pek çok örnekten sadece üç tanesidir. Fakat eğer Aşama Üç'ün ortaya çıkışıyla beliren kökten değişimi arzuların evriminde hesaba katarsanız, bu durum eksponansiyel büyümenin geç dönem Orta Çağ ve erken dönem Rönesansı boyunca ortaya çıkan kavramlar ve icatlarda derin köklere sahip olduğunun delili halindedir.

Bölüm 3 ve 5'de Madde 38'de Aşlag'ın "Zohar Kitabı'na Giriş"te yazdığı "Hayvansal Seviyedeki Alma İsteği.... sadece yaratılan varlığın kendisi içinde damgalanmış olan ihtiyaç ve arzular üretebilir."112 Aşlag'ın bahsettiği hayvansal seviye, dört aşamadaki alma arzusunun yükseltilmiş bir seviyesini ifade eden, Aşama İki ile benzeşen Aşama Üçe karşılık gelir. Bu seviyede alma arzusu Aşama Bir ve İkideki otomatik biçimde kabul etmeye ve reddetmeye muhalif biçimde almaya karar verir. Bu durum hissiyatta öncellerine göre daha bağımsız olma halidir. Sonuç olarak maddi belirtisi —hayvanlar— daha aktif ve piramitteki önceki seviyeden —bitkiler— daha bağımsız haldedir. Bu yolla insanlardaki alma arzusu Aşama Üçe ulaştığı zaman bireyin bağımsızlığa özleminde ve fiiliyatta bir yükselmeyi teşvik etti.

Yeni çağın başlangıcı umut veriyordu. Zamanın ruhu, en azından toplumdaki daha talihliler arasında, Aydınlanma, Haklar Bildirgesi (önce İngiliz ve sonra Amerikan versiyonu), Humanizm, Reformasyon ve Nantes Kararnamesi gibi sosyal dönüşümlerle beraber akılların ve bedenlerin özgürlüğü yönündeydi. Felsefe ve bilimdeki zenginleşme ile herkesin ilerlemenin meyvelerinden keyif alabileceği düşüncesi görüldü.

Oysaki bu cesaret verici dönüşümlerin altındaki kırılmış şey, ben-merkezli olan hazzı alma arzusu olduğundan (daha önce hiç olmadığı kadar genişlemiş biçimde), Kabalistler bu harekete, bu patlayışa cevap verdiler. Kabalistler kendini ifade için yükseltilmiş haldeki arzular kadar, teknoloji ve bilimin sunduğu yeni imkânları da gördüler, yeni bir ıslah metodu gerekliydi.

Böylece dışarı çıkma ve Zohar'ın uzun zamandır gizli kalmış bilgeliğini dünyaya gösterme zamanın geldiğini ilan etmeye başladılar. Bu olmaksızın dünyanın yeni çağdan pozitif bir sonuç görmeyeceğini söylediler. Pek çok Kabalistin seslendirdiği, Vilna Gaon'nun (GRA) sözleriyle, "Kurtuluş [egoizmden] Kabala çalışmaya bağlıdır."[113]

Gizemin Perdesini Kaldırmak

Rönesans hamlesinde meydana gelen değişimlerle Kabalistler Kabala Bilgeliğinin perdesini kaldırmaya başladılar, ya da en azından bunu kaldırmak lehine konuşmaya. Zohar Kitabı'nın yazımından beri Kabalistler bunu çalışmak isteyenlerin önüne çeşitli engeller koydular. Bu Raşbi'nin Zoharı saklaması ile başladı ve birinin çalışmaya izin almadan önce karşılaması gereken koşulların bildirimi ile devam etti. Örneğin Mişna, Kabala öğretmekten kaçınmak için zaten fazla sayıda olmayan ve kendi akılları ile anlayan öğrencilere çelişkili talimatlar verir ama metin eğer kişi çalışmaya izinli değil ise kişinin bilgeliğe doğru nasıl gideceğini izah etmez.[114]

Babil Talmud'unda dört adamın PARDES'e (manevi çalışmanın bütün formları için bir akronim—Peshat (aslına uygun), Remez (ima edilen), Derush (yorumlar), ve var olan en yüksek seviye Sod, Kabala) gitmesi hakkında iyi bilenen bir alegori var. Dördünden biri öldü. Biri aklıselimde kayboldu, biri kâfir oldu ve tek biri; Kabalistler arasında bir dev olan Akiva huzurla girdi ve huzurla ayrıldı. Bu alegoriye dair daha derin ve daha kesin açıklamalar var. Fakat hikâye her şeye karşın insanları korkutmaya ve Kabala çalışmaktan caydırmaya uygundu.[115]

Kabalistlerin oluşturduğu bir başka ön koşul, birisi Kabala çalışmaya gelmeden önce Mişna ve Gimara (da mahir biriyle) "ile karnını doyurması"ydı. Bu koşulu doğrulamak için kişinin yaşamının üçte birini Tora çalışmaya, üçte birini Mişna çalışmaya ve kalan kısmını da Talmud çalışmaya harcamasını tembih eden Babil Talmut'una dikkat çektiler.[116]

Bu durum elbette Kabala çalışmaya zaman bırakmaz, böylece zaman Kabalistlerin çalışmasına izin verdiğinde Kabala çalışmak için gün içinde "yer ayırmak" zorundaydılar. Keza Zidichov'lu Tzvi Hirsh gibi Kabalistler kişinin her gün Mişna ve Gimara "ile karnını doyurması" ve ardından Kabala çalışması gerektiğini ilan ederek yasağı dolambaçlı hale getirdiler.

Kabalistlerin Kabala'nın kurtuluş (ruhun kurtuluşu, ihsan etme niyetini elde etme arzusu anlamında) anlamına geldiğini ve göz ardı edilmemesi gerektiğini ilan ettikleri pek çok örnek var. Dahası, bir kural olarak, Kabalist ne kadar yeni ise diğer konulardaki çalışmalara nazaran Kabala çalışmaya daha fazla ağırlık verir.

Zohar Kitabı, "Günlerin sonunda senin eserin [Zohar Kitabı] aşağıda göründüğünde, bunun sayesinde özgür toğrağı inşa edeceksin [egoizm arzusundan kurtulmak, bunu ıslah etme vb.]." der.[117] Kabalistler göre bu, Ari'nin günlerin sonunun başlangıcını işaret ettiği sistemli bir metodun ifadesi veya "son nesil" olarak da adlandırdıkları şeydir.

Hayat Ağacı'na girişte Hayim Vital şöyle yazmıştır: "Bu en son nesilde bile, O'nun (Yaradan'ın) ahidini bozmamızdan tiksinmeyiz ve nefret etmeyiz.[118] Diğer bir deyişle bu girişte birçok kez tekrar ettiği Vital'in görüşü bizim son nesil olduğumuz, Oysaki halen kendimizi egoizmden özgeciliğe ıslah etme dileğine sahip değiliz.

Dahası "Mesih günleri geldiğinde [ıslahın sonuna doğru] küçük çocuklar bile bilgeliğin gizemlerini öğrenmek isteyecek", der. Bu şeklide ifade edildiği zamanlarda Zohar'ın bilgeliğinin sözleri saklı biçimdeydi fakat son nesil bu bilgeliği ortaya çıkartacak ve bilinir kılacak."[119]

Vital aynı zamanda, Adam HaRişon'a —biz hepimizin dahil olduğu bütünleşik ruh— ait bütün meselelerin Kabala'yı bilmemekten kaynakladığını ifade eder. Diğer bir deyişle Adam HaRişon'un günahı [kasıtlı, kötü bir niyetli hareket olarak değil, Kabalistlerin bir "yanılgı" olarak kastettikleri günah] Kabala bilgeliği olan Hayat Ağacı'na uyum sağlamayı seçmemesiydi."[120]

Yukarıdaki metnin kalan kısmında Hayim Vital Kabalistlerin Zohar Kitabı'nın gizliliğinden dolayı elleriyle besleyip büyüttükleri yaygın yanlış anlamaları temizleyerek insanların Kabala'ya yaklaşmasını kolaylaştırmaya çalışır. Diğer bir deyişle "Bu durum Musa'ya, 'sen bizimle konuş… ve Tanrı'nın biz Tora'nın sırlarında ölmeyelim diye bizimle konuşmamasına izin ver [Kabala bilgeliğine dair genel bir söz]' şeklinde söylenen çok sebepli, kompleks bir günahın [Kabala çalışması yasaklanan Yahudiler arasında mevcut bir ima] kendisidir. Bu durum yanlış inançlının inanması ve bunun [Kabala] içinde olupta kısa bir hayat yaşayacak birine soylemesi gibidir. Bugün onların iftira etmesi ve gerçeğin bilgeliğine kötülük isnat etmeleridir [Kabala bilgeliğine dair bir başka genel bir söz].[121]

Bir başka yerde "Böylece Zohar'ın bilgeliğinin sözleri gizlendi. Fakat son nesilde [Vital'in son nesil olarak tanımladığı şey] bu bilgelik ortaya çıkacak ve bilinir hale gelecek ve çalışıp daha öncekilerin erişemediği, Tora'nın

[Kabala] bilgeliğinin sırlarını idrak edecekler. Bununla, eğer daha öncekiler bunu bilmiyor idiyse biz nasıl bileceğiz diyen bilgisizlerin itirazı geçersiz kalacak. İfade edildiği gibi son nesillerde bu kompozisyon ile [Zohar Kitabı] desteklenecek ve bilgelik onlara görünür hale gelecek."[122]

Hocası Ari'nin desteğinde Hayim Vital zamanının en yüksek Kabala otoritesinden öğrenme ayrıcalığına sahipti. Keza Vital kendi neslinde etrafında Kabala'nın propagandasını yapacak tek ses değildi. Kabalist Avraham Ben Mordehay Azulai (1570-1644), Kabala'nın ileriye dönük olarak yayılması gerektiğini açık biçimde ifade etti: "Bunun yazıldığını gördüm... gerçeğin bilgeliğini açık biçimde çalışmak yasaktı... 1490 sonuna kadar... yasaklama kaldırılarak Zohar Kitabı'yla ilgilenmek için izin verildi. Ve 1540'dan itibaren genç, yaşlı bunu çalışacak kitleler için bu büyük bir Mitzva'ydı [emir, iyi amel]... ve Mesih bu yüzden geleceğinden, ki başka hiçbir sebep için değil, ihmalkâr olmamalıyız."[123]

On altıncı yüzyılda bugünün Kuzey İsrail'inde Sfat kasabası Kabala'nın başkentiydi. Burası aynı zamanda Ari'nin yaşadığı ve öğrencilerine dersler verdiği kasabaydı. Sfat'da en büyük Kabalist, Ari'nin gelişine kadar "Ramak" ismiyle de bilenen Moşe Kordovero'ydı (1522-1570). Birkaç yılla Ari'nin önünden yürüdü, keza arzunun yeni bir aşamasına yaklaşıldığını algılıyordu. Babanın Tanrısını Bil, yazdığı kitabında, "Tora'nın tümü hep Yaradan'ın varlığından ve O'nun Sefirot'undaki erdeminden ve O'nun faaliyetlerinden bahseder. Biri Tora'nın sırlarını [Kabala] ne kadar çalışırsa o kadar iyidir, çünkü o kişi O'nun erdemini dile getirir ve Sefirot'ta mucizeler yaratır," demektedir.[124]

Zamanı geldiğinde Kabalistler insanların Kabala çalışması noktasında artan bir aciliyet algıladı, çünkü sorunların ve felaketlerin insanların hayatın temel çalışma düzenini bilmemelerinin bir sonucu oluşundan endişe

duydular. Çocukların öğrenmesi için bile yazılar yazdılar. Örneğin Komarnolu Yitzhak Yehuda Sarfin (1806-1874) Notzer Hesed (merhameti muhafaza etmek) isimli kitabı yazdı, "İnsanlarım bu nesilde beni duymuş olsaydı Zohar Kitabı'nı ve Tikkunim'u (ıslahlar, Zohar'ın bir parçası) çalışmış olur ve bunları dokuz yaşındaki çocuklarla bile tefekkür ederlerdi."[125]

Benzer biçimde Kabalist Kabalist Sabtay Ben Yaakov Yitzhak Lifshitz (c. 1845-1910), Segulot Israel (İsrail'in Erdemi) isimli kitabında, "Kutsal Zohar Kitabı'nı çocuklara büyük Kabalistlerin belirttiği gibi onlar küçükken, yaşları 9-10 iken öğretmeye başlayabilir... Ve kurtuluş [tüm bir ıslah] kesinlikle daha yakından takip edilirdi," demiştir.[126]

Kabalistler kendi çabaları ile bunu ileri götürmeyi başardılar. Hassidut (Hasidizm) hareketi 18'inci yüzyılda Polonya-Litvanya ortak ülkesinde (bugünün Ukraynası) Baal ŞemTov (Güzel ismin sahibi) olarak da bilinen, pek çok büyük Kabalist yetiştirmiş olan Kabalist Israel ben Eliezer (1698–1760) tarafından oluşturuldu. Baal Şem Tov öğrencilerini Kabala'da belli bir seviyeye geldikleri ve manevi dünyaya dair açık bir algıya eriştiklerinde onları bilgeliği yaymaları için diğer kasabalara gönderdi. Baal Şem Tov'un öğrencileri daha fazla öğrenciyi manevi algıya ulaşmaları için terbiye etti ve onları Kabala bilgeliğini daha fazla yayma yoluna yönlendirdi. Böylece Kabalistlerin başını çektiği geniş bir hareket şekillendi.

Keza zamanında İsrail halkına olduğu gibi İkinci Tapınağın kalıntılarından önce öğretmenlerin manevi seviyesi onlar manevi edinimlerini kaybedene kadar azaldı. Baal Şem Tov'un bugüne kadar kitlelere gizli bilgeliği tanıtmaktaki başarısını düşündüğümüzde Hasidizmin olumlu etkileri fazlaca önemsenmez.

> Kişisel Çıkar Özgeciliğe Karşı

Michael Laitman

Kabala'nın Genişlemiş Etki Alanı

Kabala bin yılı aşkın bir süredir gizli bir bilgelik olmasına rağmen Kabalistik metinler eğer bir kişi onları gerçekten çalışmak istese her zaman bulunabilirdi. Rönesans süresince çoğu bilge sadece Kabala kitaplarını fark etmekle kalmadı, bilinçli biçimde bunları çalıştı ve Kabala'yı büyük bir bilgelik olarak değerlendirdi.

Bir önceki bölümde, Pisagor'un bilgisini Kabalist vb. Yahudilerden aldığını ve felsefe teriminin Pisagor'un "Kabala" kelimesini Yunan terimi "felsefe"ye dönüştürdüğünde ortaya çıktığını iddia eden Johannes Reuchlin'den (1455-1522) bahsetmiştik. Fakat Reuchlin tek başına değildi. Çoğu, bilim adamlarını alkışladı ve Kabala'ya paralel biçimde konuştu, Kabala'yı çevreleyen engel ve yanlış anlamaları bertaraf etmeye çalışarak okuyucuları bunu keşfetmeye zorladı.

Kabala'ya derin bir ilgi gösteren en dikkate değer felsefecilerden biri; oyun yazarı, yazar ve bilim adamı Johann Wolfgang von Goethe (1749-1832) idi. Materialien zur Geschichte der Farbenlehre'de Goethe; "Bir araya gelen bütün bu koro —Yahudiler, Hristiyanlar, paganlar ve kutsal insanlar, Kilisenin Pederleri ve kâfirler, Konsüller [Synod] ve papalar, reformcular ve karşıtları; hepsi dahil olmak üzere... açıklamalar yaparken... [onlar] bunu Platon ve Aristo'nun yoluyla bilinçli veya bilinçsiz biçimde yapar... Talmud ve Tora'nın Kabalistik ele alınışı olarak," demiştir.[127]

Bağlantı ve İletişim Kurmak

Alma arzusunun evriminde Aşama Üç'ün erken dönemleri toprağın ve fikirlerin genişlemesine temel sağladı. Keşifler çağı, bilim devrimi, hümanizm, reform ve aydınlanma hareketi insanların zihinlerini açan ve dünya görüşlerini genişleten engin bir değişimin parçalarıydı.

Bu hareketler ve ideolojiler, çocukluklarını inşa etme ve hayatlarının anlamını yansıtmasının ötesinde insanlara keşfetme kabiliyeti kazandırdı. Klasik müzikte romantik dönem, Strum and Drang (fırtına ve gerilim), edebi hareket, empresyonist resim tarzı, sanatta kişisel deneyim ve duygu vurgusunun altını çizdi ve 20'inci yüzyılda güçlenen bir trendi temsil etti. Nihayetinde, Twenge ve Campbell'ın işaret ettiği (Giriş ve Bölüm 5'e bakınız) narsizm salgınını üreten bu trend arzuların evriminde Aşama Dört'ün bir habercisiydi.

Fakat eşit haklar, insan hakları ve ifade özgürlüğü gibi böylesi asil fikirlerin varlığı yeni bir çağ kurmak için yeterli değildi. Bunu yapmak için bu fikirlerle iletişim kuracak unsurlar olmalıydı. 18 ve özellikle 19'uncu yüzyıl tam olarak bunu tesis etti — kitle iletişim ve kitlesel ulaşım.

İlk kez 17'inci yüzyılda icat edilen buharlı motor takip eden iki yüzyıl içinde önemli ölçüde geliştirildi, endüstri ve ulaşım için itki gücün (motor) temel bir unsuru oldu. 18'inci yüzyılın sonunda buhar motorları teknelerde kullanılmaya başlandı. Bir sonraki yüzyılda bu motorlar tekne ve gemilerdeki itki gücün temel kaynağı olacak kadar geliştiler.

Karada ise buharlı lokomotif 19'uncu yüzyılın görüntüsünü değiştirdi. Buhar motorlu lokomotif geliştirmeye yönelik ilk teşebbüsler 18'inci yüzyılın ikinci yarısına, George ve Robert Stephenson'ın 1829 çok hazneli kazanı, ticari olarak imal edilmiş buharlı lokomotif olan Rocket'in icadına kadar gider. Aslında Roket lokomotif 20'inci yüzyılda ve hatta 21'inci yüzyılın başına kadar bile ticari kullanımında olacak kadar geliştirilmişti (Resim no. 8). Ve bu durum nadir olmasına rağmen buharlı motorlar halen kullanımdadır. Böylece ulaşımın etkili bir unsuruyla vuku bulan bu değişim hali insanların daha sık biçimde uzaklara göç etmesini kolaylaştırdı.

Resim no. 8: İngiltere de üretilmiş yeni buharlı lokomotif 60163 Tornado, 2008.

Özel taşımacılıkta aynı zamanlarda gelişiyordu. Otomobiller olarak adlandırılmış "atsız taşımacılığın" çeşitli formları 18'inci yüzyılın sonundan beri mevcuttu. Fakat 19'uncu yüzyılın son çeyreğine kadar adeta tuhaf bulundular ve sıklıkla bir baş belası gibi muamele gördüler. 1865'de Britanya'daki Lokomotif Hareketi atsız araçların hızını açık alanda 4 mph ve yerleşim yerlerinde 2 mph'ye kadar sınırladı. Dahası hareket her araç için üç sürücüye —iki tanesi araç içinde seyahat için ve biri kırmızı bayrak dalgalandırarak önde yürümek için— ihtiyaç duyuyordu.

Ancak 1876'da ilk başarılı iki zamanlı motor İskoç mühendis Sir Dugald Clerk tarafından icat edilmişken, bugün "Otto cycle" olarak bilinen başarılı bir dört zamanlı motoru da Nikolaus August Otto aynı yıl icat etti. On yıl sonra içten yanmalı motorları kullanan ilk araçlar Almanya'nın farklı bölgelerinde çalışan iki mühendis — Gottlieb Daimler ve Karl Benz— tarafından hemen hemen aynı zamanda geliştirildi. Büyük oranda başarılı, pratikte güçlendirilmiş, bugün bizim kullanmış olduğumuz gibi çalışan araçları formüle ettiler. Bu durum Motorlu Arabalar Çağı'nın başlangıcıydı. 20'inci yüzyılın başında son karasal sınırlar – gökyüzü – fethedildi. Smithsonian National Air and Space Museum'a (Smithsonian Ulusal Hava ve Uzay Müzesi) göre 17 Aralık 1903'te Kuzey Carolina Kitty Hamk'da Wrigth Flyer [Orville] isimli uçak ilk kez bir pilot kabinine sahip, sürdürülebilir ve kontrol edilebilir bir uçuşu başaracak ağırlıkta ve güçlendirilmiş bir araç oldu.128 Bu olaydan sonra artık insanlık için gökyüzünde bile sınırlar kalmamıştı.

Zamanında Hayat Ağacı'nın yazımı ve 20'inci yüzyılın başı arasındaki genel çerçevede, arzularımızın bize hükmetmesi, 20'inci yüzyılla bütün büyük kara parçalarının bilinmesi, bağlantılı hale gelmesi ve devamlı biçimde bir diğeri ile ticaret yapması; bilim, teknoloji, iletişim ve ulaşımda bizim gelişmemize imkân verdi. Böylece dünya tümüyle küresel bir köy haline geldi. Ve bu, 20'inci yüzyıl zamanında sıradan insanlara aşikâr olmasa da, zevkleri ve gamlarıyla bağlılığımızı ve bağımlılığımızı tüm ayrıntılarıyla gösterir.

Bu bölümün başında söylediğimiz gibi arzuların evrimindeki her yeni aşama için uygun bir işaretçi artık görünür hale gelir. Aşama Dört durumunda işaretçi sadece öncellerinden daha iyi biçimde konuları açıklayabilen bir Kabalist değil, ama neredeyse bütün bir yüzyıl yeni bir çağın habercisi olarak işlev gördü. 20'inci yüzyıl, yeni arzunun sadece gelişinin habercisi değil ortaya çıkmasına da vesile oldu. Bu sebeple 20'inci yüzyıl tek bir bölümü tümüyle işgal etmeyi hak eder.

Bölüm 9: Tek Dünya

20'inci yüzyıl arzuların evriminde yeni bir çağın başlangıcı gibi görünür. İnsanlığın gelişimindeki her bir tekil gerçeklik bu yüzyıl boyunca devrimleşmişti (ve sık sık tekrar ya da karşı evrimleşmiş). Aslında bu yüzyıl boyunca değişim denen bu gidişat öyle yükseldi ki hayat ekponansiyel bir grafik halinde değişmeye başladı.

Fakat ilerlemenin gidişatından daha baş döndürücü olan şey küreselleşmenin hızıydı. Keşifler çağı ile başlayan tek bir ekonomik sistem oluşturan süreç ve sömürgecilik 20'inci yüzyılda iflas etti. Yüzyılın sonunda tümüyle kendi kendine yeter neredeyse hiç bir ülke kalmamıştı.

Hayatın bütün noktalarındaki değişim ve hızlı ilerleme açık biçimde ortada olmasına rağmen kapsamı ve hızı benim görüşüme göre bunun eksik bir yansıma olduğunu gösteriyordu. Oysaki 20'inci yüzyıl boyunca bazı ana gelişimlerin gereksiz olduğunu düşünürseniz bir sonraki "Görünmez Bağlar"a doğru sıçramayı hoşlukla kabul edersiniz.

1900 yılında dünya nüfusu yaklaşık 1,6 milyardı. Yüzyılın sonunda ise 6 milyara erişmişti. 1900'de bir arabanın ortalama hızı 7 mil/saat idi. Yüzyıl sonra tipik bir aile arabasının hızı 130 mil/saate erişti. Dahası ulaşımın temel unsurları taşıyıcılardan, bisikletlerden ve yürümeden sürüşe doğru değişti. 20'inci yüzyılın bitişinde yürüyüşlerin çoğu evde koşu bantlarında, parklarda ve spor salonlarında yapıldı ve aynısını bisiklet sürmek için de söylemek mümkündür.

Denizaşırı seyahatler de, uçak hatları yolcu gemileri ile yer değiştirdi. Ve kıtalar arasında yolculuk süresi haftalardan saatlere düştü (her ne kadar ürünlerin taşınması, ulaşımın temel unsurları uçaklardan ziyade kargo gemileri ile olsa da). Gemi ve arabaları yardım etmek ve yönlendirmek, onları kötü hava koşulları hakkında uyarmak ve düşman bölge sınırlarından uzak tutmak için uzayda uydular konumlandırdık.

Teknolojiye olan ilgi ile hayat sadece daha hızlı değişmedi, daha konforlu seyahat eder hale de geldi ve günlük yaşantımızda çeşitli aygıtlar kullanır olduk. Telefon (ve sonrasında cep telefonu), ampul, radyolar, televizyonlar ve bilgisayar gibi aygıtlar 1900'lerin başında ya duyulmamıştı ya da henüz yeni yapılıyordu. Evde hayat hiç kolay değildi. Çamaşır makineleri, ütüler, buzdolapları, dondurucular, elektrikli süpürge, elektrikli fırın ve (1970'den itibaren) mikro dalga fırınlar, hepsi ev içi uygulamalar oldu.

1900'de popüler eğlence siyah-beyaz sessiz filmler ve ragtime (kesik tempolu caz) olduğu kadar vodvil'di (sihirbazlar, akrobatlar, komedyenler, eğitimli hayvanlar, şarkıcılar ve dansçıların olduğu, devamlı tur halinde olan gösteriler). 2000'li yıllarla "kaydedilmiş" filmler renkliydi ve Dolby surround stereo ses ve profesyonel sporlar temel eğlence yolu haline geldi. Müzik her biri kendi sayısız alt-stilleri ile: rock, folk, blues, klasik, jaz, pop, hip-hop, trans, her çeşit etnik müzik şeklinde liste sınırsızdı. Sınırsız tarzlar sundu. Fakat sadece müzik, dans, tiyatro, görsel sanatlar, fotoğraf ve sanatın bütün diğer formları eksponansiyel olarak bir çeşitlilik içinde genişlemedi, bilgisayar oyunları da 20'inci yüzyılın sonu ile çok popüler oldu ve internet insanların evlerindeki varlığını genişletmeye başlıyordu. İlave olarak insanların eğlence ve bilgi toplamak için evlerinden dışarı çıkmaya ihtiyaçları yoktu; çünkü radyolara, televizyonlara, kayıt/kaset/CD Player ve VCR ve DVD'lere sahiptiler.

Yazık ki 20'inci yüzyılın teknolojik ilerlemeleri (ve halen öyle) yıkıcı etkilerle kullanıldı: savaş, işgal, zulüm ve tiranlık tek bir yüzyıl içinde iki dünya savaşı ve çeşitli insanlık suçları ile eksponansiyel olarak daha etkili ve yıkıcı oldu.

İki dünya savaşı dünya haritasını önemli ölçüde değiştirdi ve sömürgecilik dönemini (Hindistan gibi bağımsızlığını 1947'de almış veya Fransız yönetimi altında iken 1950'ler ve 1960'larda bunu kazanmış diğer uluslar hariç) bitirdi. Bu durum güçlü çağdaş ülkelerle yeni özgür ülkeler arasında var olan ücretler, altyapı ve yaşam standardlarındaki farka rağmen pek çok yeni ülkenin bağımzlığı ilk kez tecrübe etmesine izin vermekle kalmadı bunu yaygın hale de getirdi.

20'inci yüzyılda bilim, dünyayı gözlemleyebildiğimiz bir yöne evrildi. Kuantum mekaniğinin tespiti ile takip edilen Einstein'ın Özel ve Genel İzafiyet Teorisi çeşitli icatlar için lazerden mikrosüreçlere ve onlardan türeyen her şeye kadar bilim adamlarının dünyayı algılayış şeklinde bir devrim meydan getirdi. Genetik dikkat çekici biçimde gelişti, DNA'nın yapısı tanımlandı ve yüzyılın başıyla ilk memeli, koyun Dolly klonlandı.

Astronomide Büyük Patlama (Bing Bang) teorisi ortaya atıldı ve evrenin yaşı yaklaşık 14 milyar yıl olarak belirtildi. 1990'da Hubble Uzay Teleskopu ile kendi gözlem yeteneğimiz de önemli ölçüde gelişti.

Listedeki en son konu tıp ve sağlık da değildir. 28 Aralık 2007'de Afet Kontrolü ve Önleme Merkezleri (CDC) için Dr. Elizabeth Arias tarafından kaleme alınmış Ulusal Hayati İstatistik Raporu'na göre 1900'de doğmuş beyaz ırktan Amerikalı erkek cinsiyetli bir bebeğin 46 (eğer Afrika kökenli ise, 32) yaşına kadar yaşayacağı umulurdu. 2000'de bu sayılar sırasıyla 74 ve 68 idi.[129] Bu durum ameliyat için kullanılan aletlerin sterilizasyonu ve tıbbi personelin koruyucu elbise kullanımım ile mümkün oldu ve antibiyotik ilaçların hızlı yayılımı ile gelişmiş aşılar kadar el yıkama kavramı gibi kişisel hijyeni de geliştirdi.

Teknolojik ilerlemeler kırıklardan kansere kadar geniş bir yelpazede X-ray gibi güçlü bir tanı koyma aracını mümkün kıldı. 1960'larda Bilgisayarlı Tomografi (CT) icat edildi ve sonraki on yılda Manyetik Rezonanslı Görüntüleme (MRI) geliştirildi.

Bütün bunlar ve daha fazlası, 20'inci yüzyıl icatları ve değişimleri tarihteki eşsiz bir nirengi noktasını ifade etti.

Görünmez Bağlar

En az üç hikâye ile dünya bizi tek bir sisteme bağlayan görünmez bağlara şahit oldu. İki dünya savaşında neredeyse tüm kıtalar aktif bir savaşa dahil oldu. Büyük Buhran küresel ölçekte hayatları ve milyarlık kazanımları yok ederek çoklu ekonomik tsunami dalgalarına sebep oldu. Encyclopedia Britannica'ya göre, Amerika Avrupa'nın savaş sonrasının [Dünya Savaşı-I] baş kreditörü ve finansörüydü. Amerikan ekonomik krizi dünyadaki ekonomik çöküşü hızlandırdı... Yalnızlaştırma [izolasyon] ulusların gümrük tarifeleri ve kotalar koyarak 1932'nin ikinci yarısından itibaren uluslararası ticaretin değerini düşürerek yerli ürün üretimini yaygınlaştırdı.[130]

Oysaki kanıtlara karşın insanlık bunun yakın, birbirine bağlı bir sistem olduğunu fark etmedi. Her zaman talihsizlikler kendini gösterdi, ülkeleri yükselen kotalarla, görünürdeki haksızlıklara ve umursamazlıklara veya talihsizliklerin hiç olmadığı ya da tek bir suçlu tarafından icra edilmediği gerçeğini göz ardı ederek, cezai önlemleri artırarak korumacılığa ve izolasyona yöneltti. Daha ziyade pek çok katılımcının dahil olduğu uzamış bir sürecin sonucu oldular.

Bu yüzden gerçekte nasıl bir bütün ve en derin seviyede de tümüyle bağlı olduğumuzu idrak ettiğimizde suç işleyen birini parmakla göstermek çok zor hale gelir. O noktada

meseleleri ve koşulları, her birimizin dünyadaki her bir kişiyi etkilediğini anlayarak geniş bir açıdan sorgulamaya başlarsınız. Fakat bunun için kişi tüm insanların ben-merkezli çalışma şeklinin (modus operandi), bağlantılılığın ve dayanışmasının gerçeğine dair parçaları maskeleyen tek bir ruhu (alma arzusunu) şekillendirdiğinden haberdar olmalıdır.

İnsanlığın arzuların etkisi altında geliştiği sürede Sıfırdan İkiye doğru bir bağlantılılığa dair ilgisizliğimiz kabul edilebilir bir durumdu. Aşama Sıfır'da alma arzusu görülebilir değildi; insan Yaratılış'ın bir parçasıydı. Aşama Bir'de İbrahim süresince egoizm ilk defa olarak görünür oldu. Oysaki o noktada insanlık çocukluk dönemindeydi ve bizim kendimize veya çevreye geri döndürülemez bir zarar verme tehlikemiz yoktu. Aşama İki'de daha belirgin bir egoizm vardı fakat bu da Bölüm 7'de belirttiğimiz gibi öncelikle Din'le yönetildi.

Aşama Üç'te alma arzusu aktif olabilir. Sonuç olarak Orta Çağ'ın geç dönemlerinde Aşama Üç'ün başlangıcından beri insanlık hızlanan bir gelişime ve şimdi kontrol edilemez bir dereceye kadar ilerlemiş bir çılgınlığa savruldu. Aşağıda gördüğümüz gibi bu ilerlemenin oranı Kabala tarafından yapıldığı gibi bilim tarafından da uzunca bir biçimde ifade edilmiştir.

Bir önceki bölümde araştırmacıların insanlığın ekponansiyel bir biçimde ilerleyişini incelediğinden bahsettik. Fakat belki bu trendi bilimsel teşhise en fazla zorlayan kanıt Charles Darwin'inkidir. Gözlemleri ve öncüllerine rağmen biz ekponansiyel gelişimin son dönemlere ait bir fenomen olmadığını görüyoruz. Aslında eksponansiyel gelişim Yaratılış'ının tümünün nasıl işlediği konusudur.

Kişisel Çıkar Özgeciliğe Karşı — Michael Laitman

Türlerin Kökeni'nde Darwin eksponansiyel gelişimi, bu yapıyı gözlemleyen İsveçli botanikçi Carolus İnnaeus (1707-1778): "Eğer yok edilmez ise, her organik oluşumun yüksek oranlarda artması kuralında istisna yoktur, dünya kısa sürede sadece tek bir çiftin soyu ile dolardı. Yavaş yavrulayan insan yirmi-beş yılda iki kat artsa bile ve bu oranda bir kaç bin yılda soyu için bir bekleme odası olmazdı. Linnaeus eğer bir bitki yılda sadece iki tohum verdiyse —ve bunun gibi verimsiz başka bir bitki yoksa— ve onun fideleri de bir sonraki yıl iki tane verirse ve böylece devam ederse, o zaman yirmi yıl içerisinde bir milyon bitki yetişir."[131] (Türlerin Kökeni, Var Oluşun Kavgası, s. 117-119).

Arzular küçüldüğü zaman bitkiler, hayvanlar ve hatta insanlardaki evrimin erken aşamalarında bile Yaratılış nazik bir denge oluşturan bitki ve hayvanları yarıştırır gibi, eşit biçimde güçlü unsurları sunarak eksponansiyel gelişim oranını dengeye getirmenin yollarını bulur. Bu durum Darwin'in tırnak içinde belirttiği şeydir, "Eğer yok edilmez ise, her organik oluşumun yüksek oranlarda artması kuralında istisna yoktur, dünya kısa sürede....."[132]

Yaratılış'ın kendi mekanizması bitkilerin ve hayvanların aşırı çoğalışının sınırlandırılmasını garanti eder. Fakat arzular eksponansiyel olarak baskın türlerde geliştiği ve özellikle Aşama Üç'te belirmeye başlamış olduğu gibi ben-merkezli eğilimi ortaya koyduğu zaman çevresel denge dallanır ve ciddi bir sorun ortaya çıkar.

Eksponansiyel (Üstel) Etki

20'inci yüzyıl boyunca açığa çıkmış olan değişimi daha iyi anlamak için -ki örtüsü halen açılmaktadır- eksponansiyl gelişimin doğasını anlaması gereklidir. Eksponansiyel gelişimdeki nihai faktör başlangıçtaki miktar değil, fakat "katlama zamanı hızı" olarak bilinen unsurdur. Burada

kast edilen, ölçülen objenin ikiye katlanması için geçen zamandır.

Eksponansiyel ilerleme ve doğrusal ilerleme arasındaki farkı anlamak için aşağıdaki senaryoya bakalım: A Hanım hesabında sadece bir doları olan fakir bir kadın. Diğer yanda B Bey hesabında 10,000 dolara sahip biridir. Hem A Hanım ve B Bey zor günler için biriktirebildiği kadar biriktiriyor ve onların emekli olmaya 30 yılı var.

Eksponansiyel olarak tasarruf yapan A Hanım ve onun çift zamanı bir yıldır. Böylece bir yıl sonra hesabında 2 dolara sahiptir ($\$x21(yıl)=\$2$); iki yıl sonra dört dolar oldu ($\$1x22(yıl) =\$4$), ve 3 yıl sonra hesabında 8 doları var ($\$4x23(yıl) = \$8$).

B Bey'in hesabı hesabındaki 10,000 dolara eklenerek her yıl doğrusal biçimde arttı.

Beş yıl sonra hesabındaki 30 dolarla A Hanım yoksul bir hayata mahkûm olmasına rağmen B Bey bankada 50,000 dolara sahip olarak göreceli olarak zengin bir hayata yönlenmiş görünmektedir. Oysaki eğer tasarruflarını tüm otuz yıl boyunca devam ettirseler emekliliklerine kadar sürecin sonunda B Bey'in $\$10,000 \times 30$ yıl = $\$300,000$ kadar bir para hesabında birikmiş olacaktır.

Diğer yanda A Hanım daha uzun süre fakir kalmayacaktır. Eksponansiyel tasarrufla geçen 30 yılın ardından hesabı 1.073.741.824$ ($\$1 \times 230$)'a ulaştı — bir milyar doları aşkın!

Yukarıda bahsettiğimiz gibi Kabalistler uzun zamandır insan doğasındaki eksponansiyel yapıdan haberdardı. 1500 yıl öncesine ait bir metin olan Midraş Rabbah'da sıkça belirtildiği gibi: "Eğer bir kişi 100'e sahip ise 200 olmasını diler ve 200'e sahip ise 400 olmasını diler."[133]

Oysaki sıradan bir eksponansiyel formüldeki eksponansiyel çift zaman ve Kabalistik çift zaman arasındaki fark çok ince değildir. Ülkenin Gayri Safi Milli Hasılası (GSMH) yıllık gelişimi örneğin yüzde yedi iken GSMH için çift zaman on yıldır. Böylece büyüme hızlıyken, bu durum tahmin edilebilir ve dolayısıyla bir biçimde yönetilebilir olduğundan iktisatçılar ileri düzey planlar yapabilir.

Ne var ki arzuların gelişimi tahmin edilemez. Arzularda tırnak içinde ifade edildiği gibi arzuları iki kat artıran şey zamanın telafi edilmiş uzunluğu değil, kişinin arzusunun tatmin edilmiş olması gerçeğidir. Tırnak içinde belirtilen, "Eğer bir kişi 100'e sahip ise 200'e sahip olmak ister vb." denmesi, iki kat güçlü bir arzuyu elde etme koşuluyla, artık bir önceki seviyenin idrak edilmiş olduğu kast edilir. Diğer bir deyişle, istediğiniz şeye asla sahip olamazsınız çünkü sahip olduğunuz an iki katını daha istersiniz.

Böylece eğer A Hanım'ın hesabında bir dolara sahip olma arzusu tatmin edilseydi, bir an evvel iki dolara sahip olmayı isterdi. Ve ikiye sahip olur olmaz hemen dört dolara sahip olmayı isterdi. Keza Kabalistik eksponansiyel formül A Hanım'ın arzuları daima icraatlarının bir adım ötesine doğru, ikiye katlandığını işaret eder. Sonuç olarak, icraatları ikiye katlanırken istediği şeyi elde ettiğinde ikiye katlanan ebedi bir eksiklik duygusu ile arzuları da ikiye katlanır.

Eğer B Bey'in dileği 10,000 dolar tasarruf etmek olsaydı o durumda geçmiş otuz yıl için memnun bir adam olmuş olurdu ve huzur içinde emekli olabilirdi. Oysaki önceki dileği bir dolardan biraz daha fazlası olan A Hanım'ın şimdi bir milyar doların üstünde bir açığı var. Çünkü hesabında sahip olduğu şey bu.

Dahası sağlığının eksponansiyel artışı ile (ve beraberinde eksikliği ile) hayatın kalanı için sadece acıya yol açan, sağlık ve mutluluğun umutsuz bir kovalamacısı olan türde bir hayata yönlendi. Babil Talmud'u arzunun bu hali için "Kimse dostundan yüce değildir [bu durumda ekonomik olarak], arzusu kendinden yücedir,"[134] ve (daha önce bahsedilmişti Midraş Rabbah'da), "Kişi dünyayı elinde yarım (yarısıyla) arzuyla terk etmez", der. [135]

Dünya Çapında Web

İfade edildiği gibi insani arzular onlardan tatmin olduğumuzda ikiye katlanır. Bu durum bizi istediğimiz şeyi elde etmek için devamlı biçimde icatlar yapmaya, yeni aletler tasarlamaya, yeni denizler keşfetmeye ve yeni fikirleri idrak etmeye zorlar. Arzuların evriminde Aşama Üç boyunca arzular ilk kez aktif olduklarında eksponansiyel yapının etkileri sürecin hızlandırılmış ayağında açık biçimde görünür hale geliyordu.

Böylece haz için yeni büyük yolun araştırılmasında hava, deniz ve iletişimdeki yüksek teknoloji vasıtasıyla ticari rotalar ağına giriş yaptık. Dünya ticaret ağı sadece bilgisayarımızda yaşayan sanal bir kavram değildir; yaşamlarımızın gerçeğini ifade eden bir tanımdır. Bu durum çok yıllar önce Kabalistler gibi sosyologlar tarafından da fark edilmiştir.

Bugün küreselleşme ve ekonomik bağımsızlık iyi anlaşılmış gerçeklerdir. Keza küreselleşme ekonomik bağımsızlıktan daha uzaktır; bu durum bir bütün olarak kültürün, toplumun, medeniyetin karışımı olan derin bir bilgiyi ve neticesinde ortak bir kaderi gerektirir. Uluslararası ilişikiler profesörü ve küreselleşme konusunda üretken bir yazar olan Anthony McGrew bu sürecin insan toplumundaki etkisi hakkında çok açık ifadeler kullandı. "Küresel Bir Toplum?" isimli makalesinde, "Önceki tarihi devirlerle kıyaslandığında modern çağ insan faaliyetleri için ilerleyen bir küreselleşmeyi destekledi. Batı çağdaşlığının temel kurumları —endüstri, kapitalizm ve ulus devlet — yirminci yüzyıl boyunca gerçek bir küresel menzil elde etti. Fakat bu durum muazzam bir insani bedel ödenmeksizin başarılmış değildir... küreselleşmenin erken safhaları dünyanın fiziksel birliğini gündeme getirirken son aşamalar önceki tarihi topluluklar veya medeniyetlerin önceden birbirini ittiği tek bir küresel sistem içine doğru dünyayı yeniden şekillendirdi. Bu... insani etkileşimlerin, bağımlılığın ve farkındalığın yapısını teşkil eden, dünyayı tek bir sosyal alan olarak yeniden tesis etmekte olan daha kompleks bir durumu ifade eder."[136]

Kabalist Yehuda Aşlag da bu trendi ve tehlikelerini tanımladı ve bunu arzuların evrimi perspektifinden açıkladı. "Dünya'da Barış" isimli makalesinde Aşlag hem kendi zamanındaki dünyanın durumuna dair gözlemlerini hem de insanlığın eğer bu durumla başa çıkacaksa uyarlaması gerektiği yaklaşımı aktardı. Makalesinde şöyle yazar: "Biz zaten bütün dünyanın bir bütün ve bir toplum olarak düşünebileceği bir seviyeye ulaştık. Bu dünyadaki her bir kişi hayatının anlamını ve geçimini dünyadaki bütün insanlarla şekillendirmektedir, kişi tüm dünyanın iyi olması için hizmet etmeye zorlanır ve özen göstermeye yönlendirilir."[137]

Daha sonrasında Aşlag bizim nasıl bağlı ve bağımlı olduğumuzu ifade eder ve "Bu nedenle iyi, mutlu ve barışcıl olma ihtimalinin dünyadaki bütün ülkeler karşılıklı olarak böyle olmadığı durumda düşünülemez olduğunu söyler. Zamanımızda [makaleyi 1934'de yazdı] ülkeler hayattaki ihtiyaçlarının tatmini noktasında bireylerin genç iken ailelerine bağlı olması gibi birbirine bağlıdır. Dolayısıyla sadece tek bir ülke veya ulusun iyi olmasını garanti eden türde bağlantılarla çok fazla ilgili olmayız ve konuşamayız, bu ancak tüm dünyanın iyi olması ile mümkündür, çünkü dünyadaki her bir kişinin fayda veya zararı dünyadaki bütün insanların yararı ile ölçülür ve buna bağlıdır."[138]

O bölümün son paragrafından Aşlag durumun sığ entelektüel ve skolastik bir kavrayışının insanların bağımlılığı içselleştirmesi için yeterli olmayacağını öngörür. Hayat deneyimi onları bunu böyle yapmaya zorlayacaktır: *"Ve bu [bağımlılık] aslında bilinmesi ve hissedilmesine rağmen, dünyadaki insanlar bunu henüz doğru biçimde kavramamıştı... çünkü böylesi bir durum hareketin [yaşamlarımızdaki bağımlılığın etkisi] anlayıştan önce geldiği, sadece fiiliyatın ispat edeceği ve insanlığı ileri iteceği, Doğa'daki gelişimin tavrını ifade eder."*[139]

Ne yazık ki Aşlag'ın tahmini 20'inci yüzyılda birden çok defa olmak üzere en ürkütücü yollarla doğru çıktı. Diğer pek çok makalesinde olduğu gibi "Dünya'da Barış"ta Aşlag, fiiliyatın anlayışın önünden yürümesine izin vermeye devam etmemiz durumunda ne olacağını öngörür. Sürdürülebilir ve gerçekten arzu edilebilir bir var oluşu inşa etmek için birbirimize nasıl bağlanmamız gerektiği konusunda tavsiyeler verir. Şimdi bağımlılığımızı anlamamız hususu, bu öneriler, kitabın geri kalanı boyunca tartışmanın esas konusu olacaktır.

BÖLÜM 10

Bölüm 10: Özgür Seçim Dönemi

Bölüm 6'da Doğa'daki tüm diğer unsurların aksine insan varlığının çevreyi değiştirme gücüne sahip olduğunu söyledik. Bu durum bize diğer Yaratılış'ın sahip olmadığı bir şeyi: özgür seçim'i verir. İnsan varlığı Yaradan gibi olmayı seçer —vermek— ve çevrenin yararına, ben-merkezli halini pasifleştirmeye uyum sağlayarak bununla gelen güç ve idrakı elde eder. Ya da Yaratılışı anlamakta sınırlı ve tarih boyunca hatalı yönlere sapmış olmanın bedelini ödeyerek doğduğu gibi —ben-merkezli— kalabilir. Fakat Bölüm 1'de bahsettiğimiz Yaradan gibi olmayı seçmek Yaradan ile eş anlamlıdır. İnsanlar "Yaradan" teriminin geldiği anlamı ve nasıl böyle olunacağını bilmelidir.

Bölüm 3'te tüm realitenin "Âdem'in kırılmış ruhu" veya "kırık ruh" adı verilen, "ruh" teriminin ihsan etme niyeti içindeki alma arzusuna karşılık geldiği tek bir bütünün kırılmasından ibaret olduğunu belirtmiştik. Kabalistler bir şey kırıldı dediklerinde fiziksel bir parçalanmadan bahsetmez, ruhun parçaları arasındaki bağlantının kopmasını, realitemizi tesis eden kolektif arzuyu ima ederler. Bu parçalanma, ruhtaki parçalar sistemin faydasından ziyade kendi faydasını işletmek için çalışmaya başladığında oluşur. Organizmadaki hücrelerin organizmanın ölmesine ve çözülmesine neden olarak kendileri için çalışmaya başlaması gibidir.

Keza organizmaların aksine ruh tek bir arzu olduğundan dolayı parçalanamaz. Bağlar varken bağların faydasının rahatlığını yaşarız. Bir organizmada sağlıklı hücreler her birinin varlığını destekleyerek bir diğerinden istifade eder. Fakat kanser hücreleri kan ve beslenme için diğerleri ile mücadele eder, böylece devamlı biçimde diğerine zarar verir. İnsanlık boyutunda bizi doğru biçimde bağ kurmaya çalışmaktan engeller, birbirbirimize bağımlı olduğumuzdan haberdar bile değilizdir.

Kişisel Çıkar Özgeciliğe Karşı

Michael Laitman

Fakat farkındalığımız ne düzeyde olursa olsun birbirimize gayet bağımlıyızdır. 10 Eylül 2009'da New York Times'da Clive Thompson tarafından, "Arkadaşların seni şişmanlatıyor mu?" isimli bir hikâye yayımladı.[140] Hikâyesinde Thompson, Framingham Massachusetts'de gerçekleşmiş etkileyici bir deneyi tarifler. Deneyde 15,000 insanın yaşamlarının belli detayları belgelendi ve 50 yıldan fazla bir süre periyodik olarak kaydedildi. Bu durum, araştırmacılar; Harvard'da tıb doktoru ve sosyolog Dr. Nicholas Christakis ve Harvard'da siyasal bilimlerde master öğrencisi James Fowler'ın bağımlılığın bir taslağını yapmasına ve insanların bir başkası üstündeki uzun süreli etkisini sorgulamasına imkân verdi.

Christakis ve Fowler 5,000'den fazla katılımcı arasında bir ilişikiler ağı olmasını sağladı. Christakis ve Fowler ağda, insanların bir diğerini etkilediğini ve etkilendiklerini fark etti. Bu etkiler sadece sosyal meselelerde değil fakat süpriz biçimde maddi konularda da kendi göstermiş gibi görünmektedir.

"Framingham verisini analiz ederek" Thompson şöyle yazdı, "Christakis ve Fowler ilk kez olarak epidomiyolojideki potansiyel olarak güçlü bir teori için belirgin bir kaynağa ulaştıklarını söylediler: iyi davranışlar —sigara içmeyi bırakmak veya bedenen ince kalmak ya da mutlu olmak— adeta bulaşıcı virüsler gibi arkadaştan arkadaşa geçer. Ortaya sunulan veri olan Framingham katılımcıları, sosyalleşerek bir başkasının sağlığını etkilediler. Ve aynısı kötü davranışlar —bir diğerini obeziteye, mutsuzluğa, sigara içmeye sevk eder durumda olanlar vb.— için de geçerliydi. Sağlıklı kalmanın sadece genlerinizin ve diyetinizin bir konusu olmadığı görülür. İyi sağlık aynı zamanda diğer insanlara karşı iyi niyetli bir yakınlığın da ürünüdür."[141]

Daha süpriz olan araştırmacıların bu enfeksiyonların bağlantılar arasına "sıçrama" yaptığına dair keşfiydi.

Christakis ve Fowler bu etkileşimin üçüncü dereceden kişilere (arkadaşının arkadaşının arkadaşı) bile yansıdığına dair kanıtlar buldu. Thompson'un deyişiyle, "Bir Framingham yerleşimcisi obez olduğu zaman arkadaşlarının obez olma ihtimali de %57 idi. Daha ilginç olanı... bağlantılar arasında sıçramalar görüldü. Eğer arkaşının arkadaşı obez ise Framingham yerleşimcisinin obez olma ihtimali %20 idi. Aslında kişinin obezite riski arkadaşının arkadaşının arkadaşı kilo alsa bile %10 kadar yükselmişti."[142]

Christakis ve Fowler'ın, Sosyal Ağların Süpriz Gücü, Onlar Hayatlarımıza Nasıl Şekil Verecek isimli [o durumda basılacak ve tebrik edilecek] kitaplarında belirttiği gibi, "Kişisel olarak onu tanımazsınız fakat arkadaşınızın kocasının iş arkadaşı sizi şişmanlatabilir. Ve kız kardeşinizin arkadaşının erkek arkadaşı size zayıflatabilir."[143]

Christakis'i tırnak içine alarak Thompson şöyle yazdı, "Bir anlamda, mutluluk gibi insani duyguları, sürü halinde koşan bufaloları incelemek için kullanabileceğimiz bir yolla anlamaya başlayabiliriz. Bir bufaloya 'neden sola doğru koşuyorsun?' diye sormazsınız. Cevap bütün sürünün sola doğru koştuğudur."[144]

Benzer biçimde "Özgürlük" makalesinde "Baal HaSulam şöyle yazar, "Daha iyi bir çevreyi seçmeye devamlı olarak çaba sarf eden ödül ve övgüye layıktır. Fakat bu, seçimi olmaksızın ona gelen iyi düşünceleri ve fiillerinden dolayı değil bu iyi düşünce de fiillerini ona getiren iyi bir çevreyi elde etme çabasından dolayıdır."[145]

Böylece bağlar kendilerini var ettiği zaman yukarıdaki çaba kendini gösterirken ben-merkezlilik bizim onlardan haberdar olmamızı engeller. "Christakis ve Fowler'ın en garip bulgusunu Thompson şöyle yazar, "Bir davranışın bağlantılar arasında atlaması —bir arkadaştan diğerine onlarla iletişime geçen kişiyi etkilemeksizin yayılarak—.

Eğer zincirin ortasındaki insanlar bir biçimde sosyal bir bulaşıcılık haline geçiyorsa onların bundan etkilenmeyeceği fikri mantıklı gelmez. İki araştırmacı bağlantı-sıçrama ikilisinin nasıl işlediğine emin olmadıklarını söylüyor."[146] Aslında gerçekten çok fazla böyle olsaydık sanki bağlı değilmişsiz gibi hareket ederdik. Bugün bağımlılığımız karşılıklı dayanışma oldu; dolayısıyla realite ve bunun sürekli inkârı arasındaki uçurum gerçek bir tehdit gibi görünüyor. Bu durum bizim tecrübe etmekte olduğumuz dünya çapındaki krizlerin gerçek sebebidir.

Özgür Seçim Zorunluluğu

Arzunun en düşük seviyelerinde —Aşama Bir'den Üçe doğru— Yaratılış bir önceki bölümde bahsedilen bağları kendi kendine onarır. Evrim sürecinde Yaratılış'ta kendi yararını pasifleştirme kuralını takip eden unsurlar hayatta kalır ve evrimdeki bir üst derecenin temelini teşkil ederler. Kendi yararını pasifleştirmeyenler yok olur.

Böylece kademeli biçimde Yaratılış evreni, galaksileri, güneş sistemimizi ve Dünya gezegenini inşa eder. Bölüm 4'de ifade ettiğimiz gibi yeryüzünde hayat seviye seviye şekillenir.

Biyolog Sahtouris'un güzel biçimde açıkladığı gibi her yeni yaratılan mevcudiyete ve diğer yaratılanların ihtiyaçlarına karşı kayıtsız, bencil bir bağlantı halindedir. Fakat yaratılanlar arasındaki savaş nihayetinde homeostasis'in var oluşuna yol vererek —hayatın devamlılığı için gerekli duraylılığa— onları ortak bir noktada "buluşmaya" zorlar.

Bu şekilde yeryüzündeki hayat aşama aşama arzuların evriminde Aşama Dört'te Homo Sapiens ortaya çıkana kadar gelişti. Başlangıçta insanlar diğer varlıklar gibiydi. Tüm Yaratılış'ta arzular gelişirken arzularımız da aşama

aşama Sıfırdan Dörde doğru gelişti. Sıfırdan İkiye kadar olan aşamalarda açgüzlülük, kontrol ve kavrayışın arzuları, varlığımızı tehdit eden bir noktaya kadar bizi Yaratılış'tan ayırmaya yeterli güçte değildi. Yaratılış'ın diğer unsurları gibi uzlaşmaya ve hayatın zorunluluklarından biri olarak unsurların gücünü kabul etmeye zorlandık. Oysaki tarih bizim diğer insanlara karşı yeterince esnek ve anlayışlı olmadığımızı gösteriyor.

Fakat Bölüm 8'de tariflendiği gibi yaklaşık 15'inci yüzyıldan itibaren Aşama Üç söz konusu oldu. O zamandan beri kendini ifade etmenin şiddetli arzusu ve kişisel mükemmeliyet gelişmekte, eksponansiyel olarak gelişmektedir.

Takdir edilme ve kişisel farklılığın anlaşılması gibi arzuların özgün bir vasıfı vardır. Bu arzular ben-merkezli bir doğayı yansıtmasına rağmen diğerlerine göre daha seçkin olan, bunlara sahip bireyi işaret etmeyi amaçladığından bu kişileri diğerleri ile bağlantı kurmaya zorlar. Bunun nedeni diğerlerine göre daha seçkin olmalarıdır. Birisi kişinin vasıflarını, başarılarını, çabalarını ve diğerlerine göre sahip olduklarını ölçmelidir. Eğer kendimi diğerleri ile karşılaştırmazsam kimden daha üstün olabilirim?

Böylece üstünlük karşılaştırma dikte eder ve bu yüzden Aşama Dört'ün egomerkezli insanına diğerleri ile bağlantıyı devam ettirmesi için kuvvet uygular. Ve ne kadar benmerkezli olursak diğerlerine göre o kadar üstün hissetmeyi arzularız ve keza diğerleri ile bağlarımızı sıkılaştırmaya zorlanırız.

Aslında "egomerkezli" kelimesi düşüncelerimize dair bir başka merkez de olabileceğini ima eder. Ve egoizme tutturulmuş olumsuz bir utanç hissi bizim içgüdüsel olarak kendimiz için en iyi yolu —özgeciliği, "diğeri-merkezli" olmayı— bildiğimizi de işaret eder.

Kişisel Çıkar Özgeciliğe Karşı

Michael Laitman

Soru, kendi faydamıza gibi görünen yönde neden Yaratılış'ın geri kalanı gibi hareket etmediğimizdir. Cevap her bir kişinin özgecil olması halinin en iyi yol gibi görünmesidir. Egomuzdan dolayı bir başkasının ilk gitmesini (olmasını) isteriz. Özgecilik fikri ile tümüyle hemfikirizdir. Fakat bunu icra etmeye gelindiğinde felçli gibiyizdir. Bir başkasının bunu yaptığını ve vermekle kaybetmeyeceğimizi kesin olarak görene kadar veremeyiz.

Sonuç olarak özgecilik iyi bir fikir gibi görünmez, tersine aptalca ve tehlikeli bile —ilk ben gidecek isem— görünür. Sonuçta bizim için doğru yön olarak görünen Yaratılış'ın yönü uygulamada aslında yanlış yönmüş gibi ortaya çıkar. Bu durum seçmemiz gerekenin neden mantıksız göründüğünün sebebidir.

Fakat aynı zamanda bu kitap boyunca belirttiğimiz gibi sadece özgeciler hayatta kalır. Biz hali hazırda birbirimize bağlıyız ve dolayısıyla diğerlerine karşı art niyetli davranışlarla birbirimize zarar verir, bir başkasını etkileriz. Görebileceğimiz gibi egoizmimiz hali hazırda bizim tepemizde bir saat gibi gonglamaktadır. Özgeciliği seçmek hem zorunluluk ve hem göz ardı edilemez olandır.

Bunu özgür bir seçim haline getiren bu çekimsizliktir. Eğer cazip olsaydı biz bunu otomatik olarak egomerkezli eğilimlerimiz ile alırdık ve özgecilik için daha fazla beklemez, bizi nihai bir yıkıma götürecek olan egoizmin maskesini düşürmüş olurduk.

Fakat özgür seçimin biz insanlar için neden olması gerektiğine dair bir başka sebep daha var. Kitabın başında Yaratılış'ın amacının Kabala'ya göre adeta bir çocuğun büyüyüp ebeveynleri gibi olmasına benzer biçimde Yaradan gibi olmak olduğunu söyledik. Ve bir çocuğun maddi hayatını ilgilendiren meselelerde özgürce seçimler yapmayı öğrenmesi gerektiği gibi, "biz" anlamına gelen Yaratılış da manevi hayatına ilişkin seçimler yapmayı öğrenmelidir. Kabalistler manevi hayatı işaret ettiklerinde, egomerkezli veya toplum-merkezli veya Yaradan-merkezli hareketleri yapıp yapmamayı seçmeyi işaret ederler. Toplum-merkezli olmayı seçmekle kişi, buna; yeteneklerine paralel biçimde varoluşun Yaradan-gibi olma amacına ulaşabilir.

Bölüm 2'de Meltzoff ve Prinz'ın çocuk yetiştirmede rol modellerin ve taklitin önemini tarifleyen kitabından bahsettik. Çocuklar sadece bu yolla öğrenmez. Eğer biz diğerlerinin dilekleri ve davranışlarından etkilenmeseydik kimse bir başkasını takip etmeyeceğinden moda kavramı olanaksız olurdu. Dahası komşularımızdaki hiç bir şey bizde kıskançlık uyandırmayacağı ve bizi kendi hayatlarımızı geliştirmeye yönlendirmeyeceği için ilerleyemezdik. Bu durum ilerleyişin tekerlerini anında durdururdu. Özgecilik davranışı sergileyerek Yaradan'ı —var olan her şeyi Yaradan ve sürdüren hayat-verme gücü— taklit ederiz. Ve çocukların onları taklit ederek nasıl büyüyeceklerini öğrendikleri gibi biz de bunu taklit ederek nasıl Yaradan gibi olunacağını öğreneceğiz.

Çoğu insanın özgecil davranışları uygulaması bir erdem ifadesi olarak görülür. Oysaki onların hiçbiri Yaradan'ın vasıflarını ve kapasitesini elde etmiş gibi görünmez. Aslında bizim çoğu insanda gün be gün fark ettiğimiz özgecilik ve Kabalistler tarafından sunulan özgecilik arasındaki fark, niyettir. "Dünya'da Barış"ta Baal HaSulam özgeciliğin sunulma halinden bahseder: "Bizde sıradışılık [her birimizin eşsiz olması algısı] asla bir ihsan etme formunda hareket etmez demiyorum. Bizler arasında sıradışılığı diğerleri üstüne ihsan etme formunda uygulayan, paralarını ve kendilerini ortak iyiliğe adamış kişileri, o insanları inkâr edemeyiz."[147]

Fakat böyle insanlar diğerlerine iyilik yaptıkları zaman bunu kendilerini iyi hissettirdiği için yaparlar. Ancak o durumda ben-merkezli herhangi bir kişi ile aynıdırlar – vermeyi isteyen egoistler halinde. Eğer başkalarına zarar vermekten hoşlanma doğasıyla doğmuş olsalardı diğerlerine yapabildikleri kadar kolayca zarar verirlerdi.

Baal HaSulam ve özellikle oğlu Baruh (Rabaş) diğerlerine iyilik yapmak için tümüyle farklı bir motivasyon öneriyor. Yaratılış'ın amacında hemfikir olan ve bunu birliğe erişmek için dileyen ve Yaradan gibi olma yolunda diğerlerine iyilik yapan insanlar. Açıkçası onlar bizim geri kalanımız kadar egoistiktir fakat amaçları farklıdır.

Bunun olabilmesi için pratikteki özgecilik "uygulamasıyla" bu insanlar kendi gerçek doğalarını, Yaradan'ın doğasını ve böylece onlar arasında özgürce seçim yapabilme yeteneğini keşfeder. Ve Yaradan gibi olmayı isteyen insanlar "uygulama" yaptıkları oranda gelişerek, onlar bu doğayı isteyene ve böylece Yaradan'ın amacına ulaşmayı başarana kadar çocukların taklitle öğrenmesi gibi kademeli biçimde ihsan etmekte gelişirler.

Zohar'ın Ortaya Çıkışı

Bu pek çok kereler Aşlag'ın "Zohar Kitabı'na Giriş"te Madde 38'de diğerlerini hisseden insanın diğerlerinin sahip olduğu her şeye muhtaç olduğu, ...dolayısıyla diğerlerinin sahip olduğu her şeyi elde etme kıskançlığıyla dolu olduğunu belirttiğinden bahsetmiştik. 100'e sahip olduğu zaman 200 ister, böylece ihtiyaçları dünyada var olan her şeyi yutmayı isteyene kadar devamlı olarak katlanır."[148]

Fakat daha öncesinde (Madde 25) Aşlag şöyle yazar, "Düşünce [Yaratılan–Yaratılış'ın amacı] Yaratılanlara haz verecekti. O, Yaratılış'ın Düşüncesi olan bütün bu cömertliğin alınabilmesi için [bize sınırsız haz vermek için]

muazzam biçimde şişirilmiş bir alma arzusu yaratmak zorundaydı."[149] Ve devam eder, büyük alma isteği ve büyük haz el ele gittiği için "Eğer bu abartılmış alma isteği dünyadan yok olsaydı Yaratılış'ın Düşüncesi – yarattıklarına ihsan etmeyi düşündüğü bütün hazların algısı anlamında– gerçekleşmezdi. Ve onu alma arzusu azaldığı ölçüde, onu almaktan gelen haz ve keyif de azalır."[150]

Bu sebeple Yaradan gibi olmayı istersek arzularımız azalmamalıdır. Fakat eğer arzularımız azalmaz ise, o durumda eğer ecza dolabımızda sadece eski ilaçlar olan din fanatizmi, zulüm, baskı veya otoriterlik gibi eski disiplinler varsa ben-merkezliliği saf dışı bırakabilme ve Yaradan gibi olma kabiliyetimiz başarısız olur. Bu metodlar başlangıç aşamalarında alma arzusunun terbiye edilmesinde iyiydi fakat günümüzde, günümüzün alma arzusu seviyesinde bunlar yeterli olmayacaktır.

Yeni bir hareket kodlaması, bir metod, baskılanamaz bir şeyi baskılamaya çalışmayacak, hem insanlığı ve hem patojenik egomerkezliliğimizi yok etmek yerine hayatı daha iyi hale getirmek için aşırı bir egoizmin harekete geçireceği yeni güçlerle donatılmış bir şey gereklidir.

Alma arzusunun evriminde Aşama Üç'te kıskançlığımız karşılıklı yarıştığımız birbirbirine bağlı ve bağımlı bir dünya yarattı, keza her insan yaşam için bir diğerine bağlıdır. Bir önceki bölümde "Çünkü dünyadaki her insan hayatının anlamını ve rızkını dünyadaki bütün insanlardan çıkartır, tüm dünyanın iyi olması için bakmaya ve hizmet etmeye zorlanır," diye yazan Aşlag'a odaklanmıştık.

McGrew'un ifadesini de tırnak içine aldık: "Bu [tek küresel sistem] kompleks bir koşuldan daha fazlasını; insani etkileşimin, bağımlılığın ve farkındalığın tek bir sosyal alan olarak dünyayı yeniden tesis ettiği bir yapıyı anlatır."

Bnei Baruch Eğitim ve Araştırma Enstitüsü

Kişisel Çıkar Özgeciliğe Karşı

Michael Laitman

Bu 21'inci yüzyılın başındaki halimizi yansıtır: birbirimize bağlıyızdır ve birbirimize karşı nefret doluyuzdur.

Bu eşzamanlı bağımlılık ve yarış hali bizi, Babil'den ayrılırken İbrahim'in olduğu gibi, ne diğerleri ile bir anlaşmaya varmayı istediğimiz ve ne de –Sahtouris'un olmamız gerekeni açıkladığı gibi –bir diğerinden ayrı düşmeyi arzu ettiğimiz bir duruma sürükledi. Oysaki ben-merkezliliğime rağmen bağımlılığımız, bize bir biçimde işbirliği yolu bulmamızı dikte eder. Böylece bu çözümsüzlüğün çıkış yolu "Tüm bir dünyanın iyi olması için hizmet etmeyi ve ilgi göstermeyi" nasıl öğreneceğimizden geçer.[151]

Daha önce dediğimiz gibi narsizmin son dönemdeki yükselişi bir tesadüf değil, arzuların evrimindeki Aşama Dört'ün ortaya çıkışının bir sonucudur. Kabala'da bu aşama son nesil olarak da bilinir. "Son Nesil" terimi bu neslin insanlığın tümünün yok oluşunu göreceği anlamına gelmez. Tersine son nesilde insanlık esas özünü keşfederek –Yaradan gibi olarak– gerçekten yaşamaya başlamalıdır. Son nesil terimi son ıslahın başlangıcından önce tüm insanlık hayatını yöneten gücü –Yaradan– keşfeden nesil olacağı anlamındadır. Bölüm 8'de söylendiği gibi Zohar Kitabı bu nesli şöyle tanımlar: "Günlerin sonunda son nesilde eserin [Zohar] aşağıda [dünyada], göründüğü zaman bunun sayesinde özgür toprağa yerleşeceksin [egoizm arzusundan özgürlük, bunu ıslah etmek]."[152]

Son neslin üstündeki örtüyü kaldıracak olaylara dair tanımlar çoğu insanın kıyamet tahminleri ve neden yok olacağımıza dair açıklamalarla zengileşmektedir. 1992'ye geri dönersek Chick Yayınları "Son Nesil" isimli bir çizgi roman kitabı yayınladı. Çizgi romanın ruhu karekterlerden birinin sözleri ile en iyi biçimde yansıtılmış haldedir: "Yakında cennette kendi saraylarımıza yol alıyor olacağız."[153]

166

Bir websitesi "Zamanın Sonunun İşaretleri"ni sunar. Yazarı "Son nesil olduğumuza inanmaktayım" demektedir.[154] Yazar ve gazeteci Fred Pearce, Son Nesil: Doğa İklim Değişikliği İçin İntikamını Nasıl Alacak,[155] isimli kitapla kendi adına konuşmaktadır.

Kabalistler de "son nesil" olarak bu zamanları işaret eder. "Aslında son neslin sonu olarak 20'inci yüzyılın sonunu gösterir ve Islah Çağı'na girişi ima ederler. 18'inci yüzyılın büyük Kabalist disiplini olan Hillel Shklover'a dair kitabının önsözü Kol haTor'da (Kumrunun Sesi) Vilna Gaon (GRA), "1241'den 1990 yılına kadar "kurtuluşun başlangıç dönemi" olduğunu söyler..."[156]

Shklover Bölüm 1 dipnot 53'te şöyle yazar, "Son nesile [ilişkin] yazar [Vilnao Gaon], "Son nesle dair söylediğin şey (Psalms, 48:14), 1740-1990 arasında başlayan dönemi ifade eder", der.[157]

Keza öğretmenim Baruh Aşlag, babası Baal HaSulam'ın 1945'de, 1995 yılını kastederek 50 yıl sonra Kabala bilgeliğinin başlayacağına ve insanların bilinme zamanı geldiğinden dolayı bunu çalışmayı isteyeceğine dair yorum yaptığını bana iletti. Kabala'da böylesi yıllar ve günler fiziki zamanın geçişinden çok çoğunlukla ıslahın aşamalarının geçişini anlatır. Dolayısıyla Aşlag'ın öğrencileri fiziksel yılları mı yoksa ıslahın aşamalarını işaret ettiğini sorduğunda fiziki yılları kasttetiğini söyledi.

Aslında zamanımızın kıyamet günü kehanetlerinin çoğunun aksine Kabala tümüyle farklı bir senaryo öngörür. Orta Çağ'ın son dönemlerinde Kabalistler Zohar Kitabı'nı kullanarak insanların ihsan etme kuralına ve böylece insanlığın kederden mutluluğa yükseleceğini öngörmekteydiler. "Bugün zaman Tora [Kabala] dahilinde daha fazla maneviyatı elde etmeyi işaret ediyor. Zohar Kitabı yeni yollar, hatlar kurar, çölde bir yol inşa eder, ...

bütün mahsül kurtuluşun kapılarını açmaya hazırdır," diye yazdı Kabalist Kook Orot'da (Işıklar, 1921).158 Kabalist Yitzhak Yehudah Sarfin (1804-1976) de Notzer Hesed'de (Merhameti Korumak), şeytanın [egoizm] ve kâfirliğin [Yaradana–Özgeciliğe ilgisizlik] yükseldiği zamanda Mesih Zamanı'nda insanlar beni dinleseydi Zohar Kitabı'nı ve Tikkunim [Islahlar, Zohar'ın bir parçası] ve Ari'nin tüm yazılarını çalışmaya koyulurdu" diye yazdı.[159]

Yukarıdakilerin yanı sıra Aşlag'ın kitabın tüm bir tefsirini ve neslimizin buna erişebilmesini mümkün kılan dört girişle Zohar'ın tüm bir çevirisini (kitabın orjinal dili olan Aramcadan İbraniceye) düzenlemesi ciddi bir başarıydı.

Sistemi Bilme Gerekliliği

Aşama Dört'ün önceki aşamalara kıyasla temel olarak nasıl farklı bir arzudan müteşekkil olduğunu önceden belirtmiştik. Bu aşama bizi hayattan keyif almamaya, ama Yaradan gibi her şeyi bilen ve gücü yeten olmaya yönlendirir. Biz bu ıslahı yapmak için neden bir modus operandi'ye gerek olduğunu ifade etmiştik. Ve "ıslah" ile Kabalistler herhangi bir bireyin herhangi bir vasfının, özelliğinin, niteliğinin yasaklanmasını, baskılanması veya sindirilmesini kastetmezler. Bu, baskı demektir ve ilk fırsatta iki kat kuvvetli bir şekilde patlayacaktır.

Daha önce Aşama Dört'te bahsedildiği gibi ıslah gönüllüce olmalıdır. Şimdiye kadar Doğa'dan çok uzak kalmış, hayatın bütünlüğü algısından koparılmış halde, aslında basitçe ifade edersek kendimiz için hareket eden, düşünen ve kendimiz için isteyen bir durumdaydık. Ve en kötüsü de bir başka yolun düşünülebilir olduğunu dahi bilmiyoruz. Sağlıklı bir hayatı heba edemeyecek böylesi bir hayattan haberdar değiliz. Eğer böyle olmasaydı Küçük

Jackie şarkısındaki sözler (Girişte bahsettiğimiz), "Evet efendim bütün dünya etrafımda dönmeli," bir başkasının kalbinde asla tınlamamalı ve o asla başarmamalı, olmazdı. Hayatın her boyutunda her birimiz ve aslında tüm küresel toplum en fazla olanı elde etmek için sonuçları umursamaksızın gayret gösteriyor. Kişisel hayatlarımızda çoğumuz Prof. Christopher Lasch'ın "bir narsizm kültürü"nü işaret ettiği şeye dayanamaz"[160]: Facebook ve MySpace'de kendimizi reklam ederiz, kolayca eşlerimizden kurtuluruz ve artan biçimde kendimizi ifade etmenin yollarını ararız.

Şirketler ve servis sağlayıcılar eşsizliğimize dair arzularımızı eksponansiyel biçimde artırmak yoluyla kendi ben-merkezliliğimizi besleyecek daha fazla "narsistik" seviyeler için tasarımlar yapar. Örneğin Starbucks menülerinde 20,000'e yakın kahve kombinasyonu sunar. Capital One kendi kredi kartınızın arka planına istediğiniz resmi yerleştirmenize imkân veren bir "Kart Laboratuvarı"na sahiptir. Ve Facebook, kişinin kendisini yüceltmeye imkân veren biçimde imal edilmiş olarak gayet narsizm yönelimlidir. Georgia Üniversitesi'nde Laura Buffardi ve Prof. W. Keith Campbell "Narsizmin, Facebookun diğer ilişkilerimizde kullandığımız yolu —kendini yüceltmek için nitelikten ziyade niceliği vurgulayan— kullandığını belirten bir araştırma yayınladı."[161] (Onlardan sadece bir kaç tanesi gerçek ve uzun süreli bir arkadaşlık olmasına karşın listelerinde mümkün olduğunca çok arkadaşa sahip olarak).

Ve biz gayet narsistik olduğumuzdan ve Yaratılış'tan ayrı düştüğümüzden kurallara tabi değilmişiz ve her ne istersek yapabilirmişiz (gerçi son yıllardaki çevre felaketleri bu görüntüyü değiştirmeye başladı) gibi hissederiz. Sonuç olarak geleceğimiz tek yol Doğa'nın nasıl işlediğini bilmek ve eğer bir bilinç yaratabilirsek, bunu sürdürecek gönüllü çabadır. Sistem dahilinde nasıl işleyeceğinin bilgisi ve hatta sistemin yararından önce kendi faydasını nasıl pasifleştireceğini ve böylece destek almayı bilmek. Ve hatta sistemin kavranışı ben-merkezliliğin perdesi arkasında gizlidir ve perde kesin biçimde Kabala'nın rolünü ortadan kaldırır.

Rabaş gibi Kabalistler Yaradan'ı, gerçek özgeciliği nasıl taklit edebileceğimizi ve böylece kendimizi fark edilmez bir seviyeye yönlendireceğimizi ve bunu hemen önümüzde şahit olduğumuz Doğa kadar elle tutulur hale getireceğimizi izah eder. Bizi bunu çalışmaya zorlayan kendi üstümüzdeki böylesi bir acıyı fark edene kadar realitenin diğer yarısını görmeksizin ve bilmeksizin hata işlemeye devam edeceğiz.

Bu bilginin yaşamlarımız için ne kadar hayati olduğunu anlamak için aşağıdaki senaryoyu göz önüne alalım: Evin içinde, beyaz, kuru, kaya gibi sert bir duvarın önünde duran bir mağara adamısınız. Duvarın dışı sert kayadan yapılmış gibi görünen parlak gri bir çıkıntı yapıyor. O durumda orada durduğunuz ve hayretle baktığınızda .... Bir kadın gelişigüzel biçimde yaklaşıyor bunu eliyle sanki taze bir dal parçası gibi büküyor ve işe bakın! Dışarıya bereketli bir su çıkıyor! Muhtemelen "Onun bir Tanrı!" olduğunu düşünecektiniz.

Fakat dilini duyabilir ve ona nasıl yaptığını sorabilseydiniz, bir borunun diğer bir boruya bağlı olduğunu ve onun da bir ana boruya ve komşu evlere bağlı olduğunu ve oradan nehre doğru giden adına "musluk" denilen bir sistem olduğunu açıklardı. Nehirde suyu pompalayan büyük bir makine var ve bunu borular yoluyla birbirine komşu tüm evlere gönderir.

Tüm bir sistemi anlamaksızın görünen dünyaya şaşkınlık içinde bakan ve işlerin nasıl yürüdüğünü anlamaya çalışan mağara adamı gibidir. Ve bilenlerden, Kabalistlerden öğrenmeksizin mağara adamı suyun nehirden evlere, borulardaki seyahatini anlamak zorundayken, şimdi ise sistemi çözme şansına sahibiz.

Oysaki bu önemlidir, yukarıdakiler bizim sadece Kabala veya Zohar çalışmamız gerektiği anlamına gelmez. Bu, günümüz dünyasında hayatın temel kurallarını bilmek zorunda kalacağımız anlamına gelir. Benzer biçimde havada duramayışımızı bilmek için fizikte bir doktora derecesine ihtiyacımız yok çünkü tehlikeli biçimde yüksek yerlerden aşağı atlamamıza imkân veren, her şeyi yere doğu çeken bir güç var.

Nitekim bizi aşağı çeken kuvvet hakkında daha fazla şey öğreneceğimiz yeri bilmek iyi bir şeydir. Çünkü bununla yapabileceğimiz şeyler faydalı şeyler olabilir. Realitenin saklı parçası hakkında daha fazla şey öğrenebileceğimiz yeri bilmek, bize sağlayacağı yararları bildiğimizden dolayı iyidir. Dolayısıyla bağımlı ve bağlantılı bir dünyada bunun nasıl işleyeceğini öğrenmek bir sonraki bölüm olan final bölümümüzün konusu olacaktır.

BÖLÜM 11

Bölüm 11: Yeni Bir Modus Operandi

Michael Laitman

Bnei Baruch Eğitim ve Araştırma Enstitüsü

Kişisel Çıkar Özgeciliğe Karşı

Kabala tarafından açıklandığı gibi dünyanın yapısı ve tarihine geniş kapsamlı biçimde bir göz attık. Var oluşun en yüksek seviyesini temsil eden insanlarla, alma arzusunun en yoğun ve en narsistik algısında bir bütün halinde Kabala'nın realite görüşünü tanımladık. Bu durum insanlığın birbirimize geri dönülmez biçimde bağlı ve bağımlı olduğumuzu hesaba katarak negatif eğilimini dönüştürebileceğinin altının çizilmesi halidir. Ve insanlığın bugünü ve geleceği için detaylı bir "kurtarma" planı oluşturmak bu kitabın içeriğinin ötesinde iken, geniş bir kapsamda yerine getirilebileceğine inandığımız, doğru yapılır ise sorunlarımızı büyük oranda çözebilecek bazı çözümlere işaret etmeyi isteriz.

İnsanlık tüm bir küresel sistemi işletmek noktasında az bir deneyime sahip olmasına rağmen bizler aileden ulus-devlete, toplumu oluşturan parçaların üyeleri, bireyleri olarak kendimize dönük olduğumuzdan mevcut durum bakış açımızı genişletmemizi zorunlu kılar. Dünyadaki politik ve finansal liderlerin çoğu bu gerekliliği kabul etmektedir.

Birleşmiş Milletler Eski Genel Sekreteri Kofi Annan 12 Eylül 2004'deki Birinci Yıllık Dayanışma gününe dair mesajında bu konuyu işaret etti: "Yeni bir çağ üzerimizdedir. Gelecekte...dünya dönüştürülecektir... küreselleşmenin güçleri ve dünya insanlarının artan dayanışması. ...daha çok dayanışma içinde olmamız daha çok kararın sadece tek bir ülke tarafından alınmaması, çoğunlukla alınması, birlikte hareket etmek demek olacaktır. Eğer uygun bir biçimde yönetilmez ise, karar vericiler bu durumdan, hayatları etkilenen insanlardan uzaklaştıkça ve daha az sorumlu oldukça bu süreç bir 'demokratik açık' teşkil edebilir. Bu nedenle her birimiz için esas mücadele onları kapatmaktansa insanların içine dâhil olabileceği yollarda dayanışmamızı yönetmektir. Vatandaşların küresel kararları etkileyecek tarzda geniş kapsamlı düşünmeye ve hareket etmeye ihtiyacı

173

vardır."¹⁶² (Dayanışmanın El Kitabı: Geriye Bakmak, Bugünü Yaşamak, Geleceği Seçmek, Sondra Myers ve Benjamin R. Barber'ın düzenlemesiyle).

Daha yakın zamanda 2008'de Britanya Başbakanı Gordon Brown çeşitli boyutlardaki küreselleşme ve küresel sorumluluk konusunu işaret etti. "Her nesil, ailelerinin asla hayal edemeyeceği değişimlerle yaşadığına inanır — bankaların çökmesi, kredi daralması, benzin fiyatlarının artması, teknoloji hızı ve Asya'nın yükselişi vb.— bugün kimsenin farklı ve küresel bir çağda yaşadığımızdan şüphesi olamaz."¹⁶³

Ardından Brown küresel arka planı şu şekilde vurguladı: "Ve bu küresel çağda yüzleştiğimiz değişimlerin son haftada veya son aylarda başlamadığını, aslında dünyamızdaki daha derin değişimleri yansıttığını biliyoruz."¹⁶⁴

Brown daha derin bir değişimin gerçekleşmekte olduğunu söylemekle haklıdır. Aşama Dört oluşurken kolektifliği ve küreselliği (emperyalizm ve ulusalcılığa karşılık gelen küreselleşmenin tersi bir küreselliğin; küreselleşme sürecinin tamamı olduğu bir koşulu belirtir) yükseltmektedir. İnsan gelişimindeki son aşama –Yaradan gibi olma– tek başına başarılamaz. Âdem'in ruhunun kırılmış olan parçalarını birleştirerek ve Yaradan demek olan ihsan etme vasfını inşa edecek bir birlik yoluyla mümkün olur. Biz hepimiz Aşama Dört'te var edilmiş olan arzunun, Yaratılış'ın amacını edinme niyetli arzunun –Yaradan gibi olma– parçalarıyızdır. Bu nedenle kırık arzuyu, kırılmış ruhu birlikte yeniden inşa etmeliyiz. Ve bunu yapmak için birliğimizin tüm bir farkındalığına erme algısında yeniden birleşmeli ve birbirimize bağlı olduğumuz gerçeğini, buna dair mevcut sınırı, algımız yerine çok derin bir yolla deneyimlemeye başlamalıyız.

İşbirliği ve Kendini Gerçekleştirme

Bağımlılığımızı deneyimlemek için bunun üstünde hareket etmeli, sadece küresel veya ulusal seviyede değil. Bağımlılımızın farkındalığı karar verme süreçlerimizde sabit bir nokta ve olaylara sebep olan ayrılmaz bir parça olmalıdır. Ayrı ve birbiriyle ratlantısal biçimde bağlantı kuran bireyler olmaktansa işbirliği yapan insanlardan ibaret bir birliği nasıl oluşturacağımızı öğrenmeliyiz. Ve bunu yapmak için dayanışmanın, işbirliğinin faydalarını tanımlamaya başlamalıyız.

Eğitim sistemimizin faydaları noktasında zaten çok sayıda deneyimleme yapılmıştır. Makalede "Bir Eğitim Psikolojisi Başarı Hikâyesi: Sosyal Bağımlılık Teorisi ve İşbirliğini Öğrenmek" ile Minnesota Üniversitesi profesörleri, David W. Johnson ve Roger T. Johnson "sosyal dayanışma" teorisi için bir örnek sunar. Diğer bir deyişle, "Geçmiş 11 yıllık dönemde işbirliği, rekabet ve bireysellik çabaları üzerine 1,200'den fazla çalışma yapılmıştır. Bu çalışmalara dair bulgular tavsiye ve tastik edilmiş ve teori haline getirilmiştir."[165]

Johnson ve Johnson, "Sosyal bağımlılığın, bireylerin akibetlerinin diğerlerinin hareketlerinden etkilendiklerinde ve diğerlerini de etkilediklerinde var olduğunu ifade eder."[166] Bu durum A partisinin B partisine bağlı olduğu ama B partisinin A partisine bağlı olmadığı bağımlılığa terstir. "İki tip sosyal bağımlılık tipi vardır:" bunlar, "pozitif (bireylerin hareketleri birleşik hedeflerin başarısını yükselttiği zaman) ve negatif (bireylerin hareketleri diğer herkesin hedeflerinin başarısına engel olduğunda)'dir."[167]

Eğer bir önceki bölümde bahsedilen Christakis-Fowler deneyimine bakar ve bizim tüm bir bütünün parçaları olduğumuza dair Kabalistlerin uzun zamandan beri var olan iddialarını göz önüne alırsak bugünümüz daha net hale gelir; bireysel olarak hareket etmek sadece daha mahzurlu değil aynı zamanda bir saatli bomba gibi kısa süreli olur. Bu tarz durumlar insan ırkının bütün üyeleri arasındaki tüm küreleşme gerçeğini tanımlamaz. Ve bu gerçeği göz ardı ettiğimizde realite 2008 finansal krizinde çok açık biçimde görüldüğü gibi bizim üstümüzde acımasızca işlemeye başlar.

Bağımlılığın anlamına erdikten sonra Johnson ve Johnson çoğunlukla bireysel öğrenmeye dair kullanılan rekabetçi öğrenmenin etkinliğini karşılaştırma yoluna gitti. Sonuçlar açıktı: "Bireysel sorumluluk ve kişisel sorumluluk terimleri, grup üyelerini birbirine bağlayan pozitif bağımlılık, diğer grup üyelerinin yükünü paylaşma (a) ve yardımcı olma (b) sorumluluğu noktasında konumlanmıştır. Dahası kişinin perfomansı işbirlikçilerin sonuçlarını etkilediği zaman kişi kendisi için olduğu kadar işbirlikçilerin sağlığından da sorumlu hisseder. Kişinin başarısız olması kötüdür, fakat diğerlerinin de başarısız olmasından iyidir."[168] Diğer bir deyişle pozitif bağımlılık narsizmin büyüyen bireysellik trendine zıt bir istikamette bireysel insanları bir başkasını taşıma ve onunla dayanışma noktasına doğru dönüştürür.

Johnson ve Johnson pozitif bağımlılığı; "Bireylerin hedeflerine sadece ve sadece birbirlerine dayanışma ile ulaşabileceklerini fark ettikleri bir korelasyon" olarak tanımlar.[169] Negatif bağımlılığı ise "Bireylerin hedeflerine sadece ve sadece rekabetçi biçimde ulaşabileceklerini düşündükleri bir korelasyon" olarak tarif eder.[170] Küreselleşme pozitif bağımlılığa ihtiyaç duyar. Diğer bir deyişle ya hepimiz hedeflerimize erişiriz ya da hiçbirimiz.

İşbirliğinin faydalarını gösterebilmek için araştırmacılar, işbirliği yapan öğrencilerle birbirleriyle rekabet eden öğrencilerin başarılarını ölçüp sonuçlarını karşılaştırdılar: "İşbirliği yapan ortalama bir kişinin, rekabetçi veya bireysel bir durum içinde performans sergileyen ortalama bir kişinin üstündeki standard bir sapmanın üçte ikisi kadarı oranında daha iyi bir performans sergilediği görüldü."[171]

Ortalama üstündeki böylesi bir sapmanın anlamını kavrayabilmek için örnek olarak bir çocuğun D-ortalamalı bir öğrenci olduğunu, dayanışma ile notlarını A+'ya yükselttiğini düşünelim. "Dayanışma, rekabetçi ve bireysel çabalarla kıyaslandığında daha uzun süreli akılda tutmayı, daha yüksek motivasyonu ve başarı umutlarını, daha fazla yaratıcı düşünceyi açığa çıkartma eğilimindedir."[172]

Bir önceki bölümde özgecil hareket sergileyerek Yaradan'ı taklit —her şeyi var eden ve sürdüren hayat-verme gücü¬ ettiğini söyledik. Çocukların büyümeyi taklit ederek büyümesi gibi Yaradan'ı taklit ederek Yaradan gibi olacağız. Bunun farkına varmaksızın bu öğrenciler, gruplarında dayanışma yoluyla çevresinin faydası için kendi faydasını pasifleştirdiği ihsan etme kuralını taklit ediyordu. Ve grubun ortalama özelliklere sahip bir çizgide olması yerine öğrenciler A+ öğrenciler haline geldiler.

Oysaki bu öğrencilerin elde ettikleri, ihsan etme kuralını taklit etmek için yapmış oldukları gibi hareket ederek elde edebileceklerinin yanında çok sönük kalır. O durumda bu kuralı keşfeder ve Yaratılış'ın amacına ererlerdi. Yani Yaradan gibi olurlardı.

Çocuklar olmak istedikleri bir rol modeli, bir pop starını, başarılı bir sporcu veya beğendikleri bir kişiyi taklit ederler. Kısacası bunun gibi olmak için Yaradan gibi olmayı istemeyi bilmeliyiz. Bu "yanlışlıkla" olamaz. Çocukların davranışlarına dair deneyimdeki gibi yararlı ve ortak olarak en uzun etkiye sahip olmak adına tüm bir sistem için kendi faydasını pasifleştirmek kuralını keşfetme ve bunu yaşamaya heves etme, bunun gibi olma hedefiyle bunu yapmalıdırlar. Aksi takdirde egoları tüm diğer insanların egoları ile mağlup edilirken teslim alınacak ve sosyal bağımlılığın sunduğu büyük faydaları kaybedeceklerdir.

İki Yoldan Biri

Yukarıdaki bölümde dayanışmanın kişisel faydaları belirtildi. Johnson ve Johnson yalnız olmaktansa grup halinde çalışmanın daha fazla ödül getirdiğini gösterdi. Dolayısıyla neden her zaman işbirliği içinde değiliz? Beraber çalışmanın yalnız çalışmaktan daha iyi olduğunu kanıtlamış 1,200 öğrenciye rağmen neden doğamız böyle, kendi eğitim sistemimize bu metotları uyarlayamaz mıyız? Ve neden okullar (ve tüm eğitim sistemi), medya, spor ve siyaset halen rekabetçiliğe ve bireysel davranışa bireysel başarıyı yücelterek prim veriyor? Eğer kanıtlar bu durumun herkesin faydasına yürüyeceğini gösteriyor ise neden bağlanmayı ve ortaklığı yüceltenler değil?

Bunun böyle olmasının sebebi Aşama Dört'te artık daha fazla başarı ile daha fazla mutlu olmayışımızdır. Daha fazla başarı Aşama Üç'te istediğimiz şeydi. Aşama Dört'te bizim öncelikli arzumuz diğerlerinden daha fazla başarmaktır. Yaradan gibi eşsiz ve üstün olmayı istiyoruz. Bu şekilde egolarımızın amaca yenileceğini, böyle olduğunu hissetmeksizin yalnız olmaktansa beraberce çalışmanın daha iyi olduğuna dair yadsınamaz kanıtlar sağlarız. Aşama Dört'te kazançlarımızı artıracak günlük hayat taktiklerinden önce çözümler ilk olarak egoyu doyurmalıdır.

Yukarıdaki paragrafa ilişkin "Dünya'da Barış"ta Baal HaSulam birliğe dair algımızı detaylandırır: "Her şeyin ve her insanın doğası kendisi için dünyadaki diğer insanların yaşamlarından istifade edecektir. Ve onun bir başkasına verdiği her şey bunda diğerleri için bir yarar durumu olsa bile aslında kendisi verdiği şeye artık bir ihtiyacı duymadığı içindir; ama bu adeta bir kurnazlıkla yapılır, böylece komşusu

bunu fark etmeyecek ve o bunu gönüllüce kabul edecektir." Bunun sebebini şöyle açıklar, "çünkü insan ruhu bir ve eşsiz olan Yaradan'dan [yaratan ve dünyayı devam ettiren tek kural olan ihsan etmeye istinaden] uzayıp gelir...insan... dünyadaki diğer insanlar onun hükmünde ve tasarrufu altında olmaları gerektiğini hisseder. Ve bu parçalanamaz bir kuraldır. Tek fark insanların seçimleridir: Biri kendi düşük arzularını tatmin etmek için insanlardan istifade etmeyi, biri iktidarı, diğeri de saygı elde etmeyi seçer. Dahası kişi fazla çaba sarf etmeksizin bunu yapabilseydi üç bileşenli —sağlık, güç ve saygı— dünyadan istifade etmekte hemfikir olurdu. Oysaki kişi yeteneklerine ve imkânlarına göre seçim yapmaya zorlanır. Bu kurala 'insanın kalbinin benzersizliği kanunu' denebilir. Kimse bundan kaçamaz ve herkes ve herbiri bu kuraldan payını alır."[173]

15 Ekim 2006'da New York Times'dan Sam Roberts girişte tartıştığımız bir sayıya işaret ederek, "Evlenmek sayıca fazla olmak anlamına gelir"[174] isimli bir makale yayınladı. Hikâye hane halkı oranı olarak sayıları son on yıllarda düşmekte olan evli çiftlerin sonunda azınlığa düştüğünü... Amerikan Toplum Anketi Nüfus Burosu tarafından 2005'te hane halkı oranında evli çiftlerin oranının beş yıl öncesinde yüzde 52 iken 49,7'ye düştüğünü." ortaya koydu. Dahası Roberts: "Evli olmayan çiftlerin sayısı artmaktadır. 2000'den beri kendilerini evli olmayan karşıcins eşler olarak tanımlayanlar yaklaşık yüzde 14, erkek çiftler 24 ve kadın çiftler de yüzde 12 artmıştır."

Baal HaSulam bir önceki bölümde belirtildiği gibi kapsamlı biçimde 20'inci yüzyılın ikinci yarısında başlayan ıslah süreci için insanlara dair öngördüğü hayat tarzını yazıya döktü. "Son neslin yazıları"nda Baal HaSulam insanlığın ihsan etme kuralını (o yazıda bunu "bütünlük" olarak isimlendirir) açığa çıkarabileceği iki yolu —ışığın yolu (ihsan etme) ve acının yolu— tanımlar. Sözlerinde, "Bütünlüğü keşfetmek için iki yol olduğunu zaten söylemiştim: ışığın yolu ve acının yolu. Dolayısıyla Yaradan... onlar atom ve hidrojen bombalarını icat edene kadar insancıl teknolojiler [içinde kötü bir şey olduğu veya kendisinin kötü olduğu anlamında değil] verdi. Eğer getirecekleri tüm bir yıkım hâlâ dünya tarafından anlaşılmadıysa, onlar [insanlar] üçüncü bir dünya savaşı için bekleyebilir veya dördüncüsü ve dahası için. Diğerleri için iyi olan haricinde başka her şey yapılırken [ev sahibi sistemin faydasına kendi faydasını pasifleştirme kuralı uyarınca], bireyler ve uluslar sadece kendi varlıklarını sürdürmek için gerekli olandan daha fazla uğraş vermedikleri bu işin sorumluluğunu üstlenmeyecekler ama o durumda bombalar kendi işini yapacak ve yıkım başka seçenek bırakmadıktan sonra geriye yıkıntılar kalacak. Eğer dünyadaki tüm uluslar bununla aynı fikirde olursa dünyada savaşlar daha fazla sürmez; herkes sadece kendi iyiliği ile değil, diğerlerinin iyiliği ile de ilgili olur."[175]

Aşlag bu bölümü şu sözlerle sonlandırır, "Eğer ışığın yolunu alırsak her şey iyi olacak ve eğer almazsak o durumda acının yolu ile taciz edileceksiniz. Diğer bir deyişle savaşlar atomla ve hidrojen bombaları ile patlayacak ve tüm dünya savaştan kaçınma düşüncesini arayacak. O durumda onlar Mesih'e gelecek [Bölüm 8'de açıklandığı gibi egoizmi uzaklaştıran güç]... ve o bu kuralı [ihsan etmenin] onlara öğretecek."[176]

Özetle Yaradan gibi olmak zorundayız! Tek soru, "Buna ulaşmayı ne kadar arzu ediyoruz?"

Bir Rehber Olarak Doğa Kanununa Sahip Olmak

Atomik olan bir dünya savaşı düşülmesi arzu edilmeyen bir durumdur. Diğer olasılığı keşfetmek daha iyidir — ışığın yolu. Bölüm 2'deki "ışık" terimi, bununla dolu olduğumuzda

(varlığımızda) arzunun deneyimlediği büyük hazzın algısına karşılık gelir. Şimdi hazzın Yaradan vasfını elde ettiğimizdeki zevk olduğu algısına yükseltebiliriz. Çünkü bu durum alma arzumuzun mevcut durumunda istediğimiz şeydir.

Işığı elde etmek için sadece tümüyle Kabala çalışmak yeterli değildir. Bunun, taklit ettiğimiz şey olduğunu ve böyle yapmakla ulaşmak istediğimiz şey olduğunu bilerek, ihsan etme kuralını taklit etmeliyiz. İhsan etme vasfını elde etmek için çocukların yetişkinleri taklit ederek öğrenmesi gibi bunu ilişikilerimizde taklit etmeliyiz.

Şamati (Duydum) kitabı Yehuda Aşlag'ın zaman zaman yaptığı konuşmaları içerir. Oğlu büyük Kabalist Rabaş ile beraber bunları yazıya döktü. Alışkanlık ikinci doğa haline gelir isimli 7 no'lu makalesinde Baal HaSulam şöyle yazar, "Kişinin kendini bir şeye alıştırması ile o şey kişinin ikinci doğası olur. ... Bu durum kişinin o şeyin duyusuna [ihsan etmeyi işaret ederek] sahip olmamasına rağmen ona alışmak yoluyla bunu tecrübe etme noktasına doğru gelebilir, anlamına gelir."[177]

Bunu sağlamak için ihsan etme kuralını taklit etmek basit ve çocukça bir davranış gibi görünebilir fakat benmerkezli mevcut seviyemizde herhangi bir kişi ile pozitif bir bağlantı kurma hızla imkânsız hâlâ geliyor, Aşlag'ın da belirttiği şu durum hariç: "Zorunluluktan dolayı ve o zaman bile bunun içinde diğerlerinin sömürülmesi hali mevcuttur, fakat bu kurnazlıkla yapılır, böylece komşusu fark etmeyecek ve istemli biçimde teslim olacaktır."[178]

1940'da Baal HaSulam'ın bastırdığı gazete Ulus'ta (bakınız Bölüm 2, "Aşama Sıfır ve Bir") Baal HaSulam'a göre çözüm "bir kez daha okullu olmak"tır.[179] Diğer bir deyişle Doğa'nın temel kuralları ve hayatın amacı hakkında öğrenmek zorundayız:

1. Realitenin tümünün ortasında Yaradan olarak bilinen ihsan etme arzusu uzanır.

2. İnsanın kalbinde alma arzusu mevcuttur —tüm bir güç, farkındalık ve iktidar.

3. Yukarıdaki maddede tanımlanan yetenekleri almak için kişi ihsan etme arzusu —Yaradan gibi— olmalı ve böylece otomatik olarak Yaradan'ın sahip olduğu şeye sahip olmalıdır. Bu, hayatın amacıdır.

Bir kere eğer bireysel olmaktansa işbirliğindeki büyük faydayı fark edersek Johnson ve Johnson'un makalesinde belirtildiği gibi dayanışma ve paylaşım çok kolay olacaktır. Bu farkındalık olmaksızın egolarımız bunun olmasını artan biçimde zorlaştıracak ve sonunda böyle bir olasılığı bütün aşikâr faydalarına rağmen engelleyecektir.

Egonun bizim üstümüzdeki etkisini tasvir etmekten ziyade Baal HaSulam egoizmin şeytani bir eğilim olduğunu ve bizi zehirli bir kılıç tutmaya zorladığını yazdı. Kişinin kılıçla nasıl kendinden geçtiğini ve egosunun kölesi haline geldiğini tarif eder. "...Sonunda kılıcın ucundaki acı damla ona ulaşır ve hayat soluğunu son kıvılcımına değin [onu Yaradan'dan] ayırır."[180]

Yukarıdaki paragraf bizi, Baal HaSulam'ın her şeyin kaybolmuş ve bizim acı çekmeye mahkûm edildiğimize inandığı sonucuna sevk edebilir. Bu böyle değildir. Bizler avantajımıza kullanabileceğimiz hayli yüksek unsurlara sahibiz: toplum. Biz hali hazırda toplumun etkisinden özet biçimde bahsetmiştik fakat gerçekte toplum bizim üstümüzde arzu ettiği her şeyin içine, bizi bir kalıba yerleştirebilecek türde bir güce sahiptir.

Baal HaSulam'ın yazılarında Aşlag, "Hayal edilebilir hazların en büyüğünün insanların teveccühüne mazhar olmak olduğunu ileri sürer. Bu, kişinin enerjisinin tümünü bu lezzetli şeyin belli bir miktarını elde etmek için harcayacak

kadar dikkate değer maddi bir hazdır. Bu durum tüm nesillerdeki en iyiyinin sayesinde ayartıldığı ve insanoğlunun hayatını değersizleştiren bir mıknatıstır."[181]

Dolayısıyla sosyal davranışımızı dönüştürmek için kişiyi bireyselcilikten dayanışmaya doğru yükseltecek biçimde sosyal çevremizi değiştirmeliyiz. Uygulamada konuşarak bireysellikten, bir başkasının kariyeri, sağlığı ve zenginliğiyle rekabettense grup çalışmasının nasıl daha iyi sonuçlar getirdiğini göstermek için medyayı kullanabiliriz. Eğer bunun mümkün olmadığını düşünüyorsak medyanın devamlı olarak bize bunun mümkün olmadığını söylediği içindir. Fakat eğer ya bize diğer türlü söylenirse? Doğru olanı açığa çıkartmalı ve ilan etmeliyiz.

İnsan doğası egoistiktir bu yüzden doğal olarak kendine dönük biçimde içe kapanık ve rekabetçidir. Fakat Doğa'nın varlığı bütünseldir, bu yüzden doğal olarak işbirliğine doğru yönlenmiştir. Doğuştan gelen eğilimimizin tersine Doğa'nın geri kalanı gibi hareket etmek özgür seçimimizdir ve bu da bizi Doğa'ya (Yaradan) benzer kılar. Devam etmemizi de yüreklendirecek sosyal çevreyi kullanma hali bizim ıskalamamıza izin vermeyecek türde bir araçtır.

Hayata Dair Değişimi Uygulamak

Hayata dair ihsan etme prensiplerini yerine getirecek yolları araştırmak için çok uzaklara bakmamıza gerek yok. Christakis ve Fowler insan ağı etkisine ilişkin şaşırtıcı keşiflerini yaptıkları zaman çok farklı bir amaç için bir araya getirilmiş mevcut bir bilgiye dayanmaktaydılar: kalp rahatsızlıklarının kökenlerini anlama projesi olan Framingham Kalp Çalışması. Framingham Kalp Çalışması'nda araştırmacıların ağ etkileşimlerini – diğerlerine fiziksel olduğu gibi psikolojik olarak da "bulaştırdığımız"— neden keşfedemediklerinin sebebi çok basittir: çünkü böylesi etkileşimler aramıyorlardı.

Benzer biçimde eğer bunları bir bilgiyi analiz eder gibi incelersek ihsan etme kuralının etkilerini gözlemleyebileceğimiz pek çok yollar vardır. Johnson ve Johnson tarafından gösterilen Sosyal Dayanışma Teorisi sistemin etkisini gözlemenin bir yoludur. Fakat bunu gözlemek için pek çok diğer yollar vardır. Bilim felsefecisi ve sistem teorisyeni olan Profesör Ervin Laszlo ile istişarelerimde biz tümüyle bir fikir birliği içindeydik çünkü her sistem teorisyeni hiçbir sistemin sistemin faydasını pasifleştiren parçaları olmaksızın daim olamayacağını bilir.

Benim evrim biyoloğu Elisabeth Sahtouris ve Primatolojist Jane Goodall ve daha pek çokları ile olan konuşmalarımda benzer bir fikir birlikteliği ortaya çıktı. Aslında herhangi bir fizikçi, ağ bilimci veya biyolog, sistemi veya "homeostatis"i dengede tutmak adına sistemin menfaatlerinin, bunun bileşenlerini geçersiz kılmak zorunda olduğunu bilir. Bilimin her alanı bu prensibe farklı bir isimle işaret eder ve Kabala buna "ihsan etme kuralı" demektedir. Aslında aynı kuralın farklı bildirimlerine işaret eden farklı isimler vardır.

Kitabın başlarında kuantum fiziğinin öncüsü Werner Heisenberg'in görüşlerini belirtmiştik, "Birlik ve bütünleyicilik realiteyi tesis eder,"[182] onun çağdaşı olan Erwin Schrödinger ve Albert Einstein tarafından da benzer notlar düşülmüştür. Ağ bilimi ve elbette (şimdiye kadar) klişe olarak kaos teorisi ve kelebek etkisiyle diğer çağdaş bilimler bağlatıyı ve bağımlılığı tesis eder.

Negatif tarafta, ihsan etme kuralını takip etmemenin etkileri ortadadır. Toplumda artan yabancılaşma ve uluslararası seviyede tırmanan tecrit hali; Christopher

Lasch'ın Kültür Narsizmi,[183] Twenge ve Campbell'ın Narsizm Salgını,[184] Joseph Valadez ve Remi Clignet'ın makalesi, "Kültür Narsizminin Sosyal Analizinin Karmaşıklığı Üstüne,"[185] gibi yayınlarda belirtildiği gibi açık biçimde bizim zayıf sosyal sağlığımızı işaret eder.

Aslında narsizmin ters etkileri bu bölümün başlarında ifade edildiği gibi birliği destekleyen deklarasyonlara rağmen uluslararası seviyede görünmeye başlıyor. 3 Aralık 2009'da Associated Press "Amerikalılar arasında yalnızcılığın (izolasyon) artışta" olduğunu belirttiği bir haber yaptı."[186]

Pew Araştırma Merkezi tarafından yapılmış bir anket "Amerikalıların son kırk yılda en yüksek seviyeye ulaşmış olan Dışişleri'nde bir tecrit politikası eğilimi sergileyerek dünyadan uzaklaşmaya başladığını gösterdi."[187] Anket, "ankete katılanların yüzde 49'unun Birleşik Devletler'in uluslararası kulvarda 'kendi işine bakması' ve diğer ülkeleri de kendi kendilerini idare edebildikleri sürece rahat bırakması gerektiğini ortaya koydu."

Bir diğeri, yabancılaşmamızın yıkıcı etkisinden daha ötesi ise açlıktır. Kitabın başlarında bir milyardan fazla insanın aç olduğuna dair acil uyarı veren istatistikleri paylaştık. Fakat belki daha sürpriz olanı Birleşik Devletler için de var olan gerçektir. Los Angeles Times'ın "Açlığın Yükselen Eğilim"i isimli makalesine göre "Çok düşük yiyecek garantisine sahip olarak karekterize edilen sayı —yiyecek alımının para yokluğundan dolayı azaltıldığı anlamında— 2007'de 4,7 milyondan 2008'de 6,7 milyona fırladı ve bu durumdaki çocukların sayısı 700,000'den hemem hemen 1,1 milyona yükseldi."[188]

Sadece 10 gün önce, New Yok Times'dan Jason DeParle, "Birleşik Devletler'deki açlığın 14 yıldaki yüksekliğine işaret ederek, hükümetin 'yiyecek güvenliği'... diye adlandırdığı iz sürmeyi başlattığından beri Tarım Bakanlığı'nın, yeterli yiyeceğe erişmekten mahrum kalmış evlerde yaşayan Amerikalıların sayısının geçen yıl 49 milyona ulaştığını rapor etmiş olduğunu gösterir bir makaleyi yayınladı."[189]

Fakat sorun yiyeceğin eksikliği değil; ortak sorumluluğun eksikliği ve birlikte hayatta kalmak veya yok olmaya dair temel bir anlayışın eksikliğidir. Birleşik Devletler'de yiyecek eksikliği değil, dayanışma eksikliği mevcuttur. 1 Ocak 2009'da New York Times'dan Andrew Martin fiyatlarda ani bir düşüşe yol açan "bir süt bolluğu"nu —süt tozu, yağ ve proteinler gibi ürünlerle çeşitlendirilmiş— ortaya koydu."[190] Martin, süt ürünlerinin ambarlarda depolandığını ve fiyatlarda aşırı düşmeyi engellemek için bu depoların özellikle korunduğunu belirtti. Milyonlarca Amerikalı süt gibi bir üründen mahrum kalırken çiftçilerin ekonomik duraylılığını garanti etmek için tatmin edici bir düzenlemeyi ortaya koyabilmek ne kadar zor olabilir ki? Açıkçası, velev ki biz sadece Amerika içerisinde bile ihsan etme kuralını takip etmiş olsaydık bu tarz absürd durumlar olmazdı.

Böylece hem ihsan etme kuralını takip eden (sistemin yararındansa kendi yararını pasifleştirmenin dünyevi kıyafetini) ve hem bu kuralı bozan manifestolar dünyamızda bollaşmaktadır. Bunun kapsayıcılığını idrak etmek için ihtiyacımız olan şey bunun varlığından haberdar olmaktır. Ve bunun için eğitimle başlamalıyız.

Çocukları Ortak Sorumluluğa Doğru Yükseltmek

Büyük Kabalist Avraham Kook (1865-1935, İsrail'in ilk Baş Rav'ı olarak bilinir) 20'inci yüzyılda Kabala çalışmamız gerektiğini çok defalar yazdı. Keza bazen bizim bunu yapmamızı sağlayacak yeni yolları geliştirmek zorunda

olduğumuzu açık biçimde de söyledi. Mektuplar isimli kitabındaki bir mektubunda şöyle yazdı: "Manevi hayata doğru istek duyan bütün genç insanların uyandırılmasını dilerim. Canlı ve renkli biçimlerde edebi tarzlar, nesir ve alegoriler sağlamalıyız. Eğer aramızda şiire yatkınlık gösteren biri varsa onun bu hediyeyi göz ardı etmesine izin vermeyelim. ...zamana uygun olan silahımızı —kalem— hazırlayalım. Bütün kutsal hazinemizi bütün çağdaşlarımıza daha yakın kılmak için yine çağdaş bir tarz içinde tercüme etmeliyiz."[191]

Benzer biçimde "Panim Me'irot u Masbirot" isimli kitabın girişinde Baal HaSulam şöyle yazdı: "Seminerler yapmalı ve bilgeliğin yayılımını hızlandıracak kitaplar oluşturmalıyız."[192]

Kabalistik metinleri erişilebilir kılarak Aşlag ve Kook bilgeliği popüler kılmayı istediler. Böylece insanlar hayatın temel kurallarını bilebilir ve egozime karşın bunu kendileri ile nasıl bağlantılı hale getirebileceklerini bilirlerdi. Eğer tavsiyelerine dikkat edilseydi Kabala yaklaşık yüzyıl önce popüler hale gelmiş olurdu ve insanlar İkinci Dünya Savaşı'nın gaddarlıkları vuku bulmadan önce ihsan etme kuralını bilirlerdi.

Keza Kabala'da bir kural vardır: Asla pişmanlıkla geriye bakma —geçmişten sadece seni geleceğe hazırlayacak şeyi al. Yaşamlarımızı çok gerçek bir yönde etkileyen Doğa'nın saklı kurallarını insanlara aktarmaya başlamak için asla çok geç değil. Nitekim herkesin okulda temel fizik kuralları ve biyoloji çalışması gibi bugün gençler Doğa'nın temel kurallarını öğrenmeli.

Okulda Sosyal Dayanışma Teorisi'nin prensipleri eğer hayatın nihai amacını anlamak ile birleştirilebilir ise harika bir başlangıç olabilir. Eğer çocuklar bu kuralları okullarına uygulayabilseler eğitimden çok daha fazla kazanım sağlarlar. Bir önceki bölümde bahsedildiği gibi Johnson ve Johnson bazı uzak sonuçlara ulaştı:

- "İşbirlikçi deneyimler prososyal (yapıcı, başkalarına yardımı amaçlayan) tavırdaki işbirlikçi eğilimleri, bireysel eğilimlerin eksikliğini ve uyumu öngördü. İşbirlikçi eğilimler sosyal davranıştaki uyumu ve kötü niyetli fiilde ise uyum eksikliğini öngördü."[193]

- Eğer okullar, kabadayılığı engellemeyi ve prososyal davranışları artırmak istiyorsa, öğrencilerin dayanışma yapmaya daha yatkın olmalarına yardım etmek için dayanışmacı eğitimin ve çabaların kullanımı önemli stratejiler olarak görünmektedir.[194]

- Yaşıtları ile yarışmaktansa veya bağımsız biçimde çalışmaktansa yaşıtlarla işbirliği içinde çalışmak ve işbirliğini daha yüksek bir psikolojik sağlıkla değerlendirmek. İşbirlikçi durumlar psikolojik sağlığın çok çeşitli belirteçleri ile büyük oranda ilişkilidir. Daha özel olarak işbirlikçilik, pozitif duygusal olgunlukla, iyi düzenlenmiş sosyal ilişkilerle, güçlü şahsi kimlikle, olumsuzluklarla başa çıkabilme yeteneğiyle, sosyal yeterlilikle, optimizmle, insanlara güven, kendine güven, bağımsızlık ve otonomiyle, kendine saygı ve yükseltilmiş perspektif hitabet yetenekleri ile ilişkilidir." Diğer bir deyişle, "bireysellik durumları psikolojik sağlığın, özellikle geniş çaplı bir patoloji, basit kendini-ret ve egomerkezli olmanın geniş çaplı işaretleri ile negatif biçimde ilintilidir."[195]

- "Sosyal dayanışma teorisyenleri hem pozitif ve hem negatif dayanışmanın bireyler arasında çatışma yarattığını belirtmektedir." Keza, "İşbirlikçi durumlarda, çatışmalar ortak hedeflere en iyi nasıl erişileceği üstüne olur. Ve işbirlikçi durumlarda çatışmalar kimin kazanacağı ve kimin kaybedeceği üstüne olur."[196]

"Dayanışmacı Okul" dedikleri yapıya bağlı olarak öneriler de ihtiva etmekteler. Bundan fazlasını söylemek bu kitabın kapsamının ötesindedir. Dayanışmacı eğitimin etkinliğinin ne kadar geniş olduğunu vurgulamak önemlidir: "Dayanışmacı öğrenimde araştırmanın yaklaşık %65'i sınıfların, konuların, seviyelerin ve öğrencilerin geniş bir çerçevede etkinlik gösterdiği saha çalışmalarını temsil eder. İşbirlikçi öğrenimin kullanımı çok faklı konularda ve kurulumlarda, okul öncesinden yetişkin eğitimine kadar çok çeşitli konular ve öğrencilerle çok farklı öğretmenlerle ve yine çok farklı ülkeler ve kültürlerle gerçekleşir, teoriyi geçerli kılar ve kavramsal tanımları netleştirir."[197]

Keza bu öğrenim metodları her ne kadar etkili olsa da, ihsan etme kuralı ve de hayatın amacının nihayetinde bu kurala benzediği ve bu benzerliğin getirdiği bütün faydalarla çocuklara öğretilmeden ne başarılı olurlar ne de kabul edilebilirler. Bu bilgiyi sağlamaksızın insanın devamlı olarak büyüyen egoizmi geçmiş birkaç on yılda olduğu gibi sonunda dayanışmaya dair her teşebbüsü baskı altına alacak ve artan biçimde insanları tecrit edecektir.

Aşlag'ın belirttiği gibi, dillerimizin üstüne kılıç koyacak, narsizmin tatlı nektarını tadacağız ve öleceğiz. Aslında Jean M. Twenge'ın kitabı olan Bencil Kuşak: Neden Bugünün Genç Amerikalıları Daha Güvenli, İddialı, Ünvanlı —ve Hiç Olmadığı Kadar Daha Bedbaht, zamanımızın ego tuzağını (veya kendine hava basma) ifade etmektedir.[198]

Dayanışmacı okul ortamına ilave olarak ve okulda verilen değişimi motive etmek için hayatın amacının gence bildirilmesi çabaları, prensipleri ev içinde de uygulanmalıdır. Aksi takdirde okul değerleri ve ev değerleri arasındaki çatışma bütün teşebbüsleri başarısızlığa uğratacaktır.

Dayanışmacı Bir Çevreyi İnşa Etmek

Bir önceki bölümde Aşlag'ın, kişinin düşüncelerinin çevrenin bir yansıması olduğunu yazdığı makalesi "Özgürlük"ten bahsetmiştik. Bu durum genç insanların evsel ortamlarının okulların vermeye çalıştığı dayanışma değerlerini karşılaması gerektiğindendir. Birleşik Devletler Eğitim Bakanlığı tarafından yayınlanan "Medya Rehberi– Çocuklara Erken Ergenlik Boyunca Yardım Etmek" isimli makale, "Kitle iletişim araçlarının onlar üstündeki dev etkilerini göz önüne almaksızın ergenlerin dünyasını anlamanın zorluğundan bahseder ve bunun gençlerin ilgi alanlarını, durumlarını ve değerlerini şekillendirebilme kabiliyetine sahip aile, arkadaşlar, okullar ve topluluklarla tamamlandığını belirtir."[199] Ne yazık ki medyanın şekillendirdiği ilgi alanlarının çoğu antisosyaldir (topluma zararlı olan, yıkıcı mesajlar veren).

Michigan Sağlık Sistemi Üniversitesi'ndeki bir online yayın, "1950'lerden beri sürdürülen binlerce çalışma; medya şiddetine maruz kalma ve davranışsal şiddete maruz kalma arasında bir ilişki olup olmadığını ortaya koyar. 18 'Evet' cevabı, ...AAP'ne (Amerikan Pediatri Akademesi) göre, 'Araştırma sonucu medya şiddetinin agresif davranışlara, şiddete, kabuslara ve zarar görme korkusuna dair bir duyarsızlaşmaya [desensitizasyon] katkı yapacağını işaret etmektedir.'"[200]

Şiddetin genç akılları ne derece ele geçirdiğini anlamak için yayından şu bilgi parçasını göz önüne alalım: "Ortalama bir Amerikalı çocuk TV'de 18 yaşına kadar 200,000 şiddet olayı ve 16,000 cinayet görecektir."[201] Eğer bu sayı uyarı veriyor gibi görünmüyorsa 18 yaşına kadar 6,570 gün olduğunu göz önünde bulundurun. Bu durum çocuğun 18 yaşına kadar o genç hayatının her günü TV'de 30'dan fazla şiddet, 2,4 adet cinayet olayına muhatap olması anlamına gelir.

Kitabın Doktor (PhD) Barbara M. Newman tarafından 2008'de yayınlanan Hayat Boyu Gelişim: Psikolojik Bir Yaklaşım isimli bölümünde televizyon karşısında uzun süre şiddete maruz kalmanın gençlerin şiddet yelpazesini; kızgın hislerin, düşüncelerin ve hareketlerin hâkimiyetini nasıl artırdığını tanımlar. Bu çocuklar izledikleri televizyonun şiddet fantazisine yakalanmıştır."[202] Eğer çocukların taklit etme yoluyla öğrendiklerini göz önüne alırsak şiddeti izlemenin onlara nasıl geri döndürülemez zararlar verdiğini hayal edebiliriz.

Kapitalist bir ülkede devlet TV veya medya üstündeki şiddeti yasaklayan kanunları yürürlüğe koymaz. En iyi durumda devlet bunu sınırlandırmaya gayret eder. Fakat istatistikler açık biçimde bu çabaların oldukça etkisiz olduğunu göstermektedir. Çözüm halktan gelmeli devletten değil. İnsanlar TV'de izlemek istedikleri şeye karar vermeli ve ne tür bireyler olmak istediklerine, ulaşmak istedikleri hedeflere, fakat en önemlisi çocuklarının ne tür yetişkinler olmasını istediklerine ve onları ne tür bir dünyada büyütmek istediklerine karar vermeliler.

Ebeveynler çocuklarının umutlu bir dünyada büyümesini istemeye, onların hali hazırda artmakta olan sayıları "herhangi bir zamanda her beş insanda bir"[203] olan, depresyondaki gençler kümelerine (Ulusal Akıl Sağlığı Bilgi Merkezi'ne göre) katılmasını istememeye karar verdikleri zaman, o durumda değişim vuku bulacaktır. TV, filmler, internet ve kitle iletişimin bütün diğer unsurları reytinglerde yaşar ve ölür. Tüketiciler şiddet içermeyen medya istediklerinde, "Bir Rehber Olarak Doğa'nın Kanununu Almak" bölümünde bahsedildiği gibi, o zaman yapımcılar, senaristler ve reklamcılar dayanışmacı davranışı yükselten, tümüyle yeni bir şiddetsiz filmler repertuvarının nasıl yaratılacağını bileceklerdir.

Kişisel Çıkar Özgeciliğe Karşı

Michael Laitman

Medya bir öğrenme aracıdır ve de bir anlamda, tamamen izleyicinin lütufuna bağlı olduğu için, demokratiktir. Bu, neyin yayında olup neyin olmayacağına ilişkin kendi çıkarlarına sahip nispeten sınırlı sayıda insan tarafından kontrol edilirken, günün sonunda medya bize halen görmek istediğimiz şeyi veya sanayinin iflasını gösterir. Çünkü kitle iletişim programlarının doğası böyle olduğundan dolayı günümüz insanlarının çoğu hiç olmadığı kadar narsistiktir. Ve çünkü giderek ben-merkezli olduğumuzdan dolayı kitle iletişim artan biçimde izolasyonizm ve hükmetmeye dair değerlere hizmet etmektedir.

Oysaki izolasyonizm ve narsizm dayanışmacı bir dünyada sürdürülemezdir. Kanserin bedenle ilişkili olması gibi onlar da toplumla ilişkilidir. Çözüm bu sebeple, kendi yoğun arzularımızı kişisel olarak işin sonunda da ödüllendirileceğimiz toplumsal olarak üretken alanlara yönlendirecek bir yolu bulmaktır. Bu, büyüyen egoizmimizin üstüne ve birliğe yükselebileceğimiz tek yoldur.

Kabala'nın sunduğu çözüm küresel sistemin henüz yeni kazanılmış insanlığı ve bunu sürdüren ihsan etme kuralını ve (en önemlisi) hayatın amacı öğretmek olan farkındalığını kullanmaktır. Ödül, dendiği gibi, "tüm bir güç, tüm bir farkındalık ve tüm bir yönetişimi" (kendimizin, yaşamlarımızın ve dünyanın) olacaktır. Fakat bu sadece eğer biz birliği seçersek olacaktır. Böyle yapmakla var oluşun hedefine —Yaratılış'ın Düşüncesi— ve bütünleşmeye erişeceğiz, Yaradanımız gibi olacağız.

Ve Yaratılış'ın parçası olarak ya pek çok acılı "itikatların" ardından, ya da çevreyi, taklit etmeyi, kendi sosyal bağımlılığımızın farkındalığını kullanarak kendi inançlarımızın ardından böyle olmayı seçebiliriz. "Barış" makalesinde Baal HaSulam iki tür insanı —kendi arzusuyla ve bilinçli biçimde hayatın amacına doğru olanlar ve ekin biçenler ya da istem dışı olarak, bilmeden ilerleyenler ve ızdırap biçenler. Sözlerinde şöyle demektedir, "Büyük bir fark var ve onlar arasındaki 'bilerek ve bilmeyerek anlamına gelen büyük fark.' İlki ... gelişimin güçlü dalgaları boyunca fırtınalı dalgalar onların üstüne gelir ve onları ileri doğru gitmeye zorlayarak arkadan iter. Böylece onların borcu [bilinçli biçimde hedefe doğru erişmeye doğru gelişme] iradelerine karşı onları arkadan iten büyük acılarla biriktirilir .... Fakat ikinci tip borcunu kendi uyumlarının gelişime [taklit, çevrenin etkisi] hız veren faaliyetlerini tekrar ederek öder. ... Sevginin ruhunun, özgür iradelerinin peşine düşerler. Söylemek gereksiz, 'arzulanan hedefe yol alındığı oranda' onlar ilk durumda bahsedilen acı çekme ve gamın her türünden özgürdür."[204]

Kaynakça

Amani El-Alayli and Messe Lawrence A., "Reactions Toward an Unexpected or Counternormative Favor-Giver: does it matter if we think we can reciprocate?" Journal of Experimental Social Psychology 40.5 (September 2004)

Anthony McGrew, "A Global Society?" in Modernity and Its Futures, ed. Stuart Hall. UK: Polity Press in association with Blackwell Publishing Ltd ve The Open University, 1992.

Arias Elizabeth, Ph.D., Division of Vital Statistics, "United States Life Tables, 2004," National Vital Statistics Report (NVSS) 56 no. 9 (October 28, 2007).

Ashlag Baruch Shalom (Rabash), The Writings of Rabash. Israel: Ashlag Research Institute, 2008.

Ashlag Yehuda, Kitvey Baal HaSulam (The Writings of Baal HaSulam). Israel: Ashlag Research Institute, 2009.

Ashlag Yehuda, Shamati (I Heard), trans. Chaim Ratz. Canada: Laitman Kabbalah Publishers, 2009.

Ashlag Yehuda, Talmud Eser Sefirot (The Study of the Ten Sefirot). Israel: Ashlag Research Institute, 2007.

Avraham Ben Mordechai Azulai, Ohr HaChama (Light of the Sun).

Burg Bob and David John, The Go-Giver: A Little Story About A Powerful Business Idea. USA: Portfolio, 2007.

Babylonian Talmud, Masechet [Tractate] Yoma, Masechet Hagigah, Masechet Yevamot, Masechet Kidushin.

Buffardi Laura E., Campbell W. Keith, "Narcissism and Social Networking Web Sites," Personality & Social Psychology Bulletin 34 (July 3, 2008): 1303-1314. doi:10.1177/0146167208320061.

Calaprice Alice, The New Quotable Einstein. USA: Princeton University Press, 2005.

Chaim ibn Attar, Ohr HaChaim [Light of Life], Bamidbar [Numbers], Chapter 23.

Collett Jessica L. and Morrissey Christopher A., "The Social Psychology of Generosity: the state of current interdisciplinary research." USA: University of Notre Dame, Ekim 2007.

Cordovero Moshe (RAMAK), Know the God of Thy Father.

Darwin Charles, The Works of Charles Darwin, Volume 16: The Origin of Species, 1876. NY: NYU Press; Volume 16 edition, February 15, 2010.

Dawkins Richard, The Selfish Gene. New York: Oxford University Press Inc., 1989.

Della Mirandola Giovanni Pico, De Hominis Dignitate Oratio (Oration on the Dignity of Man). Italy: Feltrinelli, 2000.

Diamond Jared, Guns, Germs, and Steel: The Fates of Human Societies. NY: Norton & Company, 1997.

Elimelech of Lizhensk, Noam Elimelech (The Pleasantness of Elimelech), Likutei Shoshana ("Collections of the Rose") (First published in Levov, Ukraine, 1788).

Estelami Hooman and De Maeyer Peter, "Customer reactions to service provider overgenerosity," Journal of Service Research 4, no. 3 (Feb 2002): 205-216

Frankl Viktor E., Man's Search for Meaning, trans. Ilse Lasch. Boston: Beacon Press, 2006.

Hillel Shklover, Kol haTor (Voice of the Turtledove).

Horgan John, The End of Science: Facing the Limits of Knowledge in the Twilight of the Scientific Age. New York: Broadway Books, 1997.

Hurley S. and Chater N. (Eds.), Perspectives on Imitation: From Neuroscience to Social Science. Cambridge, MA: MIT Press, 2005.

Isaac Luria (ARI), Tree of Life.

Johnson David W. and Johnson Roger T., "An Educational Psychology Success Story: Social Interdependence Theory and Cooperative Learning," Educational Researcher 38 (2009): 365-380, doi: 10.3102/0013189X09339057

Kabbalah for the Student, ed. Gilad Shadmon, trans. Chaim Ratz. Canada: Laitman Kabbalah Publishers, 2009.

Lasch Christopher, The Culture of Narcissism: American Life in an Age of Diminishing Expectations. USA: Norton & Company, May 17, 1991.

Laszlo Ervin, The Chaos Point: The World at the Crossroads. Charlottesville, VA: Hampton Roads, 2006.

Lehrs Ernst, Man or Matter. London: Rudolf Steiner Press; 2nd edition, June 1985.

Leibniz Gottfried Wilhelm, Leibniz: Philosophical Writings. UK: Dent, Rowman and Littlefield, 1991.

Lovelock James, The Revenge of Gaia: Earth's Climate Crisis & The Fate of Humanity. New York: Basic Books, 2006.

Luntschitz Shlomo Ephraim, Keli Yakar [Precious Vessel].

Midrash Rabbah, Beresheet, Portion 38.

Midrash Rabbah, Beresheet.

Midrash Rabbah, Kohelet.

Midrash Rabbah, Shemot.

Mishnah, Masechet Hagigah.

Nanda Anshen Ruth, Biography of an Idea. USA: Moyer Bell, 1987.

Newman Barbara M. and Newman Philip R., Development Through Life: A Psychosocial Approach. Belmont, CA: Wadsworth Cengage Learning ,2008.

Pearce Fred, The Last Generation: How Nature Will Take Her Revenge for Climate Change. USA: Key Porter Books, February 2007.

Postman Neil, The End of Education: Redefining the Value of School. New York: Knopf, 1995.

Rav Avraham Kook (The Raaiah), Igrot (Letters).

Rav Moshe Ben Maimon (Maimonides), Mishneh Torah (Yad HaChazakah (The Mighty Hand)), Part 1, "The Book of Science."

Rav Moshe Ben Maimon (Maimonides), Mishneh Torah (Yad HaChazakah (The Mighty Hand), Part 1, "The Book of Science," Chapter 1.

Rav Shabtai Ben Yaakov Yitzhak Lifshitz, Segulot Israel (The Virtue of Israel).

Rav Yitzhak Yehudah Yehiel of Komarno, Notzer Hesed (Keeping Mercy).

Reuchlin Johannes, De Arte Cabbalistica (On the Art of Kabbalah). Hagenau, Germany: Tomas Anshelm, March, 1517.

Russell Bertrand, History of western Philosophy. London: Routledge Classics, 2004.

Shachmurove Yochanan and Uriel Spiegel, "A Monopoly Reason Why Autarky might Be Best for a Large Country," The Manchester School 73, no. 3 (2005): 269-280.

Spock Benjamin, Baby and Child Care. USA: Pocket Books, 2004.

Rabbi Shimon bar Yochai (Rashbi), The Book of Zohar, Tikkuney Zohar (Corrections of The Zohar).

"The Global Financial System," eJournal USA 14, no. 5 (May, 2009)

The Interdependence Handbook: Looking Back, Living the Present, Choosing the Future, eds. Sondra Myers and Benjamin R. Barber. NY: The International Debate Education Association, 2004.

The Rav Raiah Kook, Orot (Lights).

Twenge Jean M. and Campbell W. Keith, The Narcissism Epidemic: Living in the Age of Entitlement. New York: Free Press, A Division of Simon & Schuster, Inc. 2009.

Twenge Jean M., Generation Me: Why Today's Young Americans Are More Confident, Assertive, Entitled--and More Miserable Than Ever Before. USA: Free Press, March 6, 2007.

Tyler Miller G. and Spoolman Scott, Living in the Environment: Principles, Connections, and Solutions. Belmont, CA: Books/Cole, Cengage Learning, 2008.

Valadez Joseph and Clignet Remi, "On the Ambiguities of a Sociological Analysis of the Culture of Narcissism" Sociological Quarterly, vol. 28, 4 (Dec. 1987): 455–472.

Von Goethe Johann Wolfgang, Materialien zur Geschichte der Farbenlehre. Stuttgart, Germany: Gotta'sche Buchhandlung, 1833.

Whiston William, The Works of Flavius Josephus. UK: Armstrong and Plaskitt AND Plaskitt & Co., 1835.

Wilber Ken, Quantum Questions: Mystical Writings of the World's Great Physicists. USA: Shambhala Publications, Inc., 1984.

Zalman Elijah ben Shlomo (The Vilna Gaon (GRA)), Even Shlemah (A Perfect and Just Weight). Israel: Yofi (Beauty) Publishing, 2007.

Notlar

1 Global Health Council, "Global View" (2009), http://www.globalhealth.org/infectious_diseases/global_view/

2 James Lovelock, The Revenge of Gaia: Earth's Climate Crisis & The Fate of Humanity (New York: Basic Books, 2006)

3 Ervin Laszlo, The Chaos Point: The World at the Crossroads (Charlottesville, VA: Hampton Roads, 2006)

4 Stephan Faris, "Top 10 Places Already Affected by Climate Change," Scientific American 54 (December 23, 2008), http://www.scientificamerican.com/article.cfm?id=top-10-places-already-affected-by-climate-change

5 Peter Popham, "Melting snow prompts border change between Switzerland and Italy," The Independent (24 March, 2009), http://www.independent.co.uk/news/world/europe/melting-snows-prompt-border-change-between-switzerland-and-italy-1653181.html)

6 World Food Programme, "Hunger Stats" (2009), http://www.wfp.org/hunger/stats

7 Sam Roberts, "To Be Married Means to Be Outnumbered," The New York Times (October 15, 2006), http://www.nytimes.com/2006/10/15/us/15census.html?scp=1&sq=To%20Be%20Married%20Means%20to%20Be%20Outnumbered&st=cse

8 Indrajit Basu, "'Native English' is losing its power," Asia Times (September 15, 2006), http://www.atimes.com/atimes/South_Asia/HI15Df01.html

9 Associated Press, "Recession will likely be longest in postwar era," MSNBC (March, 2009), http://www.msnbc.msn.com/id/29582828/wid/1/page/2/

10 Fareed Zakaria, "Get Out the Wallets: The world needs Americans to spend, Newsweek (August 1, 2009), http://www.newsweek.com/2009/07/31/get-out-the-wallets.html

11 Jean M. Twenge and W. Keith Campbell, The Narcissism Epidemic: Living in the Age of Entitlement (New York: Free Press, A Division of Simon & Schuster, Inc. 2009), 78

12 Jean M. Twenge and W. Keith Campbell, The Narcissism Epidemic, 1

13 Jean M. Twenge and W. Keith Campbell, The Narcissism Epidemic, 1-2

14 "World Leaders Seek Unity to Fight Financial Crisis," The Economic Times (September 24, 2008), http://www.usatoday.com/news/world/2008-09-24-un-financial-crisis_N.htm

15 Yehuda Ashlag, "The Essence of the Wisdom of Kabbalah," in Kabbalah for the Student, ed. Gilad Shadmon, trans. Chaim Ratz (Canada: Laitman Kabbalah Publishers, 2009), 21

16 David L. Goodstein (Primary Contributor), "Mechanics," Encyclopædia Britannica, http://www.britannica.com/EBchecked/topic/371907/mechanics

17 "A Theory of Everything," "Subatomic Particle," Encyclopædia Britannica, http://www.britannica.com/EBchecked/topic/570533/subatomic-particle/254800/A-theory-of-everything

18 Werner Heisenberg, quoted by Ruth Nanda Anshen in Biography of an Idea (USA: Moyer Bell, 1987), 224

19 Ken Wilber, Quantum Questions: Mystical Writings of the World's Great Physicists, (USA: Shambhala Publications, Inc., 1984), 96

20 Alice Calaprice, The New Quotable Einstein (USA: Princeton University Press, 2005), 206

21 Laurance Johnston, "Objective Science: An Inherent Oxymoron" (April 2007), http://brentenergywork.com/OBJECTIVE_SCIENCE_ARTICLE.htm

22 Bertrand Russell, History of western Philosophy (London: Routledge Classics, 2004), 243

23 Gottfried Wilhelm Leibniz, Leibniz: Philosophical Writings (UK: Dent, Rowman and Littlefield, 1991), 37

24 Ernst Lehrs, Man or Matter (London: Rudolf Steiner Press; 2nd edition, June 1985), 58-9

25 Rav Moshe Ben Maimon (Maimonides), Mishneh Torah (Yad HaChazakah (The Mighty Hand)), Part 1, "The Book of Science," Chapter 1, Item 1

26 Rav Moshe Ben Maimon (Maimonides), Mishneh Torah (Yad HaChazakah (The Mighty Hand), Part 1, "The Book of Science," Chapter 1, Item 3

27 Yehuda Ashlag, "The Peace," in Kabbalah for the Student, ed. Gilad Shadmon, trans. Chaim Ratz (Canada: Laitman Kabbalah Publishers, 2009), 265

28 Rav Moshe Ben Maimon (Maimonides), Mishneh Torah (Yad HaChazakah (The Mighty Hand), Part 1, "The Book of Science," Chapter 1, Item 3

29 Midrash Rabbah, Beresheet, Portion 38, Item 13

30 Midrash Rabbah, Beresheet, Portion 38, Item 13

31 Rav Moshe Ben Maimon (Maimonides), Mishneh Torah (Yad HaChazakah (The Mighty Hand), Part 1, "The Book of Science," Chapter 1, Item 3

32 Rav Moshe Ben Maimon (Maimonides), Mishneh Torah (Yad HaChazakah (The Mighty Hand), Part 1, "The Book of Science," Chapter 1, Item 3

33 Rav Moshe Ben Maimon (Maimonides), Mishneh Torah (Yad HaChazakah (The Mighty Hand), Part 1, "The Book of Science," Chapter 1, Item 3

34 Elimelech of Lizhensk, Noam Elimelech (The Pleasantness of Elimelech), Likutei Shoshana ("Collections of the Rose") (First published in Levov, Ukraine, 1788), obtained from http://www.daat.ac.il/daat/vl/tohen.asp?id=173

35 Shlomo Ephraim Luntschitz, Keli Yakar [Precious Vessel]

36 Chaim ibn Attar, Ohr HaChaim [Light of Life], Bamidbar [Numbers], Chapter 23, Item 8, https://sites.google.com/site/magartoratemet/tanach/orhahaym

37 Baruch Shalom Ashlag (Rabash), The Writings of Rabash, Vol. 1, Article no. 9, 1988-89 (Israel: Ashlag Research Institute, 2008), 50, 82, 163

38 Neil Postman, The End of Education: Redefining the Value of School (USA: Vintage, First Edition, 1996), 170

39 Rav Moshe Ben Maimon (Maimonides), Mishneh Torah (Yad HaChazakah (The Mighty Hand), Part 1, "The Book of Science," Chapter 1, Item 3

40 Yehuda Ashlag, "The Matter of Spiritual Attainment," in Shamati (I Heard), trans. Chaim Ratz (Canada: Laitman Kabbalah Publishers, 2009), 22

41 Baruch Shalom Ashlag (Rabash), The Writings of Rabash, Vol. 2, Article no. 9, 1988-89 (Israel: Ashlag Research Institute, 2008), 823

42 Isaac Luria (ARI), Tree of Life, Gate 1, Branch 2

43 Yehuda Ashlag, Talmud Eser Sefirot (The Study of the Ten Sefirot), Part 1 (Israel: Ashlag Research Institute, 2007), 19

44 Yehuda Ashlag, Talmud Eser Sefirot (The Study of the Ten Sefirot), Part 1 (Israel: Ashlag Research Institute, 2007), 31

45 Yehuda Ashlag, "Talmud Eser Sefirot (The Study of the Ten Sefirot), Part One, Histaklut Pnimit (Inner Reflection)," in Kabbalah for the Student, ed. Gilad Shadmon, trans. Chaim Ratz (Canada: Laitman Kabbalah Publishers, 2009), 729

46 Yehuda Ashlag, "Introduction to Study of the Ten Sefirot," in Kabbalah for the Student, ed. Gilad Shadmon, trans. Chaim Ratz (Canada: Laitman Kabbalah Publishers, 2009), 374

47 "Lightning," Encyclopedia Britannica (http://www.britannica.com/EBchecked/topic/340767/lightning)

48 Ashlag, "Preface to the Wisdom of Kabbalah," in Kabbalah for the Student, 567-572

49 Richard Dawkins, The Selfish Gene (New York: Oxford University Press Inc., 1989), 14

50 Ashlag, "Preface to the Wisdom of Kabbalah," in Kabbalah for the Student, 567-9

51 From: S. Hurley and N. Chater (Eds.), Perspectives on Imitation: From Neuroscience to Social Science (Vol. 2) (Cambridge, MA: MIT Press, 2005), 55-77

52 Benjamin Spock, Baby and Child Care, (USA: Pocket Books, 2004), 164-5

53 Ashlag, Kitvey Baal HaSulam (The Writings of Baal HaSulam) (Israel: Ashlag Research Institute, 2009), 499

54 Ashlag, "Preface to the Wisdom of Kabbalah," in Kabbalah for the Student, 568

55 Ashlag, "Preface to the Wisdom of Kabbalah," in Kabbalah for the Student, 568

56 Yehuda Ashlag, "The Giving of the Torah," in Kabbalah for the Student, 244

57 El-Alayli Amani and Lawrence A. Messe. "Reactions Toward an Unexpected or Counternormative Favor-Giver: does it matter if we think we can reciprocate?" Journal of Experimental Social Psychology 40.5 (September 2004): 633-641

58 (ibid.)

59 Ashlag, "The Giving of the Torah," in Kabbalah for the Student, 244

60 Ashlag, "The Essence of the Wisdom of Kabbalah," in Kabbalah for the Student, 25

61 Ashlag, "Introduction to the Book of Zohar," in Kabbalah for the Student, 128

62 (ibid.)

63 (ibid.)

64 (ibid.)

65 (ibid.)

66 Ashlag, "The Giving of the Torah," in Kabbalah for the Student, 244

67 Ashlag, "Preface to the Wisdom of Kabbalah," in Kabbalah for the Student, 571-573

68 Nobel Lecture by Ada E. Yonath, http://nobelprize.org/mediaplayer/index.php?id=1212&view=1

69 Ashlag, "Preface to the Wisdom of Kabbalah," in Kabbalah for the Student, 567-568

70 Yehuda Ashlag, Talmud Eser Sefirot (The Study of the Ten Sefirot), Part 1 (Israel: Ashlag Research Institute, 2007), 5

71 "Where Did All the Elements Come From??" Haystack Observatory, an interdisciplinary research center of the Massachusetts Institute of Technology (MIT) (August 11, 2005), http://www.haystack.mit.edu/edu/pcr/Astrochemistry/3%20-%20MATTER/nuclear%20synthesis.pdf

72 "Helium-3 in Milky Way Reveals Abundance of Matter in Early Universe," National Radio Astronomy Observatory (January 2, 2002), http://www.nrao.edu/pr/2002/he3/

73 Richard Dawkins, The Selfish Gene (New York: Oxford University Press Inc., 1989), 13

74 Lynn Margulis, Carl Sagan, Dorion Sagan (Primary Contributors), "Life," Encyclopædia Britannica, http://www.britannica.com/EBchecked/topic/340003/life

75 Ashlag, "Introduction to the Book of Zohar," in Kabbalah for the Student, 128

76 Yehuda Ashlag, Talmud Eser Sefirot (The Study of the Ten Sefirot), Parts 10-12 (Israel: Ashlag Research Institute, 2007), 865-1296

77 Ashlag, "Introduction to the Book of Zohar," in Kabbalah for the Student, 128

78 (ibid.)

79 (ibid.)

80 (ibid.)

81 (ibid.)

82 United States Geological Survey (USGS), "Why did the dinosaurs die out?" (May 17, 2001), http://pubs.usgs.gov/gip/dinosaurs/die.html

83 University of California Museum of Paleontology, "What Killed The Dinosaurs?" (January 2009), http://www.ucmp.berkeley.edu/diapsids/extincttheory.html

84 "Evolution Can Occur in Less Than Ten Years," Science Daily (June 15, 2009), http://www.sciencedaily.com/releases/2009/06/090610185526.htm

85 Wendy Zukerman, Australia's battle with the bunny, ABC Science (April 08, 2009), http://www.abc.net.au/science/articles/2009/04/08/2538860.htm

86 (ibid.)

87 (ibid.)

88 Louis L. Ray, "The Great Ice Age," U.S. Geological Survey (September 27, 1999), http://pubs.usgs.gov/gip/ice_age/ice_age.pdf

89 Robin Allaby, "Research pushes back history of crop development 10,000 years," University of Warwick (September 19, 2008), http://www2.warwick.ac.uk/newsandevents/pressreleases/research_pushes_back/

90 Jared Diamond, Guns, Germs, and Steel: The Fates of Human Societies (NY: Norton & Company, 1997)

91 Jared Diamond, "The Evolution of Religions" (Uploaded by RabidApe, May 26, 2009), http://www.youtube.com/watch?v=GWXr7pXoCTs

92 Ashlag, "Peace in the World," in Kabbalah for the Student, 89

93 (ibid.)

94 Douglas Adams, Dirk Gently's Holistic Detective Agency (NY: Pocket Books, 1987), 270

95 Midrash Rabbah, Shemot 2:4

96 RASHI commentary on exodus 19:2

97 Ashlag, The Arvut (The Mutual Guarantee), in Kabbalah for the Student, 251

98 (ibid.)

99 Midrash Rabbah, Kohelet, 1:13

100 Ashlag, Kabbalah for the Student, 54

101 Babylonian Talmud, Masechet [Tractate] Yoma p 9b

102 Babylonian Talmud, Yoma, p 9b

103 Babylonian Talmud, Masechet [Tractate] Yevamot, 62b

104 Johannes Reuchlin, De Arte Cabbalistica (Hagenau, Germany: Tomas Anshelm, March, 1517), 126

105 Giovanni Pico della Mirandola, De Hominis Dignitate Oratio (Oration on the Dignity of Man) (Italy: Feltrinelli, 2000), 148

106 William Whiston, The Works of Flavius Josephus (UK: Armstrong and Plaskitt AND Plaskitt & Co., 1835), 564

107 Whiston, The Works of Flavius Josephus, 565

108 Yehuda Ashlag, "The Love of the Creator and the Love of Man," in Kitvey Baal HaSulam (The Writings of Baal HaSulam) (Israel: Ashlag Research Institute, 2009), 486

109 Kip P. Nygren, "Emerging Technologies and Exponential Change: Implications for Army Transformation," Parameters (Summer 2002), 86-99, Online source: http://www.carlisle.army.mil/usawc/parameters/Articles/02summer/nygren.htm

110 G. Tyler Miller and Scott Spoolman, Living in the Environment: Principles, Connections, and Solutions (Belmont, CA: Books/Cole, Cengage Learning, 2008)

111 Solliberty (online name), "Did You Know? We are living in exponential times (December 9, 2008), http://www.youtube.com/watch?v=lUMf7FWGdCw

112 Ashlag, "Introduction to the Book of Zohar," in Kabbalah for the Student, 128

113 Elijah ben Shlomo Zalman (The Vilna Gaon (GRA)), Even Shlemah (A Perfect and Just Weight), Chapter 11, Item 3 (Israel: Yofi (Beauty) Publishing, 2007), 100

114 Mishnah, Masechet Hagigah, 2,1

115 Babylonian Talmud, Masechet Hagigah, p 14b

116 Babylonian Talmud, Masechet Kidushin, Chapter 1, p 30a)

117 The Book of Zohar, Tikkuney Zohar (Corrections of the Zohar (part of The Zohar), Tikkun (Correction) No. 6, p 24a)

118 Chaim Vital, The Tree of Life, Introduction of Rav Chaim Vital to The Gate of Introductions, http://www.kab.co.il/heb/content/view/frame/7948?/heb/content/view/full/7948&main

119 (ibid.)

120 (ibid.)

121 (ibid.)

122 (ibid.)

123 Avraham Ben Mordechai Azulai, Ohr HaChama (Light of the Sun), Introduction, p 81

124 Rav Moshe Cordovero (RAMAK), Know the God of Thy Father, 40

125 Rav Yitzhak Yehudah Yehiel of Komarno, Notzer Hesed (Keeping Mercy), Chapter 4, Teaching 4

126 Rav Shabtai Ben Yaakov Yitzhak Lifshitz, Segulot Israel (The Virtue of Israel), Set no. 7, Item 5

127 Johann Wolfgang von Goethe, Materialien zur Geschichte der Farbenlehre (Germany: Gotta'sche Buchhandlung, 1833), 83-4

128 The Wright Brothers, the Invention of the Aerial Age, "Inventing a Flying Machine," http://www.nasm.si.edu/wrightbrothers/fly/1903/triumph.cfm

129 Elizabeth Arias, Ph.D., "National Vital Statistics Reports," Vol. 56, No. 9 (December 28, 2007): 31-32

130 Richard H. Pells, Christina D. Romer (Primary Contributors), "Great Depression," http://www.britannica.com/EBchecked/topic/243118/Great-Depression

131 Charles Darwin, The Works of Charles Darwin, Volume 16: The Origin of Species, 1876 (NY: NYU Press; Volume 16 edition, February 15, 2010), 167

132 (ibid.)

133 Midrash Rabah, Kohelet, 1:13

134 Babylonian Talmud, Masechet Sukkah, p 52a

135 Midrash Rabah, Kohelet, 1:13

136 Anthony McGrew, "A Global Society?" in Modernity and Its Futures, ed. Stuart Hall (UK: Polity Press in association with Blackwell Publishing Ltd and The Open University, 1992), 65

137 Ashlag, "Peace in the World," in Kabbalah for the Student, 92

138 Ashlag, "Peace in the World," in Kabbalah for the Student, 93

139 (ibid.)

140 Clive Thompson, "Are Your Friends Making You Fat?", The New York Times (September 10, 2009), http://www.nytimes.com/2009/09/13/magazine/13contagion-t.html?_r=1&th&emc=th

141 (ibid.)

142 (ibid.)

143 (ibid.)

144 (ibid.)

145 Ashlag, "The Freedom," in Kabbalah for the Student, 384

146 Clive Thompson, "Are Your Friends Making You Fat?", The New York Times (September 10, 2009), http://www.nytimes.com/2009/09/13/magazine/13contagion-t.html?_r=1&th&emc=th

147 Ashlag, "Peace in the World," in Kabbalah for the Student, 96

148 Ashlag, "Introduction to the Book of Zohar," in Kabbalah for the Student, 128

149 Ashlag, "Introduction to the Book of Zohar," in Kabbalah for the Student, 122-3

150 (ibid.)

151 Ashlag, "Peace in the World," in Kabbalah for the Student, 92

152 The Book of Zohar, Tikkuney Zohar (Corrections of the Zohar (part of The Zohar), Tikkun (Correction) No. 6, p 24a)

153 Jack T. Chick "The Last Generation," Chick Publications (1992), http://www.chick.com/reading/tracts/0094/0094_01.asp

154 "Ten Signs of the End Times ," http://www.escapeallthesethings.com/last-generation.htm

155 Fred Pearce, The Last Generation: How Nature Will Take Her Revenge for Climate Change (USA: Key Porter Books, February 2007)

156 Hillel Shklover, Kol haTor (Voice of the Turtledove), 498

157 Hillel Shklover, Kol haTor (Voice of the Turtledove), 553

158 The Rav Raiah Kook, Orot (Lights), 57

159 Rav Yitzhak Yehuda Yehiel of Komarno, Notzer Hesed (Keeping Mercy), Chapter 4, Teaching 20

160 Christopher Lasch, The Culture of Narcissism: American Life in an Age of Diminishing Expectations (USA: Norton & Company, May 17, 1991)

161 Laura E. Buffardi, W. Keith Campbell, "Narcissism and Social Networking Web Sites," Personality & Social Psychology Bulletin 34 (July 3, 2008): 1303-1314, doi:10.1177/0146167208320061, quoted in "Facebook Profiles Can Be Used To Detect Narcissism," Science Daily (September 23, 2008): http://www.sciencedaily.com/releases/2008/09/080922135231.htm

162 The Interdependence Handbook: Looking Back, Living the Present, Choosing the Future, ed. Sondra Myers and Benjamin R. Barber (NY: The International Debate Education Association, 2004), 14

163 Gordon Brown speaks to Conference, Labour (September 23, 2008): http://www.labour.org.uk/gordon_brown_conference

164 (ibid.)

165 David W. Johnson and Roger T. Johnson, "An Educational Psychology Success Story: Social Interdependence Theory and Cooperative Learning," Educational Researcher 38 (2009): 365, doi: 10.3102/0013189X09339057

166 Johnson and Johnson, "Educational Psychology Success Story," 366

167 (ibid.)

168 Johnson and Johnson, "Educational Psychology Success Story," 368

169 (ibid.)

170 (ibid.)

171 Johnson and Johnson, "Educational Psychology Success Story," 371

172 (ibid.)

173 Ashlag, "Peace in the World," in Kabbalah for the Student, 89

174 Sam Roberts, "To Be Married Means to Be Outnumbered, The New York Times (October 15, 2006): http://www.nytimes.com/2006/10/15/us/15census.html?_r=1&scp=2&sq=more%20unmarried%20couples%20than%20married%20couples&st=cse

175 Yehuda Ashlag, Kitvey Baal HaSulam (The Writings of Baal HaSulam), "The Writings of the Last Generation," Part 1 (Israel: Ashlag Research Institute, 2009), 815

176 (ibid.)

177 Yehuda Ashlag, "What Is Habit Becomes a Second Nature in the Work," in Shamati (I Heard), trans. Chaim Ratz (Canada: Laitman Kabbalah Publishers, 2009), 38

178 Ashlag, "Peace in the World," in Kabbalah for the Student, 89

179 Yehuda Ashlag, The Writings of Baal HaSulam "The Nation," (Israel: Ashlag Research Institute, 2009), 494

180 Ashlag, "Introduction to the Book, Panim Meirot uMasbirot" (Illuminating and Enlightening Face) in Kabbalah for the Student, 463

181 Yehuda Ashlag, Kitvey Baal HaSulam (The Writings of Baal HaSulam), 44

182 Werner Heisenberg, quoted by Ruth Nanda Anshen in Biography of an Idea, 224

183 Christopher Lasch, The Culture of Narcissism: American Life in an Age of Diminishing Expectations (USA: Norton & Company, May 17, 1991)

184 Jean M. Twenge and W. Keith Campbell, The Narcissism Epidemic: Living in the Age of Entitlement (New York: Free Press, A Division of Simon & Schuster, Inc. 2009)

185 Joseph Valadez and Remi Clignet, "On the Ambiguities of a Sociological Analysis of the Culture of Narcissism" Sociological Quarterly, vol. 28, 4 (Dec. 1987): 455–472

186 The Associated Press, "Isolationism soars among Americans" (March 12, 2009): http://www.msnbc.msn.com/id/34255911/ns/world_news/

187 "Poll: 44% Americans see China as top economic power," People's Daily (December 04, 2009), http://english.peopledaily.com.cn/90001/90776/90883/6831907.html

188 "A rising tide of hunger," Los Angeles Times (November 26, 2009): http://articles.latimes.com/2009/nov/26/opinion/la-ed-hunger26-2009nov26

189 Jason DeParle, "Hunger in U.S. at a 14-Year High," The New York Times (November 16, 2009), http://www.nytimes.com/2009/11/17/us/17hunger.html

190 Andrew Martin, "As Recession Deepens, So Does Milk Surplus, The New York Times (January 1, 2009), http://www.nytimes.com/2009/01/02/business/02dairy.html

191 Rav Avraham Kook (The Raaiah), Igrot (Letters), Vol. 2, 226

192 Ashlag, "Introduction to the Book, Panim Meirot uMasbirot" (Illuminating and Enlightening Face) in Kabbalah for the Student, 438

193 Johnson and Johnson, "Educational Psychology Success Story," 372

194 (ibid.)

195 (ibid.)

196 Johnson and Johnson, "Educational Psychology Success Story," 373

197 Johnson and Johnson, "Educational Psychology Success Story," 374

198 Jean M. Twenge, Generation Me: Why Today's Young Americans Are More Confident, Assertive, Entitled--and More Miserable Than Ever Before (USA: Free Press, March 6, 2007)

199 U.S. Department of Education, "Media Guide—Helping Your Child Through Early Adolescence," http://www2.ed.gov/parents/academic/help/adolescence/index.html

200 University of Michigan Health System, "Television and Children," http://www.med.umich.edu/yourchild/topics/tv.htm

201 (ibid.)

202 Barbara M. Newman and Philip R. Newman, Development Through Life: A Psychosocial Approach (Belmont, CA: Wadsworth Cengage Learning ,2008), 250

203 "Major Depression in Children and Adolescents," http://www.mentalhealthcanada.com/ConditionsandDisordersDetail.asp?lang=e&category=68

204 Ashlag, "The Peace," in Kabbalah for the Student, 273

BNEY BARUH HAKKINDA

Bney Baruh, Kabala bilgeliğini tüm dünya ile paylaşan büyük bir Kabalistler grubudur. 38 den fazla dildeki çalışma araçları bir nesilden diğerine geçmiş otantik Kabala metinlerini temel alır.

Mesaj

Bney Baruh dünya çapındaki binlerce öğrencinin birçok çeşitli hareketinden oluşmaktadır. Her öğrenci kendi kişisel koşullarına ve yeteneklerine göre kendi yolunu ve yoğunluğunu seçer.

Son yıllarda grup, orijinal Kabala kaynaklarını çağdaş bir dille sunan gönüllü eğitim projeleriyle uğraşan bir hareket olarak büyüdü. Bney Baruh tarafından dağıtımı yapılan mesajın özü insanların birlik olması, ulusların birliği ve insan sevgisidir.

Binlerce yıldır, Kabalistler insan sevgisinin yaratılışın temeli olduğunu öğretmektedirler. Bney Baruh kesinlikle Din, Irk, Dil, v.b. bir ayırım gözetmez. Bu sevgi Hz. İbrahim'in, Hz. Musa'nın ve onların kurduğu Kabalist grupların günlerinden beri hakim olmuştur. İnsan sevgisi temelsiz nefrete dönüştüğü zamanlarda, millet sürgün ve ızdırap içine düşmüştür. Eğer bu eski-ama-yeni değerler için bir yer açarsak, farklılıklarımızı bir kenara koyup birleşmek için gerekli olan güce sahip olduğumuzu keşfedeceğiz.

Bin yıldan beri gizlenmiş olan Kabala bilgeliği şimdi açığa çıkıyor. Bizim yeterince geliştiğimiz ve onun mesajını uygulamaya hazır olduğumuz bir zaman için bekliyordu. Bugün Kabala ulusların kendi içlerindeki ve uluslar arasındaki gruplaşmaları, ayrılıkları birey ve toplum olarak çok daha iyi bir durumda birleştirecek bir mesaj ve çözüm olarak ortaya çıkmaktadır.

Tarih ve Kökeni

Kabalist Michael Laitman, Ontoloji (Varlık Bilimi) ve Bilgi Kuramı Profesörü, Felsefe ve Kabala konusunda doktora, Tıbbi Bio-Sibernetik konusunda yüksek lisans yapmıştır ve 1991 de, hocası Kabalist Baruh Şalom HaLevi Aşlag'ın (Rabaş) vefatından sonra Bney Baruh adlı Kabalist grubunu kurmuştur.

Kabalist Michael Laitman akıl hocasını anmak için onun anısına grubuna Bney Baruh (Baruh'un Oğulları) adını verdi. Hayatının son 12 yılında, 1979 dan 1991 e kadar onun yanından hiç ayrılmadı. Kabalist Laitman, Aşlag'ın en önemli öğrencisi ve özel asistanıydı ve onun öğretim metodunun takipçisi olarak tanındı.

Rabaş 20.yüzyılın en büyük Kabalisti Yehuda Leib HaLevi Aşlag'ın ilk oğlu ve takipçisidir. Yehuda Aşlag, Zohar kitabı üzerine yazılmış en kapsamlı ve en saygın tefsirin yazarıdır. Sulam Tefsiri (Merdiven Tefsiri) manevi yükseliş için eksiksiz bir metod ifşa eden ilk Zohar tefsiridir.

Bney Baruh tüm çalışma metodunu bu büyük manevi liderler tarafından kazılmış yol üzerine temellendirir.

Kabala Dersleri

Yüzyıllardır Kabalistlerin yaptığı gibi ve Bney Baruh faaliyetlerinin odağındaki en önemli ögesi olarak, Kabalist Laitman Bney Baruh'un İsraildeki merkezinde her gün 03.00-

06:00 (İsrail ve Türkiye saatiyle) arası verdiği dersler yer almaktadır. Dersler simultane olarak 7 dilde; İngilizce, Rusça, İspanyolca, Almanca, İtalyanca, Fransızca ve Türkçe olarak çevirilmektedir.

Tüm Bney Baruh faaliyetleri gibi canlı yayınlarda dünyanın her yerinden olan binlerce öğrenci için ücretsiz olarak sunulmaktadır.

Finansman

Bney Baruh Kabala bilgeliğini paylaşmak üzere kâr amacı gütmeyen bir organizasyon olarak kurulmuştur. Bağımsızlığını ve niyetlerin saflığını koruyabilmek için Bney Baruh hiçbir devlet ya da politik oluşum tarafından desteklenmemektedir, fonlanmamaktadır ya da hiçbir kuruluşa bağlı değildir.

Çoğunlukla bu aktiviteler ücretsiz olarak sunulduğu için, grup aktivitelerinin temel kaynağı öğrencilerin gönüllü olarak katkıda bulunmalarından oluşmaktadır.

Kabalist Michael Laitman'ın Kabala'yı Arayışı

Bir çok derste ve röportajda Kabala'ya nasıl geldiğim bana sürekli sorulan bir sorudur. Kabala'dan uzak bir takım konuların içerisinde olsaydım muhtemelen bu sorunun geçerliliğini anlayabilirdim. Ancak Kabala hayatımızın amacının öğretisidir; hepimize çok yakın ve her birimizi ilgilendiren bir konu! Dolayısıyla bence daha uygun bir soru, Kabala'nın kişinin kendisi ve hayat ile ilgili soruları içinde barındırdığını nasıl bulduğum olmalı. Yani soru, "Kabala'yı nasıl keşfettiniz?" değil, "Neden Kabala ile ilgileniyorsunuz?" olmalı.

Hâlâ çocukluk çağındayken, tıpkı bir çok insan gibi, neden var olduğum sorusunu sordum. Bu soru, dünyevi zevklerin peşinde koşarak bu soruyu bastırmadığım anlarda sürekli beni rahatsız ediyordu. Bununla beraber, bu soruyu defalarca suni şeylerle, örneğin ilginç bir meslek edinip kendimi yıllarca işime adayarak ya da uzun yıllar peşinde koştuğum kendi ülkeme göç etmekle bastırmaya çalıştım.

1974 yılında İsrail'e geldiğimde de hayatın manası nedir sorusuyla hâlâ boğuşuyordum; yaşamaya değecek bir neden bulmaya çalıştım. Elimdeki imkânları kullanarak eski konuları (politika, iş hayatı vs) farklı yorumlarla ele alıp herkes gibi olmaya çalışsam da hâlâ bu ısrarlı soruyu silip atamıyordum: Hangi nedenden dolayı tüm bu şeyleri yapmaya devam ediyorum? Diğer herkese benzeyerek ne elde ediyorum?

Maddi ve manevi zorlukların etkisiyle beraber realiteyle başa çıkamayacağımın farkına varmam 1976 yılında beni dindar bir hayat yaşamaya getirdi, ümidim bu hayat tarzının bana daha uygun düşünceler ve fikirler getireceği ve yapıma daha uygun olacağı inancıydı.

Hiçbir zaman insanlığa özel bir meylim olmadı, sosyal bilimler, psikoloji ya da Dostoyevski'nin derinliğinin değerini ölçecek bir ilgiye sahip değildim. Sosyal bilimlerdeki tüm ilgim hep alelâde seviyedeydi. Belli bir düşünce ya da hissin derinliğinden kaynaklanmıyordu.

Buna rağmen, çocukluğumun erken dönemlerinden beri bilime güçlü bir çekim hissediyordum ve sanırım bu bana çok faydalı oldu.

1978 yılında tesadüfen Kabala dersleri için bir reklam gördüm. Hemen gidip kayıt yaptırdım ve doğamın geleneksel heyecanıyla Kabala'ya daldım. Bir çok kitap aldım ve bazen haftalarımı bile alsa cevaplar bulabilmek için bu kitapları derinlemesine çalışmaya başladım.

Hayatımda ilk kez böylesine derinden, özümden etkilenmiştim ve anladım ki benim ilgi alanım buydu çünkü yıllardır kafamı karıştıran konuların hepsiyle ilgileniyordu.

Gerçek bir öğretmen aramaya başladım, tüm ülkeyi dolandım ve bir çok yerde derslere katıldım. Ama içimden bir ses sürekli esas Kabala'nın bu olmadığını söylüyordu, çünkü benden değil soyut ve uzak şeylerden bahsediyordu.

Tüm bulduğum hocaları terk ettikten sonra bana yakın bir arkadaşımın da Kabala'ya ilgi duymasını sağladım. Akşamlarımızı birlikte, bulabildiğimiz tüm Kabala kitaplarını çalışarak geçirirdik. Bu aylarca sürdü.

1980 yılında soğuk, yağmurlu bir kış gecesi, Pardes Rimonim ve Tal Orot kitaplarını çalışmak yerine, çaresizlikten, kendimi de şaşırtacak şekilde arkadaşıma Bney-Barak şehrine gidip bir hoca arayalım dedim.

Orada bir hoca bulursak derslere katılmak bizim için uygun olur diye de teklifimi haklı çıkarmaya çalıştım. O güne kadar Bney-Barak şehrini sadece birkaç kere Kabala kitapları ararken ziyaret etmiştim.

O gece Bney-Barak soğuk, rüzgarlı ve yağmurluydu. Kabalist Akiva ve Hazon-İsh dört yoluna geldiğimizde camı indirip sokağın öteki tarafında uzun siyah palto giymiş bir adama seslendim: "Buralarda nerede Kabala çalışırlar bana söyler misin?" Dinci bir mahallenin ne tür bir atmosferi olduğunu bilmeyenler için bu sorunun kulağa çok garip geleceğini söyleyebilirim. Kabala hiçbir dini eğitim okulunda öğretilmiyordu. Hatta Kabala'ya ilgi duyduğunu başkasına söyleyecek kişiler bile bulmak mümkün değildi. Ancak sokağın karşı tarafında duran bu yabancı, sanki hiç şaşırmamışçasına bana cevap verdi: "Sola dön ve turunç bahçelerine gelene kadar devam et, orada bir bina var. Orada Kabala öğretiyorlar."

Tarif edilen yere geldiğimizde karanlık bir bina bulduk. İçeriye girdiğimizde yan bir odada uzun bir masa gördük. Masada dört beş tane uzun ak sakallı adam vardı. Kendimi tanıttım ve Rehovot'tan geldiğimizi söyleyip Kabala çalışmak istediğimizi ekledim. Masanın başında oturan yaşlı adam bizi katılmaya davet etti ve ders bittikten sonra konuşuruz dedi.

Sonra ders Zohar Kitabı'ndan Sulam tefsiriyle bir bölüm okuyarak, yarı Aşkenazi (Yidiş) dili mırıldanarak ve sadece yarı bakışlarla insanların birbirlerini anladığı bir ortamda devam etti.

Bu insanları görüp dinledikten sonra sadece yaşlılıklarını geçirmek için bir araya gelen bir grup adam sandım, henüz akşam fazla geç değildi ve Kabala çalışabileceğimiz bir yer daha bulmak için zamanımız vardı. Ama arkadaşım beni durdurdu ve bu kadar kaba davranmamın uygun olmadığını söyledi. Birkaç dakika sonra da ders sona ermişti ve yaşlı adam kim olduğumuzu öğrendikten sonra telefon numaralarımızı istedi. Bizim için uygun bir hocanın kim olabileceğini düşünüp haber vereceğini söyledi. Bunun da çabamızı daha önceleri gibi boşa harcamaktan başka bir şey olmayacağını düşündüğümden telefon numaramı vermekte biraz çekingendim. Benim tereddüdümü hisseden arkadaşım kendi numarasını verdi. Ve iyi akşamlar diyerek oradan ayrıldık.

Ertesi akşam arkadaşım evime geldi ve yaşlı adamın kendisini arayıp bize bir hoca ayarladığını ve hatta ilk dersin o akşam olduğunu söyledi. Bir geceyi tekrar boşa geçirmek istemiyordum ama arkadaşımın arzusuna boyun eğdim.

Tekrar oraya gittik. Yaşlı adam bir başkasını çağırdı, kendisinden biraz daha genç fakat onun gibi beyaz sakallı biri; genç adama Yidiş dilinde birkaç kelime söyledi ve ayrılarak bizi yalnız bıraktı. Hocamız hemen oturup çalışmaya başlayalım dedi. Bir makale ile başlamayı tavsiye etti "Kabala'ya Giriş"; ben ve arkadaşım bu makaleyi daha önce defalarca anlamaya çalışmıştık.

Boş odadaki masalardan birine oturduk. Bizlere her paragrafı açıklayarak tek tek okumaya başladı. O anı hatırlamak benim için her zaman çok zordur; yıllarca arayıp da hiçbir yerde bulamadıktan sonra sonunda aradığımı bulduğuma dair keskin bir his vardı içimde. Dersin sonunda bir sonraki gün için ders ayarladık.

Ertesi gün bir kayıt cihazıyla geldim. Esas derslerin her sabah saat 3 ile 6 arasında olduğunu öğrendikten sonra, her gece gelmeye başladık. Ayrıca her ay yeni ayı kutlama yemeklerine de katılmaya başladık ve herkes gibi merkezin masraflarına katkıda bulunup aylık ödemelerimizi yapmaya başladık.

Her şeyi ille de kendim keşfedeceğim arzusuyla genellikle de biraz agresif olarak sık sık tartışmalara girdim. Ve bizlerle olan tüm olaylar grubun hocasına hep gidiyordu ve o da bizler hakkında sürekli soru soruyormuş. Bir gün bizim hocamız sabah dersinden sonra saat 7 gibi grubun büyük hocasının benimle "Zohar Kitabı'na Giriş" kitabını çalışabileceğini söyledi. Ancak, birkaç ders sonra benim bu derslerden hiçbir şey anlamadığımı görünce, kendi hocam aracılığıyla bu derslerin durdurulacağını söyledi.

Hiçbir şey anlamamama rağmen onunla çalışmaya devam etmeye razıydım. İçsel anlamlarına inebilme ihtiyacının dürtüsüyle, sadece mekanik olarak okumaya bile hazırdım. Çok alınmama rağmen zamanımın gelmediğini bilmiş olsa gerek ki dersleri sona erdirdi.

Aradan altı yedi ay geçti ve bizim hocamız vasıtasıyla büyük hocamız onu arabamla doktora götürüp götüremeyeceğimi sormuş. Elbette hemen kabul ettim. Yolda bana bir çok konudan bahsetti. Ben ise ona Kabala ile ilgili sorular sormaya çalışıyordum. Ve o yolculukta bana, şu an ben hiçbir şey anlamıyorken benimle her şeyden konuşabileceğini ama gelecekte anlamaya başladıkça benimle bu kadar açık konuşmayacağını söyledi.

Ve aynen söylediği gibi oldu. Yıllarca sorularıma cevap vermedi bana şöyle derdi "Kimden talep edeceğini biliyorsun" yani Yaradan'dan bahsediyordu, "talep et, sor, yalvar, iste, ne istiyorsan yap, her şeyi O'na yönlendir ve her şeyi O'ndan talep et!"

Doktor ziyaretlerimiz pek bir işe yaramadı ve kendisini kulak iltihabından koca bir ay hastaneye yatırmak zorunda kaldık. Bu zamana kadar hocamı bir çok kez doktora götürdüm; ve hastaneye alındığı gün geceyi onun yanında geçirmeye karar verdim. Tüm bir ay boyunca hastaneye sabah 4'de gelir, telleri tırmanır, görünmeden binaya girerdim ve çalışmaya başlardık. Tüm bir ay boyunca! O zamandan sonra Kabalist Baruh Şalom Halevi Aşlag, Baal HaSulam'ın en büyük oğlu, benim hocam oldu.

Hastaneden ayrıldıktan sonra, sık sık parklara uzun yürüyüşlere gittik. Bu yürüyüşlerden döndükten sonra duyduğum her şeyi harıl harıl yazardım. Bu sık yürüyüşler her gün üç dört saat sürerdi ve zaman içinde alışkanlık oldu.

İlk iki yıl boyunca hocama sürekli daha yakına taşınabilir miyim diye sordum, ama yakında oturmamın bir gereklilik olmadığını hatta Rehovot'a gidiş gelişlerimin manevi çalışma açısından çaba olduğunu söyledi. Ancak, iki yıl sonra hocam yakına taşınmamı ve Bney-Barak'ta yaşamamı kendisi tavsiye etti ve nedendir bilinmez pek bir acelem yoktu. O kadar yavaş hareket ediyordum ki bu konuda, hocam gidip benim için kendisine yakın bir apartman dairesi buldu ve taşınmamı söyledi.

Hâlâ Rehovot'ta yaşarken hocama daha önce katıldığım bir merkezde Kabala çalışmaya teşebbüs eden birkaç kişiye ders verebilir miyim diye sordum. Bu haberi fazla heyecanlı karşılamasa da daha sonraları derslerimin nasıl gittiğini sordu. Kendisine Bney-Barak'taki grubumuza yeni kişileri davet edebileceğimi söylediğim zaman kabul etti.

Sonuç olarak bir çok genç erkek grubumuza katıldı ve birden tüm merkez cıvıl cıvıl hayat dolu bir yer oldu. İlk altı ayda yaklaşık on kadar düğün oldu. Hocamın hayatı ve günleri sanki yeni bir anlam kazanmıştı. Birçok insanın Kabala çalışmak istediğini görmesi kendisini çok memnun etmişti.

Günümüz genellikle sabah saat 3'de başlardı ve sabah saat 6'ya kadar çalışırdık. Her gün sabah saat 9'dan 12'ye kadar parka yürüyüşe ya da denize giderdik.

Döndükten sonra ben evime çalışmaya giderdim. Sonra tekrar eve giderdim ve sabah saat 3'de tekrar derse katılırdım. Bu şekilde yıllarca devam ettik. Tüm dersleri kasete kayıt ederdim, derslerin kayıtları bini geçti.

Son beş yılımızda, 1987'den itibaren, hocam beraber Tiberias'a yolculuk etmemizin iyi olacağını söyledi ve her iki haftada bir iki günlüğüne Tiberias'a giderdik. Bizi herkesten ayıran bu geziler aramızda bir yakınlaşmaya sebep oldu. Ama zamanla aramızdaki manevi algılayışın farkından kaynaklanan mesafe içimde giderek büyümeye başladı ve bu mesafeyi nasıl kapatacağımı bir türlü bilemedim. Bu mesafeyi, o yaşlı adamın her defasında fiziksel bir ihtiyacı nasıl geri çevirerek mutlu olduğunu net olarak algılayabildiğimde görebiliyordum.

Onun için sonucun net olduğu bir şey kanundu, ister yorgun olsun ister hasta günlük çalışma programı son derece disiplinli uygulanıyordu. Yorgunluktan yığılacak bile olsa günün gerekli olan tüm planını her detayıyla eksiksiz yerine getirirdi ve üstlendiği hiçbir şeyi tam halletmeden bırakmazdı. Yorgunluktan nefessiz kalıp, nefes darlığı çekmesine rağmen bir dersini bile atlatmaz, sorumluluğunu hiçbir zaman bir başkasına devretmezdi.

Onun bu olağanüstü gücünün, amacının yüceliğinden ve Yaradan'dan geldiğini bilmeme rağmen, onu sürekli böyle gördüğümde kendime olan güvenim sarsılır ve başarılı olma ihtimalimin olmadığını düşünürdüm.

Onunla T'veria ve Meron dağına yaptığımız gezilerin bir anını bile unutmam mümkün değil. Uzun geceler onun karşısında oturur, bakışlarını, sözlerini ve mırıldandığı şarkıları içime alırdım. Bu hatıralar içimde hâlâ yaşıyor ve bugün bile benim yolumu belirleyip rehberlik ediyorlar. On iki yıl boyunca her gün bire bir çalışmamızdan içimde kalan tüm bilgi, bağımsız olarak yaşıyor ve işliyor.

Sık sık hocam bir konuşmasından sonra çok alakasız bir cümle söylerdi ve bunu bu cümlelerin dünyaya girip yaşaması ve işlevlerini yerine getirdiğinden emin olmak için yaptığını söylerdi.

Grup çalışması Kabalistler tarafından çok eski zamanlardan beri yapılmaktadır ve ben de hocamdan yeni gelenlerden böyle gruplar oluşturmasını ve bu grupların bir araya gelmelerini düzenleyecek yazılı bir plan talep ettim. Bu şekilde haftalık makale yazmaya başladı ve hayatının son günlerine kadar da devam etti.

Sonuç olarak bizlere kendisinden sonra bir araya getirdiğimiz bir çok ciltlik muazzam materyal kaldı ve yıllar boyunca biriktirdiğim kayıtlarla birlikte, Kabala ilmi üzerine çok geniş kapsamlı anlatımlar oluşturduk.

Yeni yıl kutlamaları esnasında, hocam aniden göğsündeki bir baskıdan dolayı rahatsızlandı. Ancak çok yoğun ısrardan sonra tıbbi bakıma girdi. Doktorlar kendisinde hiçbir hastalık ya da rahatsızlık bulamadılar, ama Tişrei ayının beşinci gününde 5752 (1991) yılında vefat etti.

Son yıllarda gruba katılan bir çok öğrenci hâlâ Kabala çalışmaya devam etmekte ve yaratılışın içsel anlamını araştırmaktadır. Öğreti yaşamaya devam etmektedir, tıpkı geçmiş yüz yıllarda olduğu gibi. Kabalist Yehuda Aşlag ve onun büyük oğlu, hocam Kabalist Baruh Aşlag, çabalarıyla bu öğretiyi bizim neslimizin ve zamanımızda dünyamıza inen ruhların ihtiyacına göre uyarladılar.

Manevi bilgi Kabaliste Yukarıdan kelimeler olmadan aktarılır ve tüm duyu organları ve akıl tarafından eş zamanlı algılanır. Dolayısıyla, bütünüyle anında algılanır.

Bu bilgi sadece bir Kabalistten, ya aynı ya da daha Üst Seviyedeki bir başka Kabaliste aktarılabilir. Aynı bilgiyi henüz o manevi seviyeye ya da manevi dünyaya gelmemiş bir insana aktarmak mümkün değildir, çünkü bu kişi gerekli algıdan yoksundur.

Bazen bir hoca kendi perdesiyle (Masah) öğrencisini geçici olarak kendi bulunduğu manevi seviyeye çekebilir. Bu durumda, öğrenci manevi güçlerin ve hareketlerin özüyle ilgili bir nosyon edinebilir.

Manevi dünyaya henüz geçmemiş bir kişi için standart bilgi aktarım yöntemleri uygulanır: yazılar, sözlü anlatım, direkt iletişim, kişisel örnek vs.

"Yaradan'ın İsimleri" adlı makaleden de bildiğimiz gibi harflerin tarifi anlamının ötesinde bir şey, yani içsel manevi mesajı aktarmak için kullanılabilir. Ancak kişi manevi anlamlarına tekabül eden algıları edinmediği sürece, kelimeleri okumak masaya boş tabaklar koymak ve yanlarına güzel yemeklerin isimlerini yazmak gibidir.

Müzik daha soyut bir şekilde bilgi aktarmaktadır. Bizim dünyamızı yöneten ve yedi kısımdan ya da Sefirot'tan oluşan manevi varlık "Atsilut'un Partsuf Zer Anpin'i" gerçeğinin ışığı altında, tıpkı görünebilen bir ışık gibi, yedi temel güç -nitelik- tondadır.

Bulunduğu duruma göre, kişi müziği besteleyen Kabalistin manevi koşullarını çıkarabilir. Bu kişi melodiyi oluşturan Kabalistle aynı seviyede olmak zorunda değildir; içsel manasını kişisel manevi derecesinin mümkün kıldığı kadarıyla kavrayabilir.

1996, 1998 ve 2000 yıllarında Baal HaSulam ve Rabaş'a ait üç müzik diski kaydedilmiş ve çıkartılmıştır. Melodiler Kabalist Laitman'ın hocası Kabalist Aşlag'dan duyduğu şekilde sunulmuştur. Sözlere ek olarak, melodilerin sesleri de bir çok Kabalistik bilgi taşımaktadır.

Kabala Bilimi - Herkes İçin Manevi İlim Kitabı

Çağımızın büyük Kabalistlerinden Yehuda Aşlag ve onun oğlu ve varisi Baruh Şalom Aşlag, yaşamın temel sorusuna cevap getirir: Hayatımın anlamı ne? Zohar ve Yaşam Ağacı kitaplarının yorumlarına dayandırılan bu kitapla günlük yaşamda Kabala ilminden nasıl faydalanacağımızı öğreniriz. Büyük Kabalistlerin otantik metinlerine ilave olarak, bu kitap, bu metinlerin anlaşılmasını sağlayan pek çok yardımcı makaleyle birlikte, Kabalistlerin deneyimlediği Üst Dünyaların evrimini betimleyen çizimlerden oluşur.

Kabala Bilimi kitabında, Baruh Aşlag'ın kişisel asistanı ve baş öğrencisi Michael Laitman, manevi dünyaları edinmeyi amaçlayan Kabala öğrencileri için kadim makaleleri uyarlamıştır. Laitman günlük derslerini bu ilham verici makalelere dayandırarak, Üst Alemlere muhteşem yolculuğumuzda izleyeceğimiz manevi yolu daha iyi anlamamız için bizlere yardımcı olur.

Merdivenin Sahibi

İnsanlık tarihinin en yıkıcı çağının şafağında, 20. yüzyılda, gizemli bir adam insanlık ve onun acılarının alışılmadık çözümüyle, sosyo-politik arenada ortaya çıktı. Kabalist Yehuda Ashlag, yazılarında açıklıkla ve tüm detaylarıyla öngördüğü savaşları, karışıklıkları ve daha çarpıcı olarak da bugün yüz yüze kaldığımız ekonomik, politik ve sosyal krizi anlattı. Birleşmiş bir insanlık için duyduğu derin özlem, onu Zohar Kitabını açmaya -ondaki eşsiz gücü- herkes için ulaşılabilir yapmaya zorladı.

Kabalist, kabala, maneviyat, özgür seçim ve realitenin algısıyla ilgili bildiğinizi düşündüğünüz her şeye arkasını dönen, sinematik bir romandır. En yüksek edinim derecesine ulaşmış, tüm realiteye hükmeden tek güçle direkt temas içindeki insanın, hissiyatını ve içsel çalışmasını aktarmaya çalışan kendi türündeki ilk romanıdır.

Kabalist, bilimsel bir açıklık ve şiirsel bir derinlikle birlik mesajı verir. Dinin, milliyetin, mistisizmin, uzay ve zamanın şeffaf yapısının ötesine geçerek, bize tüm insanlıkla beraber doğayla ahenk içinde olduğumuzda, tek mucizenin içimizdeki mucize olduğunu gösterir. Bize hepimizin Kabalist olabileceğini gösterir.

Ölümsüz Kitabın Sırları

Musa'nın beş kitabı, tüm zamanların en çok satan kitabı Tora'nın parçasıdır. Bu şekliyle Tora, şifreli bir metindir. Masalların ve efsanelerin altında, insanlığın en yüksek seviyeye doğru yükselişini— Yaradan'ın edinimi- anlatan bir alt metin saklıdır.

Ölümsüz Kitabın Sırları, Tora'nın Yaratılış ve İsrail Halkının Mısır'dan sürgünü hikayeleri gibi en gizemli ve sıklıkla alıntı yapılan dönemlerinin şifresini çözer. Yazarın enerjik ve kolay anlaşılır üslubu, insanın kendi dünyasını sadece arzu ve niyetle değiştirebildiği realitenin en derin seviyelerine, mükemmel bir giriş yapmanızı sağlar.

Kitabı okurken Tora'da anlatıldığı gibi olmuş veya olmamış fiziksel olayların seviyesinin ötesine geçiş yapacaksınız. İçinizde Firavun, Musa, Adem, Havva, hatta Habil ve Kabil'in olduğunu keşfedeceksiniz. Onların hepsi sizin bir parçanız. Onları içinizde keşfettikçe ve Ölümsüz Sevgiye, Yaradan'ın edinimine doğru ilerledikçe, bu gizli realitenin muhteşem hazineleriyle bizi ödüllendiren Yaradan'ın sonsuz sevgisini de keşfedeceksiniz.

Kişisel Çıkar Özgeciliğe Karşı

Bu kelimelerin yazıldığı zaman, dünya hala İkinci Dünya Savaşından beri en uzun gerileme sürecini geçiriyor. Tüm dünyada on milyonlarca insan, işlerini, birikimlerini, evlerini ve en önemlisi gelecekleri için olan ümitlerini kaybettiler.

Ancak krizler tarih boyunca sürekli olağandı. Bu krizi geçmiş krizlere kıyasla farklı kılan insanoğlunun şu anki gerginliğinin yapısıdır. Toplumumuz çatışma içeren iki uç noktaya doğru çekilmiştir – bir taraftan globalleşme ile gelen bağımlılık ve öteki taraftan da giderek büyüyen kişisel, sosyal ve politik narsizm. Bu koşul dünyanın daha önce hiç görmediği bir felaketin oluşumu!

Bu karanlık geleceğin önüne geçebilmek için, Kişisel Çıkar Özgeciliğe Karşı, bu dönemde dünyanın önünde bulunan sorunlarına yeni bir perspektif getirerek, insanoğlunun bir dizi hatasına bağlamaktansa, gereklilikten büyüyen egoizminin sonucu olarak değerlendirmektedir. Bu anlayışla, kitap egomuzu bastırmak yerine, toplumun iyiliği için kullanmanın gerekliliğini dile getirmektedir.

Kabala ve Bilim

Prof. Michael Laitman eşsiz ve etkileyici bir kişilik: Kabala ve bilimin sentezini anlaşılır bir şekilde gerçekleştiren yetenekli bir bilimadamı

—Daniel Matt, Tanrı ve Big Bang kitabının yazarı: Bilim, maneviyat ve Zohar arasındaki harmoniyi keşfetmek.

Bu gezegendeki geleceğimiz için kritik tercihler yapacağımız bir dönemde, kadim Kabala bilgeliği seçeneklerimizi hem arttırdı hem de yeniledi. Klasik kutsal yazılarda yer alan bilgelik, yüzleşmekte olduğumuz ve önümüze açılan fırsatları taşıyabilmemiz için getirilmeli ve bu mesaj tüm dünyada tüm insanlara ulaşılabilir yapılmalı. Prof. Michael Laitman, diğerlerinden farklı olarak bu çok önemli meydan okumayı başarmaya ve bu tarihi görevi yerine getirmeye yetecek güçtedir.

—Prof. Ervin Laszlo, Kaos Noktası, Bilim ve Akaşik Alan kitabı da dahil 72 kitabın yazar : Herşeyin Birleşik Teorisi

Kadın ve Kabala

Bir arzu sonucu ortaya çıkanı ellerinizde tutuyorsunuz. Birçok kadın bir araya gelerek, yeni gelen bütün kadınlara Kabala çalışmasında yardımcı olabilmek için bu kitapçık üzerinde çalıştı. Toplanan soruların tümü Bney Baruh Kabala Eğitim Merkezine yeni başlamış olan kadın öğrencilerin sordukları sorulardan olulmaktadır. Cevaplar Dr. Laitman'ın kitaplarından, derslerinden ve konuşmalarından alınmıştır. Sorulan sorular bizim maneviyatı edinmek isteme ihtiyacımızdan ortaya çıkmıştır: bizler buna açız, kalplerimiz bunun ağırlığında haykırıyor. Bizler kendimizi her şeyi yapabilecek duruma hazır, amaca doğru erkeklerimizi desteklemeye hazır buluyoruz.

Dr. Laitman bize der ki: "Kadınların karşılıklı sorumluluk hissiyatı içerisinde erkekleri uyandırmak ve onları bir araya getirmek için bağ kurmaları gerekir ki, erkekler birbirleri ile bağ kursunlar ve bu birlik sayesinde maneviyata erişsinler. Daha sonra erkekler arasındaki bu bağ ve karşılıklı sorumluluk sayesinde maneviyat kadınlara da geçecektir. Bunun sonucunda herkes bir bütün olacaktır –ulusun erkek ve dişi parçası veya bütün insanlığın."

Işığın Tadı

"Bu nesilde bulunduğum için mutluyum zira artık Kabala Bilgeliğini yaymak mümkün."

Kabalist Yehuda Aşlag – Baal HaSulam

Binlerce yılın sonunda gizli olan Kabala Bilgeliği bizim neslimizde ifşa olmaya başladı. "Işığın Tadı" adlı bu kitap bilgeliğin üzerine bir pencere açmakta. Kitap, günümüzün her bireyi için ilk defa duygularında tadacağı bir lezzet ve kalplerinde yoğun bir anlayış sağlayacaktır.

Bu kitap neslimizin en yüce kabalisti Dr. Michael Laitman'ın her sabah verdiği canlı derslerden derlenmiştir.

Kabalanın Sesi

Bizim neslimizin en sonuncusu olan Büyük Kabalist Baruh Aşlag'ın öğrencisi ve kişisel asistanı olmak benim için çok büyük bir ayrıcalıktır. Basitçe söylemek gerekirse, tüm içtenlik ve sevgimle ondan öğrendiklerimi okuyucularla paylaşmaktan çok mutlu olacağım.

Dr. Michael Laitman

Kabala'nin Sesi, Kabala makalelerinden seçilerek ve derlenerek hazırlanmış olup, bu otantik bilgeliğin zengin ve tam bir mozaiğini meydana getiren on bölümden oluşmaktadır.

Bir Demet Başak Gibi

Neden Birlik ve Karşılıklı Sorumluluk Bu Zamanın Çağrısıdır

Bu kitap, bazı Yahudilerin en ürkütücü ve gizemli sorularına ışık tutar: Bu gezegendeki rolümüz nedir? Bizler gerçekten "seçilmiş insanlar mıyız?" Eğer öyle isek, ne için seçildik? Anti-Semitizme neden olan nedir ve bu iyileştirilebilir mi?

Tüm zamanların Yahudi tarihçileri ve bilgelerinin sayısız referansının kullanıldığı bu kitap, Yahudilerin ulaşmak istediği ama bir o kadarda tanımlaması zor hedefini yerine getirmek için bir yol haritası sunar: sosyal bağlılık ve birlik. Gerçekte birlik, yalnızca Yahudilerin bunu sabırsızlıkla bekleyen dünyaya vereceği bir hediyedir.

Birlik olduğumuzda ve bunu tüm dünyayla paylaştığımızda huzur, kardeş sevgisi ve mutluluk tüm dünyada sonsuza kadar hüküm sürer.

Kabalaya Uyanış

Dünyanız değişmeye hazır. Bu neslin en büyük Kabalistinin rehberliğinde sizde bunu gerçekleştirin. Micheal Laitman, Kabalayı Yaradan'a yaklaşmayı sağlayan bir bilim olarak görür. Kabala yaratılış sistemini, Yaradan'ın bu sistemi nasıl yönettiğini ve yaratılışın bu seviyeye nasıl yükseleceğini çalışır. Kabala manevi doyuma ulaşma metodudur. Kabala çalışması ile siz de kalbinizi ve sonuç olarak yaşamınız başarıya, huzura ve mutluluğa doğru nasıl yönlendireceğinizi öğrenirsiniz.

Kadim ilim geleneğine bu farklı, özel ve hayranlık uyandıran girişiyle büyük Kabalist Baruh Aşlag (Rabaş)'ın öğrencisi Laitman bu kitapta, size Kabalanın temel öğretilerinin derin anlayışını ve bu ilmi başkalarıyla ve etrafınızdaki dünyayla ilişkilerinizi netleştirmek için nasıl kullanacağınızı anlatır. Hem bilimsel hem de şiirsel bir dil kullanarak, maneviyatın ve varoluşun en önemli sorularını araştırır:

Hayatımın anlamı ne? Neden dünyada keder var? Reenkarnasyon manevi yaşamın bir parçası mı? Mümkün olan en iyi varoluş aşamasını nasıl edinebilirim?

Bu eşsiz rehber, dünyanın ötesini ve günlük hayatın sınırlamalarını görmeniz, Yaradan'a yaklaşmanız ve ruhun derinliklerine ulaşmanız için size ilham verecek.

Erdemliliğin Yolu

Bugün Kabala Bilgeliğinin insanlığa bir mesajı var:

Günümüzün sorunlarını ancak birlik ve beraberlikle çözüme ulaştırabiliriz. Problemler raslantısal değil, onları gözardı etmemeliyiz. Dahası, oluşan durumu doğru bir biçimde değerlendirebilirsek hayatımız yeni, mutluluk ve sükunet dolu bir yöne akmaya başlayacaktır. Gelişi güzel değil, gayet bilinçli bir şekilde yaşamımıza yön verebiliriz.

Üst Dünyaları Edinmek

Micheal Laitman'ın sözleriyle, "Özü tam bir özgecilik ve sevgi olan manevi nitelikleri anlamak, insan idrakinin ötesindedir. Bunun sebebi insanoğlunun bu tip hislerin var olabileceğini kavrayamaması ve herhangi bir eylemi yerine getirmek için teşvik bekleyip, kişisel kazanç olmadan kendini büyütmeye hazır olmamasından kaynaklanmaktadır. Bu sebeple özgecilik gibi bir nitelik, insana Üstten verilir ve sadece deneyimleyenler bunu anlayabilir."

Üst Dünyaları Edinmek, yaşamımızda manevi yükselişin muhteşem doyumunu keşfetmemize olanak sağlayan ilk adımdır. Bu kitap, sorularına cevap arayan ve dünya fenomenini anlamak için güvenilir ve akılcı bir yol arayan tüm insanlar içindir. Kabala ilmine bu muhteşem giriş, aklı aydınlatacak, kalbi canlandıracak ve okuyucuyu ruhunun derinliklerine götürecek olan farkındalığı sağlar.

Zoharın Kilidini Açmak

Zohar Kitabı(Aydınlığın Kitabı), şimdiye kadar yazılmış en gizemli ve yanlış anlaşılan yapıtlardan biridir. Yıllar boyunca kendinde uyandırdığı hayranlık, şaşkınlık ve hatta korku emsalsizdir. Bu kitap tüm Yaratılışın sırlarını içermesine rağmen, bugüne kadar bu sırların üzeri bir gizem bulutuyla örtülmüştür.

Şimdi Zohar, insanlığa yol göstermek için ilmini tüm dünyanın gözleri önüne sermektedir, şöyle yazıldığı gibi (VaYera, madde 460), "Mesih'in günleri yaklaştıkça, çocuklar bile ilmin sırlarını keşfedecek." 20. Yüzyılın büyük Kabalistlerinden Yehuda Aşlag (1884-1954), bize Zohar'ın sırlarını açığa çıkaracak yepyeni bir yol göstermiştir. Bu yüce Kabalist, yaşamlarımıza hükmeden güçleri bilmemize yardım edecek ve kaderimize nasıl hükmedeceğimizi öğretecek, Zohar Kitabına giriş niteliğindeki dört kitabı ve Sulam (Merdiven) Tefsirini yazmıştır.

Zohar'ın Kilidini Açmak, üst dünyalara nihai yolculuğun davetiyesidir. Kabalist Dr. Michael Laitman, bilgece bizi Sulam Tefsirinin ifşasına götürür. Bu şekilde Laitman, düşüncelerimizi düzenlemekte ve kitabı okumaktan kaynaklanan manevi kazancımızı arttırmaktadır. Zohar Kitabıyla ilgili açıklamaların yanı sıra kitap, bu güçlü metnin kolay anlaşılması ve okunmasını sağlayan, özenle çevrilmiş ve derlenmiş Zohar kaynaklı sayısız ilham verici alıntıya da yer vermiştir.

Kalpteki Nokta

Hayatın elimizden kayıp gittiğini hissettiğimizde, toparlanmak için zamana ihtiyacınız olduğunda ve düşüncelerinizle baş başa kalmak istediğinizde, bu kitap içinizdeki pusulayı yeniden keşfetmenize yardım edecek. Kalpteki Nokta, ilmi sayesinde tüm dünyada ve Kuzey Amerika'da kendini ona adamış öğrenciler kazanmış bu insanın makalelerinden oluşan eşsiz bir kitaptır. Dr. Michael Laitman bir bilim adamı, Kabalist ve büyük saygı uyandırarak kadim ilmi temsil eden büyük bir düşünürdür. Bu fırtınalı günlerde popüler www.kabbalah.info sitesi vasıtasıyla, gerçeği ve sonsuz huzuru arayanlar için umut ışığı olmaktadır.

Açık Kitap

Bu kitap çok temel görünse de, Kabala'nın temel bilgisini ifade eden bir kitap olma niyetini taşımıyor. Daha ziyade, okuyucuların Kabala kavramlarına, manevi nesnelere ve manevi terimlere yaklaşımını ilerletmeye yardım içindir.

Kişi bu kitabı defalarca okuyarak içsel görüş ve duyu geliştirir ve daha önce içinde var olmayana yaklaşır. Bu yeni edinilen görüşler, sıradan duyularımızdan gizlenmiş olan boşluğu hisseden algılayıcılar gibidirler.

Dolayısıyla, bu kitap manevi terimlerin düşüncesini geliştirmeye yardım amaçlıdır. Bu terimlerle bütünleştiğimiz ölçüde, tıpkı bir sisin kalktığı gibi, etrafımızı saran manevi yapının ortaya çıkışını içsel gücümüzle görmeye başlayabiliriz.

Yine, bu kitap olguların çalışılmasını hedeflememiştir. Bunun yerine, yeni başlayanların sahip oldukları en derin ve en güç algılanan hisleri uyandırmak için yazılmış bir kitaptır.

Dost Sevgisi

Grubun Amacı

Burada, Baal HaSulam'ın yolunu ve metodunu takip etmek isteyen herkes, bir grup olmak için bir araya geldik ki hayvan olarak kalmayalım ve insan denilen varlığın derecelerinde yükselelim.

Rabaş'ın Yazıları, 1. Bölüm, "Topluluğun Amacı"

Erdemliliğin İncileri

Erdemliğin İncileri, tüm nesillerin büyük Kabalistlerinin yazılarından, makalelerinden özellikle de Zohar Kitabının Sulam(Merdiven) Tefsirinin yazarı Yehuda Aşlag'dan derlenen alıntılardan oluşur. Bu yapıt, kaynağı referans alarak, insan yaşamının her aşamasıyla ilgili Kabalanın yenilikçi kavramlarını açıklar. Kabala çalışmak isteyen herkes için eşsiz bir hediyedir.

İlişkiler

"Bilim ve kültürün gelişiminin yanı sıra, her nesil kendinden sonra gelen nesle, biriktirdiği ortak insanlık tecrübesini aktarır. Bu bellek bir nesilden diğerine, çürümüş bir tohumun enerjisinin yeni bir filize geçmesi gibi geçer. Belleğin aktarımında var olan tek şey, Reşimo veya enerjidir. Maddenin çürümesi gibi, insan bedeni de çürür ve tüm bilgi yükselen ruha aktarılır. Daha sonra bu ruh yeni bedene yerleşir ve bu bilgiyi veya Reşimo"yu hatırlar.

Genç bir çiftin çocuğunun dünyaya gelişinde tohumdan gelen bilgiyle, ölmüş bir insanın ruhunun yeni bir bedene geçerken beraberinde getirdiği bilgi, arasındaki fark nedir? Neticede anne ve baba hayatta ve çocukları da onlarla beraber yaşıyor! Hangi ruhlar, onların çocukları oldu?

Yüzyıllar boyunca tüm uluslar, doğal olarak sahip oldukları tüm bilgiyi miras yoluyla çocuklarına geçirmek için büyük bir arzu duydular. Onlara en iyi ve en değerli olanı aktarmak istediler. Bunu aktarmanın en iyi yolu yetiştirme tarzı, bilgiyi öğretmek, kutsal olduğu düşünülen fiziksel eylemler yöntemi ile düzenli toplum oluşturmaya çalışmak değildir.

Kabalanın Temel Kavramları

Bu kitabı okuyarak kişi daha önce var olmayan içsel alametler geliştirir.

Bu kitap, manevi terimlerin analizini hedefler. Bu terimlere uyumlu olmaya başladıkça, etrafımızı saran manevi yapının tıpkı bir sisin kaybolmaya başlaması gibi örtüsünü açmaya başladığına tanık oluruz.

Kabala kitapları, Baal HaSulam'ın dünyayı kötülüklerden kurtarmanın sadece ıslah metodunu yaymaya bağlı olduğunu belirten yönlendirmelerini izlemeyi amaçlamıştır, tıpkı şöyle dediği gibi, "Eğer gizli olan ilmi kitlelere nasıl yayacağımızı bilirsek, kurtuluşun tam eşiğindeki bir nesil oluruz."

Bu gerçekleştirmenin tek yolu olan Kabala kitaplarını tüm dünyayla paylaşmak olduğunu biliyoruz. Bu sebeple tüm bu kitapları internette ücretsiz olarak yayınlıyoruz. Amacımız her köşeye bu ilmi mümkün olduğunca yaymaktır. Basılmış kitapları pek çok insana ulaştırabilir, onlar vasıtasıyla ilmin başkalarına yayılmasına yardım edebilirsiniz.

Kabalanın İfşası

Kabalaya gizli ilim denilmesinin 3 nedeni vardır. Birincisi kabalistler tarafından özellikle gizlenilmiş olduğundan. Kabalanın insanlara öğretilmesi ilk 4000 yıl kadar öncelerine Hazreti İbrahim'e dayanmaktadır MÖ 1947-1948 yıllarına. Milat tarihinin başlangıcına kadar geçen 2000 yıllık süreçte bu öğreti gizlenmeden halka öğretilmekteydi. Hz İbrahim'in çadırının önünde oturup geçen yolculara gösterdiği misafirperverlik hikâyesini biliyoruz. Sunduğu yiyecek ve içeceklerle birlikte aynı zamanda insanlara bu ilmi anlattığını da biliyoruz. O dönemlerde var olan ruhlar bizim neslimize göre daha arıydılar ve bu öğretiyi daha doğal olarak anlayabildiler.

Kabalanın Gizli Bilgeliği

Artan krizler dünyasında, fırtınanın ortasında bir ışığa, yanlış giden şeylerin nereden kaynaklandığını görmemizi sağlayan ve en önemlisi de dünyamızı ve yaşamlarımızı daha huzurlu ve yaşanabilir kılmak için ne yapmamız gerektiğini öğreten bir rehbere ihtiyacımız var. Bu temel ihtiyaçlar sebebiyle bugün Kabala ilmi milyonlara ifşa olmuştur. Kabala, yaşamı geliştirme metodu olarak düzenlenmiştir. Kabala bir araç ve Kabala İlminin Gizli Bilgeliği bu aracı nasıl kullanacağımızı öğreten bir yöntemdir. Bu rehber, bu kadim bilimi günlük yaşantımıza uyarlamanın yanı sıra, Kabalanın temellerini öğrenmek için ihtiyacınız olan bilgiyi bize sunar.

Kaostan Ahenge

Kaostan Ahenge: Kabala İlmine Göre Küresel Krizin Çözümü, dünyanın bugün içinde bulunduğu endişe verici aşamasına yol açan unsurları açığa çıkarır.

Birçok araştırmacı ve bilim adamının hemfikir olduğu gibi, insanoğlunun sorunlarının kaynağı insan egosudur. Laitman'nın çığır açan yeni kitabı sadece insanlık tarihi boyunca tüm acıların kaynağı olan egonun ifşasını değil, aynı zamanda egolarımıza bağlı olarak, mutluluğa nasıl ulaşacağımızı ve sorunlarımızı nasıl fırsata dönüştüreceğimizi de açıklığa kavuşturur. Kitap iki bölümden oluşur. İlki, insan ruhunun analizi yaparak, ruhun nasıl egonun zehri olduğunu ortaya koyar. Bu kitap mutlu olmak için yapmamız gerekenlerin ve acıya sebep olduğu için kaçınmamız gerekenlerin bir haritasını çizer. Kitap boyunca Laitman'ın insanlık aşamasının analizi bilim kaynaklı veriler, çağdaş ve kadim Kabalistlerinden alınan örneklerle desteklenmiştir.

Kaostan Ahenge yeni bir varoluş aşamasına kolektif olarak yükselmemiz gerektiğini ve bu hedefi kişisel, sosyal, ulusal ve uluslararası seviyede nasıl başaracağımızı gösterir.

Niyetler

Derste otururken, sizinle beraber çalışanlar vasıtasıyla uyanan müşterek ruha bağlı olarak içsel değişimleri deneyimlersiniz. Herkes, siz de dahil, hepimizi birleştiren Kaynağa bağlanır... Beraber çalıştıkça hepimiz birbirimize bağlanmaya çalışırız. En önemli şey, herkesin aynı Kaynağa, aynı düşünceye bağlanmasıdır... Sadece bu güç bizi birbirimize bağlar.

Ruh ve Beden

Zamanın başlangıcından beri insan, varoluşun temel sorusuna cevap aramaktadır: Ben kimim, dünyanın ve benim var olmamızın sebebi ne, öldükten sonra bize ne oluyor? Hayatın anlamı ve amacı ile ilgili sorularımız, gündelik hayatın sınamaları ve acıları, küresel bir boyuta ulaştı – neden acı çekmek zorundayız? Bu sorulara cevap olmadığından, mümkün olan her yöne doğru araştırmalar yapılmaktadır.

Kadim inanç sistemleri, şimdilerde moda olan doğu öğretileri, bu arayışın bir parçasıdır. İnsanlık sürekli olarak varlığının akılcı kanıtını aramaktadır; insan binlerce yıldır doğanın kanunlarını araştırmaktadır.

Kabala bir bilim olarak bunun araştırılmasında bir yöntem öneriyor. Bu yöntem, insanın evrenin gizli olan bölümünü hissetme becerisini geliştirmesine olanak tanıyor. "Kabala" kelimesi "almak" demektir ve insanın en yüksek bilgiyi alma ve dünyayı doğru pencereden görme özlemini ifade eder.

Yarının Çocukları

Yarının Çocukları: 21. Yüzyılda Mutlu Çocuklar Yetiştirmenin Temel Esasları, siz ve çocuklarınız için yeni bir başlangıç olacaktır. Yeniden başlat düğmesine basabilmeyi ve bu sefer doğru olanı yapmayı hayal edin. Hiçbir mücadele, hiçbir sıkıntı ve en iyisi, hiçbir tahmin yok.

Büyük keşif şudur ki çocukları yetiştirmek, tamamen oyunlardan, onlarla oynamaktan, onlarla küçük yetişkinlermiş gibi ilişki kurmaktan ve tüm önemli kararları birlikte almaktan ibarettir. Çocuklara dostluk ve diğer insanların iyiliğini düşünmek gibi olumlu şeyleri öğretmekle, nasıl otomatik olarak günlük hayatınızın diğer alanlarını da etkilediğinizi görünce şaşıracaksınız.

Herhangi bir sayfayı açın ve orada, çocukların yaşamlarına ait her alana dair düşünceleri sorgulatan sözler bulacaksınız: ebeveyn – çocuk ilişkileri, dostluklar ve sürtüşmeler, okullar nasıl tasarlanır ve nasıl işler konusunda açık, net bir tablo. Bu kitap, her yerdeki tüm çocukların mutluluğunu amaç edinerek, çocukların nasıl yetiştirileceğine dair taze bir bakış açısı sunuyor.

Sonsuza Kadar Birlikte

Yani, eğer bir gün siz de kalbinizin derinlerinde, hafif bir "Şak!" hissederseniz, bilin ki şefkatli ve bilge bir sihirbaz size sesleniyor, çünkü sizin dostunuz olmak istiyor.

Ne de olsa, yalnız olmak çok üzücü olabilir.

İNTERNET AĞIMIZ

Ana sitemiz:

http://www.kabala.info.tr/

İlk internet sitemiz olup en temel dokümanların yayınlandığı portal sitemizdir. Kabala hakkında Türkçe olarak yayında olan dünyadaki en büyük doküman arşivi olarak kabul edilebilir.

Dr. Michael Laitman'ın Blog Sitesi:

http://laitman.info.tr/

Hocamız Dr. Michael Laitman'ın günlük derslerinden derlediği kısa makalelerinin yayınlandığı blog sitedir.

Bu blog sitesi şu an 19 dilde yayın yapmaktadır ve Türkiye'deki öğrenci ve dostlarımızın katkılarıyla site Türkçe olarak da yayınlanmaktadır.

Dr. Michael Laitman'ın Eğitim Sitesi:

http://michaellaitman.com/tr/

Bu sitede Dr. Michael Laitman'ın uluslararası kamuoyunda dile getirdiği güncel sorunlara yönelik sunumlarını ve bu konularla ilgili uzmanlarla yaptığı söyleşileri takip edebilirsiniz.

Dr. Laitman, eğitim metodoloji ve uygulamaları ile günümüzde eğitimin geçirdiği en sıkıntılı dönemlerde olumlu değişimi desteklemektedir. Eğitime yeni bir yaklaşım sunarak, bağımlı ve integral dünyada yaşamın gereklilikleri için eğitime yeni bir yaklaşım sunmaktadır.

ARI Enstitü Merkezi:

http://ariresearch.org/tr/

ARI Enstitüsü, kâr amacı olmayan bir organizasyon olarak kurulmuştur. Eğitim uygulamalarına, pozitif değişime yaratıcı fikirler ve çözümlerle, şimdiki neslimizin giderek daha çok ihtiyaç duyduğu eğitim konularına kendini adamış bir organizasyondur. ARI, entegre ve birbirine bağlı yeni dünya düzeninin ve kurallarının farkına varılmasını ve küresel yeni dünyada uygulanmasını yeni bir düşünce yaklaşımı olarak sunmaktadır. İletişim ağları, multimedya kaynak ve aktiviteleriyle, ARI uluslararası ve farklı akademik çalışma grupları arasında işbirliğini desteklemektedir.

Kabala İlmi Eğitim Sitemiz:

http://em.kabala.info.tr/

Bu site internet olanakları kullanılarak en geniş kapsamlı eğitimi insanlara sunmak için yapılmıştır. İnternet ortamında bulunan sınıflar ve dünyanın en geniş kapsamlı Kabalistik metinler kütüphanesi gibi hizmetler sunan Bney Baruh'un tüm çabası, sorularınıza cevaplar bulabileceğiniz ve içinde yaşadığımız dünyayı daha iyi anlayabilmenizi sağlayacak olan bir ortam yaratabilme üzerine yoğunlaşmaktadır. Tüm kurslar ücretsizdir.

Media Arşivi:

http://kabbalahmedia.info/

Bu sitemizde yıllardır işlenmekte olan tüm ders, çalıştay ve söyleşi programlarının video ve MP3 arşivine ücretsiz olarak ulaşabilirsiniz.

Kabala TV Sitesi:

http://kabalatv.info/

Her sabah 03:00 – 06:00 arası yapılan canlı dersleri bu sitenin ana sayfasından takip edebilirsiniz. Ayrıca bu sitede Bney Baruh Kabala Eğitim Merkezi'nin Türkçe dilinde düzenlediği tüm video arşivini inceleyebilirsiniz. Bu sitede ayrıca 24 saat canlı yayın yapan TV odası ve aynı zamanda belirli zamanlarda canlı yayın yapan Radyo odasına ulaşabilirsiniz.

Sviva Tova – İyi Çevre:

http://kabbalahgroup.info/internet/tr/

Bu sitede Bney Baruh dünya topluluğu ile ilgili günlük bildirimleri takip edebilirsiniz. Bu bildirimler sayesinde tüm etkinliklerimizden haberdar olup bu etkinliklere internet üzerinden dâhil olabilirsiniz.

Ari Film:

http://www.arifilms.tv/

Ari Film yapımcılarının Kabala İlmi hakkında gerçekleştirmiş oldukları tüm sinema ve video çalışmalarına bu site aracılığıyla ulaşabilirsiniz.

Kitap Sitemiz:

http://www.kabbalahbooks.info/

30 farklı dilde yayınlanmış tüm kitapları bu sitede inceleyebilirsiniz.

Müzik Sitemiz:

http://musicofkabbalah.com/

Her birimiz müziği farklı algılarız. İki kişinin aynı melodiyi nasıl algıladığını karşılaştırmak mümkün değildir. Kabala, ruhun ilmi, bu nedenden dolayı kişiye özeldir. Kabala ruhun tümüyle açılıp, yaratıldığı zaman içinde mevcut olan mutlak potansiyeline ulaşması için bir yoldur.

Bu sitede yer alan melodiler, çok büyük kabalistlerden biri olan Baal HaSulam ve geçmişteki Kabalistlerin yaptıkları bestelerin farklı değişimleriyle düzenlenmesinden oluşmuştur. Ziyaretçiler ayrıca müzik ve Kabala ile ilgili bazı materyallere bağlantı bulabilirler.

Sosyal Ağlar:

Tüm sosyal ağlarımızın kısa linklerine sitelerimize girerek ulaşabilirsiniz.

Katkı Sunun

Kabala İlmi bir grup çalışmasıdır. Dünya'nın birçok ülkesinde grupları bulunan Bney Baruh Kabala Eğitim Enstitüsü tüm faaliyetlerini öğrencilerinin gönüllü katkıları ile surdurmektedir. Bu katkılar bireylerin niteliklerine göre değişmektedir. Sitemizde de incelediğiniz gibi Bney Baruh, prensipleri gereği, kullanılabilecek tüm Öğrenim Araçları ile Manevi Bilgi'yi öncesinde hiç bir ön koşul öne sürmeden tüm insanlığa ücretsiz olarak götürmeyi kendisine ilke edinmiştir.

Bu doğrultuda Manevi Dağıtıma katkı sunmak isteyenler **turkish@kabbalah.info** adresine yazarak Bney Baruh ile iletişime geçebilirler.

NOTLARIM

www.ingramcontent.com/pod-product-compliance
Lightning Source LLC
Chambersburg PA
CBHW071227080526
44587CB00013BA/1522